中国诉讼法判解

（第8卷）

卞建林　主编

中国人民公安大学出版社
·北　京·

图书在版编目（CIP）数据

中国诉讼法判解．第8卷/卞建林主编．—北京：中国人民公安大学出版社，2014.3

ISBN 978-7-5653-1668-5

Ⅰ．①中…　Ⅱ．①卞…　Ⅲ．①诉讼法—判例—研究—中国
Ⅳ．①D925.05

中国版本图书馆 CIP 数据核字（2014）第036866号

中国诉讼法判解（第8卷）

卞建林　主编

出版发行：中国人民公安大学出版社
地　　址：北京市西城区木樨地南里
邮政编码：100038
经　　销：新华书店
印　　刷：北京泰锐印刷有限责任公司

版　　次：2014年3月第1版
印　　次：2014年3月第1次
印　　张：10.125
开　　本：880毫米×1230毫米　1/32
字　　数：281千字

书　　号：ISBN 978-7-5653-1668-5
定　　价：38.00元

网　　址：www.cppsup.com.cn　www.porclub.com.cn
电子邮箱：zbs@cppsup.com　zbs@cppsu.edu.cn

营销中心电话：010-83903254
读者服务部电话（门市）：010-83903257
警官读者俱乐部电话（网购、邮购）：010-83903253
法律分社电话：010-83905745

目　录

主编絮语

专题研讨：直面刑事错案

案例分析

实证研究

新法解读

域外判例

调研报告

史海钩沉

主编絮语

认真对待错案

卞建林*

近期，全国连续几起重大的冤假错案被纠正，包括浙江张高平和张辉叔侄案、河南李怀亮案、福建吴昌龙案等。这些案件经重新审理并改判，再次引起了社会各界对纠正冤假错案的重视。认真对待错案现象并采取及时、有效的措施纠正刑事错案，是维护司法公正、实现程序正义的必然要求。

一、错案的发生是不可避免的

刑事错案的发生在任何社会、任何国家都是不可避免的。

刑事错案的发生首先源于刑事案件本身的特点。刑事案件本身是一种从证据出发的回溯性认识。就证据来推理案件的真相，在认识证据的过程中，将哪些证据纳入刑事诉讼证据当中、据以认定事实的证据是否完备、证据推理是否严谨都会影响认识案件事实的准确性。以上每个环节发生错误都可能会导致裁判的错误。

第二，侦查阶段的刑讯逼供、非法取证行为是导致错案发生的重要原因。侦查阶段是收集、固定证据的主要阶段，侦查人员为了获取有罪供述，不惜采用各种手段刑讯逼供或者变相刑讯逼供。很多本来没有犯罪的人，在忍受不了侦查人员的刑讯逼供行为下作出了有罪供述，即使犯罪嫌疑人在起诉、审判过程中翻供，因缺少被刑讯逼供的证据也于事无补。而这些被逼取的“口供”往往成为定罪的主要证据，这就是大多是靠“口供”定案所造成的冤假错

---

* 中国政法大学诉讼法学研究院院长。

案。近些年来被纠正的几十起冤假错案中，绝大多数都存在刑讯逼供。

第三，在刑事程序进入起诉、审判阶段之后，公、检、法之间重配合、轻制约的机制导致了错案难以被发现。起诉、审判一般都依据侦查阶段所固定的证据，很少出现非法证据排除的情形。即使发现了错案，司法机关也往往害怕被追责而不去纠正。

二、纠正错案是法治进步的重要标志

对待刑事错案的态度是衡量一个国家法治水平的重要因素。出现错案并不意味着这个国家就没有法治，相反，纠正错案本身恰恰是法治进步的重要标志之一。

一个刑事错案发生具有极大的危害性。正如陈光中先生所言："冤枉无辜造成的代价比放纵一个坏人代价要大得多。不仅影响司法公正，对社会也会造成极大的危害"。国家动用其公权力将一个无辜者冤枉，不仅对被冤枉的人的身心会造成无可挽回的损失、对其亲人会造成巨大的伤害，而且会极大地削弱司法公信力，损害司法权威，在社会上造成非常恶劣的影响。

因此，任何一个法治国家都应当重视对刑事错案的预防与救济。错案发生之后，国家有责任采取及时、有效的措施来纠正错案，并最大限度地给予被冤枉者补偿。国家应当正视自己的错误，并及时改正自己的错误，逐步形成错案纠正的良性运行机制。一个错案被纠正，法治中国的脚步就向前迈进一步。

三、及时、认真、理性地纠正错案

在法治国家中，错案发生后就应当被纠正。对无辜者被冤枉入狱，甚至被错杀的情形，司法机关要毫不犹豫地加以纠正。

及时纠正错案，依赖于及时发现错案。首先法院和检察院要重视当事人及其近亲属的申诉，对当事人及其近亲属的申诉要认真、及时审查。另外，检察院应当充分发挥其法律监督作用，除了控告申诉部门接受当事人及其近亲属的申诉之外，驻监所检察部门在平时的监管过程中，要认真对待监狱服刑人员的申诉，审查其是否有正当的理由。如果检察院认为案件确有错误，应当及时采取监督纠错措施，对生效的裁判向法院提出抗诉。

认真、理性地纠正错案，要求纠错机关认真寻找错案发生的原因，分析错误出在侦查、起诉、审判的哪个环节，制定相应的纠错方案并付诸实施。在纠正错案的同时，也要考虑到对生效裁判既判力的尊重，要在维护法秩序安定性的前提下合理地纠正错案。此外，纠正错案还会涉及追责的问题。错案一旦出现，要依法、正当地追究责任，该追究责任的人一定要追责，不该追究责任的决不能追责，不能把追责变为个人报复的方式。

综上，司法机关应当以一种理性的态度对待错案现象，在全面分析错案产生的原因后，采取有效的措施及时纠正错案，并合理地追究责任。《中国诉讼法判解》（第8卷）专设“直面刑事错案”专题，特邀陈光中、宋英辉、何家弘、张建伟、张青松、吴宏耀、许身健几位学者，从不同角度探讨错案现象以及纠错机制的构建。冤假错案的纠正任重而道远，相信通过各界人士的共同努力，错案的纠正对推动中国法治状况的进步会起到不可替代的作用。

《中国诉讼法判解》（第8卷）还包括以下专题：“实证研究”部分对刑事法中具有实践意义的问题进行了探讨；“新法解读”部分对新刑事诉讼法中庭前准备程序和附条件不起诉程序进行了解读；“域外判例”部分对域外几起热点案例进行了学术探讨；最后一部分“史海钩沉”展示了中国古代刑事诉讼的特点。

《中国诉讼法判解》从2003年第1卷出版以来，已经走过了10个春秋，感谢所有关心本书成长以及为本书的编辑出版作出努力的人士。《中国诉讼法判解》将会继续发挥实证与比较研究的优势，通过对当前理论和实践中热点、实际案例的分析，推动诉讼法学理论的传播和交流，为诉讼法学的发展尽绵薄之力！

专题研讨：

直面刑事错案

上帝不犯错，司法官不是上帝

陈光中*

我们要真正做到疑罪从无而不是从轻，要下决心不冤枉好人。冤枉无辜造成的代价比放纵一个坏人的代价要大得多，不仅对司法公正带来很大的影响，也对社会造成极大的危害。同时，我们的领导干部、法官以及群众都要按法律思维和法治方式来处理问题

错案分为多种类型，如放纵有罪、冤枉无罪或者是量刑严重不公，量刑不公又分为量刑偏轻和偏重两种情形。今天重点讨论冤案的问题，即无辜者被错判有罪。社会更多关心的也是这个问题，最近若干个案件更是引发了大家关心司法公正的问题。我们现在着重讨论在我国现有情况下，如何看待冤案、如何防止冤案、救济的渠道，特别是冤案里面的死刑问题。

第一层是界定冤案问题。冤案即一个案件已经生效并且已经执行，执行包括死刑的执行，也包括徒刑正在执行，然后将案件平反，证明被追究者是无辜的。类似的赵作海案、浙江省二张案，都是判决已经生效，正在执行之中或者执行完毕以后，因为各种各样的原因冤案被平反了，其中有相当一部分案件被平反是由于发现了真凶。冤案的界定必须以生效为准，因为刑事诉讼是一个过程，从立案到侦查、起诉，从审判到执行，后面的环节总是在审查、纠正前面的环节，整个程序的进行是个过程，是一个完善案件办理的过程，也是纠正办理案件前面程序上错误的过程，程序还没有结束，就不能说是冤案。

---

* 中国政法大学博士研究生导师、终身教授。

当然现在实务界还存在一个问题，有的案件程序进行得过于缓慢，甚至是先挂起来。尽管一个案件最后宣告无罪了，作出判决的时间却非常久。严重一点的案件，五年得到判决都是快的。所以，尽管界定冤案为判决已生效的案件，但是如果长期羁押被告人，案件不结束，甚至挂起来，实际上不是冤案也近似冤案。

因此，首先，冤案应当以判决生效作为标准，这样更规范、更符合诉讼程序的规律。其次，时间也应该加以考虑，案件长期不加以解决最后又宣告无罪，这类案件虽说不是冤案，但近似冤案。当然实践中要有一个过程，我认为现在对羁押应该有所限定。

第二层是案件的可错性问题。就司法规律而言，案件不可能没有错。从客观上来说，除非不做事，只要做事，一辈子不可能做的每件事情都是正确的，包括对一个问题的判断。换句话讲，人不是神，只有上帝不犯错误，不论上帝有没有错，都要承认上帝是对的。因此可以说，即使程序再完美，也不可能防止冤案的发生。但是我觉得从理论上讲，不要谈冤案发生的"难免论"。换个角度看，应该最大限度地防止冤案的发生，也就是说尽管难免有冤案，但是理论的研究、制度的设计以及实际上的司法权力运作的改革，着眼点应该是使冤案、错案最大限度地不发生。这才是正确的角度，因为"难免论"可以造成各个环节的错误。冤案的发生可以谅解，可以不追究责任，追究责任与否需要经过分析。当从"难免论"这个角度出发时，至少可以开脱自己良心上的一些谴责、主观上的一些疏忽或者法律上的一些责任。所以作为理论工作者，我们的任务就是要从理论上来进行研究、改变观念和完善制度，从而最大限度地把冤案发生的概率降到最低。

春节以前，我在一次讲座时讲了一个数字，我说美国的制度也不是十全十美的，美国的死刑改判为无罪的概率大概为5%。主要数据是根据美国一个研究机构所做的时政研究，分别计算出案件总数，各种类型的案件数量，死刑案件改判有多少，改判里面属于最终无罪的有多少，有多少是判重的改为判轻的。最终改判为无罪的，算出来正好是5%。

在冤案问题上，实际上西方国家也会不断地发生一些错误。我们要立足于怎样最大限度地减少冤案、错案，不是5%，也不是1%，说实话死刑案件1%已经不得了。从2007年我给最高人民法院讲课到现在为止的6年时间里，还没有发生死刑执行后发现真凶的情形，案件基本上都是在地方发现的，应该说最高人民法院的法官把关非常严，到现在还没有公开发现冤案，到底有没有这不好说，即便有也是极个别的。

第三层是冤案产生的根源。现在就我国冤案的产生列出下面几点原因：

第一点，就我国来说，首要原因是刑讯逼供，案件需要有被告人认罪的口供，而后拿其他证据来确定被告人的口供，很多案件是被告人有口供，最后翻供，又承认了，等等。通常情况下，无罪的人承认有罪是极少数的。现如今赤裸裸的刑讯逼供少了，变相的刑讯逼供却很严重。这种情况下得到被告人的口供，再和一些似是而非的证据结合在一起，冤案就在所难免。

这次修订的刑事诉讼法在遏制刑讯逼供方面下了很大功夫，就是为了避免错案、冤案，但还是有漏洞，程序还不完美，退一步说，即使程序上完美了也会有空可钻。我觉得从源头上还是要更加严格地防范刑讯逼供的发生。包括现在已经开始确立的非法证据排除规则，法律规定挺好，但是司法实践中真正排除起来并不那么容易。

第二点，要强化辩护制度，辩护应从侦查介入一直到最后，案件越重辩护介入的程度应越大。我始终认为只要是死刑案件，从侦查一直到死刑复核都应该有律师，而且要有好律师。之前沈德咏在广东发表意见，第一个意见是防止冤假错案发生是司法的底线；第二个意见是要善待律师，律师是防止冤假错案的重要力量。周强召开座谈会也专门请了律师，他讲到律师是法律共同体一支重要的力量，特别是很多的冤案、错案发生，要么是律师没有介入，要么是律师介入以后没有充分行使权利和发挥作用。总体来说，现在律师介入得还不到位，并且对律师的权利保障得不够。

第三点，是对辩方有利的证据的问题。抛开实物证据来讲，对辩方有利的原始证据主要是证人，办案机关并没有正确地对待有利于辩方的证人证言，甚至打击证人，遏制证人权利的发挥，包括不让证人出庭等等，这样就使案件错误的方面没有得到及时地暴露。

第四点，是证明标准的问题。这次我们就“证据确实充分”作出三条解释，应该说第一条和第二条过去已经明确，第一条是与定罪量刑有关的事实都要有证据证明；第二条要依法对证据查证属实才能用；第三条是关键，综合证据排除合理怀疑。有的案件，主要事实、关键事实具有确定性、唯一性是能够做到的；然而有的案件很难讲，特别是贿赂案件。但是一些重罪特别是死刑案件必须坚持确定性、唯一性，在关键事实上，犯罪事实有没有发生，人究竟死了没有，死的人是谁，必须达到确定性。是不是当事人实施的犯罪，主观动机可以另当别论，客观的东西如果不准确，有没有可能办成铁案呢？这有可能，问题就在于这种可能会付出代价，代价是什么呢？因为证明标准越高，案件就越会办成铁案，铁案的对立面就是疑案，疑案一旦宣告无罪，很大程度上会放纵犯罪，放纵犯罪与不冤枉无辜在价值取向上是有矛盾的，一味要求证明的高标准，这不是做不到，而是要以增加放纵犯罪的概率为代价。现实中的认识不一致，代价太大，放纵犯罪太多也影响社会秩序的维护。有人确实是犯罪了，但是从证据上讲，此人有可能犯罪，也有可能没有犯罪，这两种情况的概率不同案件也不一样。

就犯罪而言，不是说任何案件都达不到关键事实的唯一性，最高人民法院的司法解释迄今为止还保持唯一性的规定，但不是任何案件都达得到，关键是要付出代价，代价由我们实际掌握，但代价应该怎么掌握确实是一个比较难的问题。

最后是在疑案上要不要坚决贯彻这一证明标准。这涉及疑罪从无还是疑罪从轻，这是能否造成冤案以及造成冤案多少的分水岭。

理论上说，按照现行刑事诉讼法第195条规定，证据不足要作出指控犯罪不成立的无罪判决，但是实际执行起来确实很难，因为办案机关面临的是一个相当大可能性的犯罪。我们要真正做到疑罪从无而不是从轻，要下决心不冤枉好人，冤枉无辜造成的代价比放纵一个坏人的代价要大得多，不仅对司法公正带来很大的影响，也对社会造成极大的危害。同时，我觉得现在我们的领导干部、法官、所有的办案人员都要按法律思维和法治方式来处理问题，并且这种思维和方式要让群众接受，群众也一样要用法律的思维，这是一个双向互动的关系。采用证据采纳主义，做不到所有案件都能破案，案件证据不足就作无罪判决，这是一种在诉讼认识过程中难免的事情，不是命案必破。碰到这种情况我们就应该坚持疑罪从无，并在这一问题上达成共识。不仅是法官，社会群众也要有这种认识，从而有利于减轻法官作出无罪判决的压力。从这个角度出发，我们要在全社会培养法治的意识。

国家赔偿无关责任追究

宋英辉*

国家赔偿应该与办案机关、办案人员以及他们的责任分开，现在却搅在一起。这是一个很大的问题，应该分得更彻底一点。

100%完全杜绝冤假错案不现实，但要最大限度地避免，最好不要出现，一旦发现就要即时纠正错误，这样才能维护司法的公正、司法的公信力、司法的权威。

冤错案件的发生有共性，不管在哪个国家都会有这些原因导致冤错案件，归纳起来一个是刑讯逼供、欺骗等，再一个是徇私枉法，还有就是刑事案件的复杂性和特殊性。比如，对侦查、检察、审判人员来说，他们并没有目睹案件发生，而是根据各种各样的证据来重构犯罪过程。在根据证据认定事实的过程中，每一个环节都有可能出现错误，尤其是证据有可能是虚假的。比方说证人，即使是一个诚实的证人他提供的证据也未必是真实的。所有强奸案件错案当中的90%，他们不是有意指认错误，或许就是他们目击过程当中受各种因素影响，他们有可能对事实产生了错误认识。

我们平时说物证、书证是客观的，但也有可能是错误的。高科技的鉴定，比如说检查是否有关联等等，各个环节都有可能出现错误，冤错案件百分之百杜绝不大现实，我们要尽可能地避免，这是各个国家面临的共同问题，英国、美国的冤错案件也不少。

就我们国家来说，特殊问题主要表现在以下方面：

首先是目前的司法环境、执法环境。一是领导干预。这种干预

---

* 北京师范大学刑事法律科学研究院副院长、刑事诉讼法研究所所长。

不一定是以党的名义、政府的名义，其干预使办案机关不能依法独立行使审判权，不能公正审理案件。二是来自被害方的压力。我们传统观念中被害人的复仇心理、被害人都值得同情，他们的权益应该得到维护等，来自被害人的压力使办案机关受到很大的压力。三是社会舆论的压力。所有的包括个别领导干预、来自被害人的压力、社会舆论的压力都使办案机关即使在证据不足的情况下，达不到排他性和达不到唯一性的情况下也不会宣告无罪。办案人员可能明显感觉这个案件定不了，但是因为压力太大，不定罪被害人就要到北京上访，这使办案机关承受着很大的压力。所以，应该形成良好的司法、执法环境。

其次是执法方式。运动性执法在实践当中还有残留的痕迹，最突出的一个表现是搞专项运动、专项斗争。在一定时期重点打击某些犯罪，这是必要的。根据治安形势和犯罪情况，制定一定的刑事政策是必然的，但是一旦搞专项斗争往往会下指标，这是很要命的事情。现在大家普遍感觉一搞专项斗争，公安机关移交的案件质量就存在很大的问题，这个是执法方式的问题。

再就是我们国家的诉讼构造。英、美国家对侦查程序控制非常严格，与之相比我们的监督制约、控制方式不一样。我国的侦查非常独立，法院介入不了，检察院尽管是监督机关也介入不到位。侦查机关的权力很大，缺乏制约，又受到很多压力，这就有可能导致侦查违法。冤假错案最后是由法院作出判决，但真正的根据还是侦查。因此，怎样强化对侦查权的监督制约是一个很大的问题。

这些都是我们国家特有的一些问题，这些问题在未来的司法改革当中应该很好地去关注和解决。

关于冤错案件的纠错，应该说法律规定纠错的途径还是有的，包括宪法上的申诉权，刑事诉讼法也有，程序本身还是比较健全的。但是受制于各种机制，纠错不是很顺利，包括现在有些案件发现很长时间了，但是没有很好地纠正。目前我国的司法业务考评、单位排名及获奖、立功等等，都与办案人员的工作业绩、立案率、破案率等挂钩，这是不负司法责任，一个案件一定要破案、一定要起诉、一定要定案，这是非常没有道理的。因为司法业务考评导致侦查“绑架”公诉，有了问题就很难得到纠正。

另外，错案追究本来是一个好的制度，促使办案人员对案件非常慎重地处理，避免发生冤错案件。但是错案追究涉及个人和机关利益，这就反过来导致有些案件一旦发现错误就不纠正。将来在错案追究方面应该解决的问题是哪些情况应该追究个人责任，哪些不应该追究个人责任。故意搞错的，肯定要追究；有重大疏忽的，应当注意而没有注意的，或者说注意到了但由于重大疏忽导致重大后果的，这个也要追究。如果当时的事实证据就是这个样子，后来发现了新的证据，一般不应追究个人责任，如果追究反而会影响错案的纠正。

最后是国家赔偿问题。国家赔偿涉及两种关系：一个是国家和被侵权人的关系，在这个关系里面不管什么原因导致的冤错案件，国家侵犯其权利就要赔偿，这是国家同被侵权人的关系，是国家应该履行的责任；另外一个是国家同具体办案机关、办案人员的关系，在这个关系里面不应说如果赔偿就都要追究有关单位和有关个人的责任，如果这样的话必然会给冤假错案的纠正带来阻碍。

在国家赔偿案件当中对办案人员追究责任，还是要依据错案追究的两种情况，就是主观上有故意或因重大疏忽造成后果的。国家赔偿同办案机关、人员以及他们的责任应该分开，现在却搅在一起。这是一个很大的问题，应该分得更彻底一点。

认定错判与决定赔偿标准不同

何家弘*

司法裁判是司法人员通过证据对发生在过去的案件事实的逆向认知活动，而错判往往是在发生多年之后才被认知的，因此，对错判的认知就成为对过去的认知结果的二次逆向认知。时过境迁，即使有了新证据或者新发现的证据，这种认知活动的难度也是可想而知的。诚然，有些错判案件中发现的新证据是确实充分的，甚至可以称为“铁证”。例如，在赵作海案中，“被害人”赵振晌生还的新证据就是错判的“铁证”，可以100%地证明“赵作海杀死赵振晌”的判决是错误的。但是在多数案件中，新证据都不能达到100%的证明程度，因而会使认知结果带有不同程度的模糊性。换言之，证据是短缺的，事实是模糊的。如果说案件事实对于司法人员来说犹如水中之月，那么司法人员在这类案件的“水”中就看到了两个“月亮”：一个是被告人有罪，一个是被告人无罪。究竟哪一个反映了真实的“月亮”？司法人员可能永远都不知道。

错判的认知具有模糊性，所以需要证明标准。没有统一的证明标准，错判的认知就会因人而异、因事而异、因时而异、因地而异。于是，有些错判的认知是顺畅的，堪称一帆风顺；有些错判的认知是困难的，堪称举步维艰。有些人甚至会以标准不明为借口或者以自己的理解为标准，阻碍错判的认定和纠正，从而导致无休止的上访和申诉。这不仅会损害司法的公信力，而且会影响社会的和谐与稳定。那么，在事实模糊的情况下如何确定错判的证明标准？

---

* 中国人民大学法学院教授、博士生导师。

这是个两难的问题。标准定高了，可能会使一些无辜者难以平反；标准定低了，可能会使一些有罪者趁机逃脱。常言道，两害相权取其轻。我以为，前者危害更大，因此在认定错判时应坚持“宁可让一些有罪者乘机逃脱也不让无辜者遭受冤屈”的原则。一言以蔽之，认定错判的证明标准不能太高。

中国现行法律没有明确规定错判的证明标准，但是规定了启动再审的条件。由于启动再审是认定和纠正错判的基本路径，所以再审条件与错判证明标准之间存在密切联系。刑事诉讼法第 242 条规定：“当事人及其法定代理人、近亲属的申诉符合下列情形之一的，人民法院应当重新审判：（一）有新的证据证明原判决、裁定认定的事实确有错误，可能影响定罪量刑的；（二）据以定罪量刑的证据不确实、不充分、依法应当予以排除，或者证明案件事实的主要证据之间存在矛盾的……”根据上述规定，启动再审的事实认定标准有两条：一是“确有错误”，即只要对案件中某个事实的认定存在错误且可能影响定罪量刑即可；二是“证据缺陷”，即原审定罪量刑的证据存在不确实、不充分或者证明案件事实的主要证据之间存在矛盾等缺陷。认定错判的证明标准可以高于启动再审的证明标准，但不能等同于认定被告人有罪的证明标准。换言之，法律在这个问题上不能要求证明申诉人无罪或他人系“真凶”的证据达到确实充分的标准。借鉴英美的做法，我们可以把再审认定错判的标准界定为“优势证据”，即全案证据证明申诉人无罪的可能性大于有罪的可能性。

国家应该向遭受冤屈的被告人提供赔偿。但是在疑罪从无的情况下，被认定错判的当事人是否都应该得到国家赔偿？或者说，决定国家赔偿是否也需要明确的证明标准呢？按照我国国家赔偿法的有关规定，“刑事错判赔偿”遵循严格责任原则，即只要再审认定错判，国家就要赔偿。这实际上把认定错判的证明标准等同于决定国家赔偿的证明标准。诚然，这样的规定有利于保障申诉人的权利，可以保证无辜的申诉人都能获得赔偿，但是不能保证获得赔偿的人都是无辜的人。我不赞成这种做法。在采用较低的认定错判证明标准的情况下，部分被认定错判的当事人不能获得国家赔偿是比较合理的。其实，无论在美国还是英国，并非所有被认定为错判的当事人都能获得国家赔偿。例如，在美国的271起错案中，大约只有50%的当事人获得了赔偿。

英国对被错判者实行“国家赔偿”，但是上诉法院认定错判并不等于当事人就可以获得赔偿。当事人还要向法院提出赔偿的申请。法院审查之后，如果认为确属应该赔偿的错判，就由司法部支付赔偿金；如果认为不属于应该赔偿的错判，当事人就得不到赔偿金。法院确认赔偿的证明标准高于认定错判的证明标准。英国政府于2004年确立的错案赔偿的证明标准是：申请人必须能够排除合理怀疑地证明其清白。这是一个很高的证明标准，因此刑事错判的赔偿人数很少。据报道，2009年和2010年，英国平均每37个被认定错判的申诉者中只有一人获得赔偿。由于受到批评，英国最高法院于2011年通过判例把这个证明标准降低为“新证据足以否定有罪判决”的标准，但这仍然高于认定错判的证明标准，因为申诉人在赔偿请求中要证明现有证据不可能再导致有罪判决也非易事。

综上，决定国家赔偿的证明标准高于认定错判的证明标准是合理的。一方面，认定错判适用较低的证明标准，可以使更多的无辜者获得纠错的机会；另一方面，确定国家赔偿适用较高的证明标准，既可以防止国家赔偿成为纠正错判的障碍，也可以降低政府的刑事赔偿开支。如果我们把认定错判的证明标准确定为“优势证据”，那么就可以把决定国家赔偿的证明标准确定为“证据确实充分”，即有可靠的证据充分地证明申诉人确系无辜者。另外，把错案责任追究与错判认定捆绑起来的做法也不合适，因为这不仅有失公允，还会成为纠正错案的潜在障碍。

刑事错案原因与对策的域外观察

张建伟*

哪个国家或社会都有错案，到目前为止还没有哪个国家或社会能对外宣称它的刑事司法已经完美到没有任何错案的程度。域外经验和教训告诉我们：发生错案之后，正确的态度是承认错案的存在并研究致错原因，找出刑事司法制度和实践存在的问题加以修补和纠正，防止错案的“自我复制”。

错案可以避免吗?

法国前司法部长罗伯特·巴丹戴尔指出：“人的审判是有限的，是一定会犯错的。”美国法学家罗尔斯在《正义论》一书中讲过这样的意思，他在谈到程序正义时指出误判之不可避免，刑事审判应归类于不完善（全）的程序正义：“不完全的程序正义的例子是刑事审判。要设计出永远产生正确结果的法律程序，似乎是不可能的。即使是小心谨慎地依法办事，公平而恰当地进行诉讼活动，也可能得出错误结果。这类情况就是我们所说的误判：出现这种不正义的情况，并不是由于人的过错，而是由于使法律规则无法实现其目标的偶然情况的凑合。不完全的程序正义的特征就是：虽然对于正义的结果有着一种独立的标准，但却没有肯定产生正确结果的切实可行的程序。”

既然人的审判容易发生错误，那么，人们都会关心这样一个问题，究竟有多少无辜的人被定罪？美国俄亥俄州检察总长吉姆·佩

* 清华大学法学院教授。

特罗在《冤案何以发生——导致冤假错案的八大司法迷信》一书中说："很明显，我们没有办法用精确、科学的方法统计出有多少无辜的人被定罪，或者有多少已经被定罪的人是无辜的。"他通过对错案的研究得出结论："警察部门和检察官所认定的强奸犯发生错误的几率是25%。"

法官也是肉眼凡胎，不会时时刻刻、件件桩桩明察秋毫，作出错误判断当然不可避免。到目前为止，还没有哪一种司法制度可以获得这样的断言：这一制度已经圆满解决了人在司法中可能犯错的问题。这样的制度根本不存在。也没有哪一个法官敢打包票说，他在司法中不会受到虚假证据和提供虚假陈述的证人的欺罔，真正做到"明镜高悬"、"明察秋毫"。也许等到他退休的那一天，他可以自信满满地总结说，吾一生司法无大过。

凡错案，必有致错原因

凡错案，必有致错原因。我们很容易得出如下结论：其一，错案必有原因；其二，错案往往各有原因；其三，错案一般都是综合原因促成的。错案的原因五花八门，初看起来让人眼花缭乱，其实定睛细瞧，会发现错案是有一定规律可循的。许多冤错案件是一个模子里出来的，几乎按照特定公式而产生；即使是有明显不同的冤错案件，也有相同或者近似的错案因素。

许多国家都有学者、法律实务人员或者记者对冤错案件进行研究分析，如法国著名律师勒内·弗洛里奥在《错案》一书中曾将法国的错案总结为如下几种原因：证据确凿，推理错误；从错误的根据出发，得出合乎逻辑的结论；法庭被被告人欺骗；法庭被文件资料欺骗；法庭被证人欺骗；鉴定方面的错误。

美国学者对本国的错案展开研究，产生不少研究成果。早在1932年，埃德温·波查德就曾对错案进行研究，写成《证明无罪》。后来又有学者对错案陆续进行研究，如雨果·贝托和迈克尔·拉德烈特在1987年11月《斯坦福法律评论》杂志发表论文，对 1900 年至 1981 年他们相信是误判死刑的 350 个案件进行了甄别和论述。

美国人C. 罗纳德·霍夫等人也对发生在美国的误判进行研究，发现错案是由以下原因促成的：目击证人的错误；检察官与警察的不当行为和错误；辩诉交易；定罪的社会压力；辩护不充分；针对无辜者的控诉；犯罪记录（前科）；种族因素。

日本学者浜田寿美男曾言："冤案不是遥远的过去的事情，而是我们现在正生活着的这个世界里的事情。而且，它不是几年里才发生一例的偶发事件。这种不幸应该说是根植于社会机制的一种不幸。"事实上，能够引起社会关注的，往往是重大案件，如日本战后出现了多起被判重刑后来再审改判无罪的案件，其中有 4 件原判处死刑后来改判无罪的案件，一经披露，引起朝野震动。然而这种注意力的聚焦掩盖了日常发生的许许多多的冤案。在日本，下列因素都是错案的病灶：司法官僚制、精密司法、调查书审判、被害人的指认错误、鉴定错误等，也有些冤错案件与被告人自身的原因有关。

虽然错案的原因林林总总，但是可归纳为两方面，一是主观原因，二是客观原因。就主观言之，判断者判断能力不足，或者刚愎自用，怠惰轻忽，甚至贪赃枉法，挟私报复，都会导致冤错案件发生。就客观言之，有些错案是因法庭技术未臻完善所致，如 DNA 技术应用于刑事侦查、司法审判之前，个人识别技术精确性不足，裁判者不能及时甄别冤枉，乃铸成错案，在这种情况下，即使裁判者小心谨慎，缺乏准确的法庭技术支持，仍然有可能发生错案。

许多事后发现的错案，一经检讨，往往可以得出这样的结论，那就是，如果当初在可能知错的环节采取了不同的做法，错案就有可能避免。有太多的"如果……就有可能避免错案"，可以在追溯错案原因时被意识到，只可惜，当初这些"如果"都没有得到实现。

错案之后进行事后诸葛亮式的研判，找出致错原因，有什么意义？这样做的意义就在于，人们通过错案，汲取教训，增长司法智慧，避免重蹈覆辙，进而在以后的司法活动中减少错案。

以错案为改良司法的契机

就整个刑事司法而言，错案无可避免；然而就某些个案来说，错案又是可以避免的。关键是，发现错案，要正视它，承认它的存在，并把它当作司法改革的动力和资源。忽视这个动力和资源，可能导致造成冤错案件的病灶仍在，冤错案件也将规律性地一再发生。

错案对于刑事司法制度和实践的价值是，人们可以循错案查找错案规律，积累经验教训为日后司法之鉴，并且借此推动司法改革。例如，美国的埃德文·波查德是对刑事司法系统所作误判早期进行调查的专家，为减少误判，1932 年他提出七项措施：如果被告有犯罪前科，只能在量刑时才有意义，即只能在本案既判有罪之后才纳入考虑范围；若此前加以考虑，必须与本案有直接关系；被告人的任何口供都不得作为证据，除非他作这些陈述时有法官和目击证人在场；专家证人应该采取公设方式，而不能为辩方或检方单方面作证；公设辩护人为贫穷的被告人提供法律服务；对于既已发生的可能的误判案件，应该指派独立的调查机构进行复核；上诉法院应该获得更大权限，不仅法律审，也应有权审查不利于被告人的证据，不能仅根据间接证据对被告人宣判死刑。

日本学者提出了一些司法改革建议，以减少冤案和改善人权状况，包括：废除代用监狱制度；禁止别件逮捕；建立值班律师制度；使用无法删改的特殊录音装置；建立中立的鉴定机构；建立陪审制或参审制；改变调查书审判的状况，强化公审中心主义和口头辩论主义；严格判断自白任意性和信用性；严格适用传闻法则。

司法改革，目的在于弥补司法制度的罅漏，革除司法活动中的弊端。这些罅漏和弊端固然可以通过检视现有制度和比较域外制度并借助法学理论加以发现和弥补，或者通过观察司法运作状况加以分析和总结并提出治理方案，但司法制度的缺陷以及司法状况的颓坏，没有比冤错案件更能鲜明、集中地展现出来；冤错案件给人们带来的震撼，也比任何纸上议论和会议言说来得强而有力，因而也就更能激起人们改革的愿望。

例如，日本恢复陪审制，是从对误判的检讨激发出来的。日本连续发生的一些平反冤案的再审案件，引起了为消除或减少误判而改革日本刑事司法制度的呼声，其中就包括呼吁实行陪审或者参审制度。人们普遍认为，由外行人参与司法，可以使民众以普通判断力帮助专家，陪审员与法官相互影响有助于弥补法官与日益复杂的社会脱节所造成的不足。当然，陪审制度能否弥补日本司法的缺陷，特别是能否防止误判，值得追问。

姑且不论采取的措施是否有效减少了错案的发生，这种通过修补刑事司法制度来消除错案病灶的努力是值得赞赏的。域外为防止错案而改良司法制度的经验对于我国刑事司法来说，颇有借鉴意义。当然，在我国，错案原因既有与其他国家相同之处，也有自己的特殊性。我国近年来的冤错案件，论其原因，刑讯逼供是冤错案件形成的关键因素。要预防错案，应当从有效遏制刑讯逼供入手，根除错案的各种病灶。

总之，当我们将一起错案中颠覆的正义再颠覆过来，不能只满足于发现并纠正这起案件，而不从错案中获得更多。如果发现错案，只是司法界乃至社会的一时震动，时过境迁，造成错案的制度原因得不到深究，暴露出来的制度漏洞得不到及时修补，司法运作的状况得不到明显改善，那么，更多的错案就不可避免。

追求百分百正确，致纠错无力

张青松*

从我们以往的各类报告来看，似乎都力求塑造一种颠覆不了的“真理”，力图追求百分之百的正确。在这样的一种认识状况下，我们不敢面对实际上存在的错误

有关错案及其纠错机制这个课题，律师确实有很多感受，这种感受不一定正确，但能够切实地反映一些现实和法律上的问题。

如果要研究错案，首先要弄清什么是错案。如果以通常公众的感受来谈错案，只要群众不满意的就叫错案，那么错案将比比皆是。这种理解有失偏颇。错案本身是司法制度的一种代价，是必然产生的。任何司法机制下都会有错案发生，如果说有一种制度能够保证任何案件百分之百正确的话，这种制度是不可能存在的，违背了基本的破案规律。所有的司法制度下都有错案，问题是如何避免和减少错案。错案的定义是什么？我个人理解，以下几种情况可以认定是错案：

第一种是无辜人被追究刑事责任，即无罪的人被追究为有罪，这是一种标准的错案，从案件结果上看，不管追究程序多么正当，就结果而言，这个案子本身就是错的。

第二种是司法机构恶意、故意放纵有罪的人不被追究，这种情况本身就是犯罪行为，是司法机关的渎职行为，错案本身就是犯罪产生的一种后果。

第三种是重罪轻判或者轻罪重判，这种情况算不算一种错案，

---

* 北京市尚权律师事务所主任。

我觉得要区分情况对待。就事实认定方面而言，法律本身就是一门科学，对案件事实的判断、对一些情节上的认定往往需要依赖证据去推断，这样多多少少与客观事实有所出入。从量刑方面而言，恐怕不同的人对同一个性质和事实判断都有不同的看法。这也是刑法界在就一个行为是否构成犯罪或者此罪彼罪的认定上有不同的学术观点的原因。我们不能要求一个法官所作出的任何判断都是真理，这一种情形严格意义上讲不应该算是错案，除非办案人员本身存有恶意。

第二个要研究的问题是错案的纠错机制。从律师辩护实践的现实感受上看，司法实践中存在的错案很多，而且纠错非常难，主要的原因在哪里？第一个最根本的原因在于司法机关内部的考核机制。这里面存在一个悖论，我国刑事诉讼法对侦查、起诉、审判三个阶段，都规定了办案人员的回避制度，回避制度存在的目的是让办案人员和案件当事人没有任何关系，关系越超脱，办案越公正、越客观。现在的各种考核指标，如破案率、批捕率、起诉率、有罪率、发回重审率、上诉率等等，各种“率”对每一个办案人员进行考核都是非常重要的指标，关系到升迁，关系到前途，甚至关系到自己的饭碗能不能保得住，因此我们的内部考核机制使每一个办案人员都与案件结果具有直接的利益关系，回避制度也就荡然无存了，因为只要介入案件，就可能演化成一个案件的当事人。所以说，一个案件如果确实存在错误，从侦查到起诉，从一审到二审，所有接触过案件的人员都会力求保证这个案件不被推翻，一旦案件被推翻，原先的办案人员全部都要受到考核上的减分，影响前途，影响荣誉甚至影响其职业能否保留下去。所有的办案人员均因考核机制被捆绑到案件中成为案件当事人。如果期待让司法人员去推翻这个案件，实际上已经成为不可能的事情。

实践也证明，现在推翻很多案件之后，就要面临严厉的责任追究问题。就高级人民法院来说，如果高级人民法院法官把一起刑事案件发回重审，那么不仅要扣原审法官还要扣二审法官的分。这样的一种捆绑，逼迫二审法官维持原判。可以说司法机关将所有工作的成效以车间主任的管理方法来管理司法工作，在这样一种状况下刑事司法所有的程序就被内部考核机制完全淹没，因为如果依法办事其利益就会受损，这也是刑事诉讼法为什么不能得到彻底执行的根本原因之一。

从以往的各类报告来看，似乎都力求塑造一种颠覆不了的“真理”，力图追求百分之百的正确。有关优秀公诉人的报道中，必然会有的一条就是其从事公诉多少年，共起诉多少案件无一例差错。优秀的侦查员亦是如此。对优秀的法官也有同样的要求，如办理多少案件，上诉维持率要达到99%或者是100%，或者说无一例发回重审、无一例被改判等。在这样的一种认识状况下，我们不敢面对实际上存在的错误。这也是纠错难的主要原因之一。

就制度设计而言，我们的纠错程序可以说是世界上最严格的。刑事程序中的侦查、审查起诉、审判是各自独立的，互相监督，一审过后会有二审，并且我们的两审终审制后事实可能还很难真正生效，案件永远存在被推翻的可能。按照我国的刑事诉讼法和相关规定，一个案件不管通过多少次申诉都有可能启动审判监督程序加以改判，但是这样一种程序始终不能有效运转，就是因为这样两个概念：一是我们不敢面对错案；二是内部考核制度把我们的司法官员与错案捆绑在一起，面临严格的责任追究问题。

最后一个问题是错案被纠正之后是不是必然要追究司法机关办案人员的责任。记得当年国家赔偿法刚出台的时候，曾经有一个非常响亮的口号，认为该法可以促使所有错案得以追究。实践证明，国家赔偿法带来一个非常明显的负面作用，相关工作人员不敢纠正错案，一旦纠正后，国家财政将受到损失，个人要受到追究。那么，是不是必须要追究个人责任，我觉得要分情况讨论。

既然错案是不可避免的，公正是相对的而不是绝对的，就不能要求司法人员不犯错误。什么样的错误可以追究？首先，严重明显的程序性违法案件必须加以追究。看现在翻过来的这些错案，几乎没有一起案件不涉及程序违法。其次，主观上有过错的案件。以许霆案为例，关于该案的定罪有两种截然不同的观点：一种是有罪，一种是无罪。现在判了有罪，这个按照我国法律制度发展情况来说可能以后要被翻案，如果翻案是不是会追究法官的责任，我认为不能追究。无论一个案件的实体结果是多么的错误或者多么的正确，只要法官善意理解法律，独立地作出判断，自己坚信是正确的，这个案件就不能追究法官的责任。

“证据掺假”是错案的主要原因之一

吴宏耀*

本文主要谈及以下三个问题：

第一，刑事错案的原因。谈刑事错案的成因，有必要先明确刑事司法认知活动的特点。简单地说，司法认知活动是一种不知情的回溯性认识。因为审判人员、检察人员、侦查人员对案件的真实情况并不知情，因此，他们只能通过证据、借助证据推理来探究案件事实的真相，证据是认识案件事实真相的最主要的手段和桥梁。以下三个环节直接影响着事实认定的正确与否：一是将哪些证据纳入诉讼程序？一项材料是否与案件事实有关联？如果有，又是以何种方式与案件事实发生关联的？这些问题的答案，都会影响到据以认定事实的证据范围。二是据以认定事实的证据是否完全、齐备？由于司法人员对案件事实真相并不知情，因此，在进行事实认定时，究竟是否还有遗漏的证据或者是否有“假证据”混杂进来，只能依靠现有证据之间的相互印证与检验。三是证据推理。证据推理是一种回溯性思维重构，因此，推理方式、思路是否正确也直接影响到事实认定的正确性。坦率地说，即便是在正常状态下，上述三个环节的错误都有可能导致错案的发生。但是，认真分析近年来已经被纠正的错案，我们或许会发现一个规律：第一个环节往往是导致冤案的最根本原因。换句话说，当侦查人员确信某人有罪时，会故意把某些他们自己明明知道不反映真实情况的材料纳入程序作为控

---

* “2011计划”司法文明协同创新中心教授，中国政法大学诉讼法学研究院教授。

诉证据，这是导致错案的最主要原因。因此，冤案并不可怕，可怕的是因假而冤、因假而错。这里的“假”，并不是说侦查人员徇私枉法、故意陷害某个人，而是说侦查人员故意“掺假”，故意把那些他们明明知道不具有关联性的证据拿进来或者将明明具有关联性但与既有侦查思路有矛盾的证据藏起来。这种“证据掺假”有一个最大的特点，那就是：侦查人员往往相信自己的判断是正确的、相信某人就是犯罪人，也正是因为这一点，他们才敢、才愿意、才理直气壮地在既有证据中“掺入假证据”。

第二，纠错难问题。刑事错案，尤其是冤案，无论其产生原因是什么，发现了就应当纠正。纠正冤案可能会对司法制度的社会信誉带来重创，但是，纠正错案同时也是重建公众对司法的信赖并巩固司法权威的重要手段。然而，在我国司法实践中，纠正错案，甚至是冤案，还存在诸多因素的困扰，缺乏一套有效的机制。例如，因为一旦认定为错案，公检法机关和具体的承办人就会受到种种切肤之痛的追责和不利影响，于是，往往会遇到重重阻力。另外，在特定类型案件中，来自被害人家属方面的压力也会让司法机关心存顾虑。但是，导致刑事错案纠错难的真正症结在于：在刑事错案面前，公检法机关已经成了“利害关系主体”。因为纠正冤错案件往往直接关系到本机关、本机关司法人员（而且当年的办案人员往往现在已经升迁到领导岗位）的切身利益，因此，他们当然没有动力去纠正，反而会有意无意阻挠冤错案件的纠正。在种种利益缠绕之下，我国冤错案件的纠正往往依赖于某个开明的领导或者是像“亡者归来”一样的铁证如山。

值得注意的是，在制度层面，为了纠正冤错案件我国专门设置了再审程序并规定了相应的法定条件，但在司法实践层面，通过再审渠道发现的错案却寥寥无几。因此，就冤错案件的纠错问题而言，还必须思考这样一个问题：由谁来启动、负责错案调查程序更好？针对我国司法实践的现状，笔者认为，应该学习英国的做法，就特定的冤错案件成立专门的调查委员会，以保证调查机构有多方参与，具有中立性。冤错案件的调查不仅事关被判刑人的利益，同时也关系到被害人家属的利益，更重要的是，我们必须改变“纠错只着眼于个案的观念”，应当将纠正冤错案件与推动我国刑事司法体制改革联系起来。纠正冤错案件当然要恢复个案的正义，但是，如果纠错的意义仅仅局限于此，纠错就只能是一种高投入、低产出的司法活动。只有将纠正个案冤错判决与刑事司法制度的改进、发展完善联系起来，纠正个案才能换来一种更大的制度利益。简言之，冤错案件的纠正，不能只是错一个解决一个，而应该像英国那样，纠正一个错案，就推动制度往前发展一大步。

成立中立的专案调查委员会具有多方面的好处：第一，超脱利益纠缠之外，纠错会更简单。在此补充一点，再审程序当然还由法院负责，但是，就冤错案件的调查而言，因为法院也是利益格局的一部分，根据“任何人不能做自己案件的法官”这一自然正义法则，由中立的专案调查组负责前期调查当然会更好。第二，由中立、多方权威专家组成的专案调查委员会调查得出的结论更容易为社会各界接受。第三，除了“亡者归来”之类的冤错案件，绝大多数的案件必须经过专门的调查活动才能确认其是否真的存在冤错。专门调查委员会可以对申诉的案件进行审查、调查、过滤，以便将那些真正存在冤情的案件甄别出来。

第三，尊重辩护律师在防错、纠错方面的作用。在刑事诉讼活动中，检察官、法官特别容易陷入侦查人员构建起来的“犯罪事实与逻辑”，然而，专为维护被追诉人利益而参与诉讼的辩护律师却很容易换一个思路看问题，更容易发现证据的漏洞、证据推理中的断裂、事实认定的错误。从各国的司法实践来看，辩护律师的有效参与是防止冤错案件的重要手段之一。然而，在我国司法实践中，公安司法机关对辩护律师参与的意义还认识不够。这一点在死刑案件中表现得尤其明显。因此，必须从防止冤错案件的角度重新审视辩护律师参与刑事案件的意义，重新审视我国刑事法律援助的辩护质量问题。

总之，概括起来有三点：第一，我国冤错案件的最主要原因是“证据掺假”。因此，为了防止冤错案件的发生，必须严禁并严厉制裁侦查人员将明知不真实的材料当作证据使用或者故意隐匿有矛盾的证据材料。而且，冤错案件的追责，首先要追究这些人的法律责任，甚至是刑事责任。第二，出现冤错案件不可怕，出现了冤错案件久拖不决才是司法权威的最大敌人。因此，为了及时发现、纠正冤错案件，必须寻求一种制度化的解决方案，而不是局限于“错一个纠正一个”。为此，笔者强烈建议，借鉴英国经验，成立专门的中立的调查委员会，负责冤错案件的审查、调查工作。同时，通过冤错案件的调查与纠正，不仅让个人受益，同时还可以有力地推动我国刑事司法制度的进步。第三，必须强化重罪案件的刑事辩护，尤其是刑事法律援助的辩护质量。

媒体与公众应理性对待刑事错案

许身建*

刑事司法涉及被追诉人的自由、财产甚至生命，因此，刑事司法是各国媒体及公众关注的焦点。

刑事判决出现冤假错案并不罕见

媒体与公众期望刑事司法能有效打击犯罪，实现正义，但也担忧无辜者蒙受冤狱之灾，成为冤假错案的牺牲品。这里的错案，是指无辜者被错误追究、错误判刑甚至被错误执行死刑的情形，换言之，狭义上的错案就是指冤案。

错案发生后，无辜的被追诉人面临冤狱之灾，甚至有的无辜被告人最终被判处死刑，成为冤死的刀下之鬼。尽管“少杀、慎杀”是保留死刑国家信奉的重要死刑政策，然而，从实践看，出现错杀绝非罕见，正如日本最高法院大法官团藤所说：“在执行了死刑的人中，完全有可能是冤罪的人。这蒙冤而死的人数从明治时代算起绝对不是一个小数字。每次想到这里，我就会觉得心口发疼。”日本另一位资深法官指出，“死刑总是伴随着误判的可能。无论采取何种制度，总是消除不了误判置人于死刑的恐怖。”

美国有36个州仍然保留死刑。死刑从立案、庭审、判决、上诉、复审（死刑案件上诉和复审是自动的）到执行，整个过程至少耗费10年时间，但是，误判、误杀的情况在美国依然屡见不鲜。据统计，自1973年至2003年，至少99名死囚被证明无罪。由此

---

* 中国政法大学法学院副院长、教授。

可见，执行极为严格的死刑判决尚且如此，其他类型的刑事判决出现冤假错案更是不胜枚举了。

媒体该如何报道冤假错案

有学者指出，“错案冤案是司法过程中很难避免的情况，究其发生原因，是由于口供、物证等多方面因素所致。冤假错案被纠正，多数是事实认定，但近年来证据不足等法律上无罪的因素所占比重也逐渐增大。”上述观点是学者审视错案的理性态度。鉴于错案往往是媒体公布后引起公众关注的，那么，有一个问题值得深思：媒体该如何报道冤案错案？

作为满足公众知情权的公器，媒体无疑要对错案保持敏锐的洞察力。

尽管微博等自媒体经常披露一些错案信息，但由于诸多因素的影响，多数曝光很快消失在网络的海量信息中。相形之下，权威媒体的地位决定了其能让公众更加关注并深入思考相关问题。微博等自媒体的长处在于提供错案信息，在于迅速、及时披露错案。而权威媒体的长处在于它不仅能提供错案信息，还能对错案信息进一步进行梳理、整合、分析，亦即权威媒体对错案的舆论功能不仅在于给予公众关于错案的“舆”，还能提供关于错案的“论”。此处的论是指见识。

权威媒体已经认识到，“分析家的时代已经到来”。除了客观报道错案，权威媒体的重要性还在于能为公众梳理、整合杂乱的错案信息，为公众提供关于错案的冷静观察与分析。信息时代，由于现代信息传播技术的进步，特别是微博等自媒体的快速发展，错案一旦引起关注，关于错案的诸多信息会铺天盖地，公众了解错案信息已经不是一个问题，而且在某种程度上错案信息经微博多次转发评论之后，网络对错案的披露有时甚至达到过度的程度。在纷繁复杂甚至许多信息存在矛盾的时候，公众更需要的是对错案信息的理性解读与分析，而非就事论事、道听途说。毋庸讳言，当下媒体尚难以满足公众这一深层次的需要。

那么，媒体报道错案应把握什么样的尺度？

首先，对错案的报道应当力求准确严谨，不能以吸引眼球为目的采取哗众取宠的庸俗小报式报道。采取吸引眼球的报道方式往往难以引起受众的进一步思考。

在转型社会的公众尚未形成独立思考的习惯之前，媒体在报道错案时应更加注意恪守媒体伦理及责任，注意平衡报道，不能误导公众。以往错案披露之后，有些媒体倾向于全面接受错案发生地提供的通稿，不愿意派记者深入错案发生地做深入调查，了解事情的来龙去脉。在这方面，西方法律记者专业性较强，职业分工也比较精细，比如美国主流媒体甚至有专门针对联邦最高法院的新闻记者，尽管该法院只有九位大法官。这些主流媒体看待联邦最高法院有各自的视角，绝对不会唯联邦最高法院所谓通稿马首是瞻。

法制类媒体报道错案的教训在于，在刑事案件侦破之时，有的媒体简单遵循已有材料，忽略已经暴露的蛛丝马迹，没有对案件做深入剖析，没能使错案早一点被发现。等错案曝光之后，媒体又开始了大同小异的报道，只不过将谴责的对象做了改变。也许上述简单化、程式化缺少反思的报道也是错案屡屡发生、似曾相识的原因之一。实际上，某些媒体没有尽到监督的职业责任。

公众应理性看待错案

公众该如何看待错案，如何提升自身鉴别错案的能力？显然，这一能力源于公众拥有独立思考的能力，而这一能力的核心是批判性思维。所谓批判性思维，是一种基于充分的理性和客观事实而进行理论评估与客观评价的能力与意愿，它不为感性和无事实根据的传闻所左右。显而易见，没有独立思考能力的人会丧失判断力。批判性思维的基本要求是敢于怀疑，保持开放的头脑。在现代社会，公众批判性思维训练不足，看待问题容易形成所谓好人坏人的简单两分法。先入为主者以偏见看待相关问题而非从事实出发得出观点。这种从偏见出发的思维模式一次次重复证明同一种现象：偏见比无知离真相更远。

公众看待错案应当采取批判性思维方法，应当对置于面前的所谓定论持怀疑态度，在自身对相关证据加以评判之前，不要轻易下结论，要谨慎地对证据进行综合分析并得出结论。具体到媒体报道而言，公众应当将批判性思维运用于审视媒体的案件报道，应当学会采取一种怀疑的态度审视其对证据的收集以及解释是否可靠，要敢于怀疑，从相关报道中分析有关结论是否有先入为主之嫌，是否违反了无罪推定的原则。当然，批判性思维模式下的问题思考并不简单，其思考过程大体有以下几个环节：首先要确定相关问题；第二，收集并检视所有可获得的证据；第三，检视事实，根据数据提出理论或合理的解释；第四，分析假设，斟酌其他因素并最终确定支持或反对某个观点的理由；第五，最终谨慎地得出结论而排除其他可能性。

形成批判性思维方式的公众对错案发生一般会持理性的态度。他们深知人类认识的有限性以及违法取证行为的危害性，他们对案件的侦破结果与案件审理抱怀疑态度。这种怀疑完全是合情合理的，因为“英国每年至少有 15 人被陪审团错判”；而全英缓刑官员联合会则说：“在入监服刑的囚犯中，大约有 5% 的人一直在作无罪申诉，监狱当局相信其中一半以上（至少 400 人）可能确实被错判了。”美国学者估计，在诸如强奸案件等严重犯罪案件中大约有 25% 的被告人是无辜的，在实际被判处死刑的案件中至少有 1% 的被告人是被冤枉的。因此，公众对刑事司法体制并非无保留信任的理性态度会有力地促使司法机关规范侦查起诉行为，将判决建立在稳固的证据基础之上。当然，公众批判性思维的典型表现可见诸陪审团审判，外行人组成的陪审团代表公众的声音决定被告人是否构成犯罪，控方负举证责任，而定罪标准只有一个，即排除合理怀疑。排除合理怀疑是批判性思维的典型表现。

总之，无论是媒体报道还是公众看待错案，均应当采取理性方式，这对于促使司法机关理性办案不无裨益。

案 例 分 析

言词证据的排除与采信

——从一起无罪判决案件看言词证据的审查判断

陈 业[*] 秦卫华[**] 巩 蕊[***]

一、基本案情

2004年，被告人周某非法承包开采某地冯楼村李洼组珍珠石矿窑，该矿窑与吴某等人合伙承包的李洼矿窑相邻，双方矿窑以山中间的一个界桩和山下的一间民房为界限。后吴某等人于2007年退出矿窑股份，其矿窑转由罗某等人承包。2008年下半年，周某一伙强行越界开采罗某等人的矿窑，并威胁罗某称：整个李洼矿山都是他的，若想开采必须拿出100万元人民币。罗某等人不同意，周某便打电话、发短信进行威胁恐吓，并伙同李某某、郑某等人到罗某的矿窑阻止其开采，威胁恐吓罗某及矿窑的工作人员。罗某及矿窑股东被逼无奈从2008年下半年开始到2009年上半年，分三次给周某50万元人民币。2010年底，被告人周某继续越界开采罗某的矿窑，当李洼组群众自发制止被告人周某越界开采时，被告人郑某、李某某、潘某等人便威胁、辱骂村民。同时周某指使郑某等人威逼罗某每年再向周某交20万元，遭罗某等人拒绝。周某便指使郑某等人用废石把罗某矿窑出矿石的路堵住，不让其开采，罗某等人迫于无奈向公安机关报案。

---

* 河南省信阳市平桥区检察院副检察长。

** 河南省信阳市平桥区检察院检察官。

*** 河南省信阳市平桥区检察院检察官。

二、起诉认定的证据及判决情况

公诉机关经审查后认为该案有原李洼村民组组长李某、村民代表杨某的证言证实周某越界开采罗某矿窑并敲诈罗某的事实，李洼村民组多名群众和矿窑工人的证言证实周某矿窑与罗某矿窑的界限清楚，周某已越界开采；被害人罗某及其合伙人朱某、周某、罗某某的陈述，证实被敲诈的事实；被告人潘某关于周某越界开采罗某矿窑并向罗某敲诈20万元的事实书证。以上证据虽然都是言词证据，但能够相互印证，遂以被告人周某、郑某、李某某、潘某涉嫌敲诈勒索犯罪向某区人民法院依法提起公诉。但法院对以上证据有不同认识，最终于2012年8月22日作出了被告人周某、郑某、李某某、潘某无罪的判决。公诉机关认为一审判决证据采信偏差，认定事实有误，依法抗诉。

三、分歧焦点

1. 证人证言的排除

判决书认为李某、杨某两位关键证人的笔录是公安机关采用讯问犯罪嫌疑人的方式取得的，程序上不合法，根据《关于办理刑事案件排除非法证据若干问题的规定》（以下简称《规定》）的规定，证人李某、杨某的证言为非法言词证据，不能作为定案依据。

《规定》第1条和第2条的规定："采用刑讯逼供等非法手段取得的犯罪嫌疑人、被告人供述和采用暴力、威胁等非法手段取得的证人证言、被害人陈述，属于非法言词证据。""经依法确认的非法言词证据，应当予以排除，不能作为定案的根据。"根据以上规定可知，非法言词证据是不能作为定案依据的。对非法言词证据的认定，在我国司法实践中一般认定为取证手段不合法的言词证据，即是以刑讯逼供和以威胁、引诱、欺骗等非法手段收集的言词证据。由此可知，非法证据排除规则中的"非法证据"是以侵犯个人权利的方式取得的证据，并且还要经过一定的法律程序确认犯罪嫌疑人、被告人遭到了刑讯逼供或者证人遭受了暴力、威胁，才能依法排除。本案中公安机关对李某、杨某两位证人采用“讯问”的方式固定证据，确实在程序上存在问题，但并非公安机关故意违反法律程序，而是根据公安机关掌握的线索，李某、杨某二人涉嫌其他犯罪，所以将二人作为犯罪嫌疑人讯问，在讯问过程中，公安机关既未对二人采取刑讯逼供等非法手段，也没有对其进行暴力、威胁等，无论作为供述还是证人证言都是其真实意志的表现，其证据效力是毋庸置疑的。

对于这种存在问题的证据，应明确区分到底是非法证据还是瑕疵证据，其法律意义在于二者产生的原因及法律后果不同。非法证据往往是故意违反法律程序所致，而瑕疵证据则更多的是取证主体的疏忽所致。之所以认定为瑕疵证据，首先是瑕疵证据具有取得程序的违法性，是指该类证据在收集程序、方法上不符合法律规定。其次，瑕疵证据具有违法行为的轻微性，这是瑕疵证据与非法证据的根本区别。如果违法程度严重，侵犯到公民权利的，应作为非法证据予以排除。因此，非法证据原则上被排除于程序之外且不得再次使用，而瑕疵证据经过查证属实，确定其证明案件的真实性，就应承认其具有证明效力，将得到补正的机会而被允许继续使用。既然确立非法证据排除规则的目的是为了确保公民的基本权利不受侵犯，那么，只有当一项证据的取得方式严重侵犯了公民的基本权利（即所谓“重大违法”）时，该证据才是非法证据，才应当从程序上予以排除。虽然公安机关对李庆国、杨自力在取证方式上存在瑕疵，但二人并未受到刑讯逼供或者暴力、威胁，其供述符合证据的客观性和关联性，与证据的合法性并无实质的冲突，通过两种途径解决：一是直接采信，二人的证言是其真实意思的表示，与其他证据又能相互印证。司法实践中同案犯的供述作为证人证言的形式证实犯罪已成定式，所以李某、杨某的供述可直接采信。二是其供述的证明能力可以通过补正的形式予以救济，即通过对李某、杨某以证人的身份进行询问，将嫌疑人供述转化为证人证言，证据瑕疵得以排除，而后综合其他证据予以采信。因此，简单地将二人的证言作为非法证据排除是不符合非法证据的排除规则的。

2. 被害人陈述的采信

判决书认为罗某等人与被告人周某是对立的双方，在个人利益上与该案有联系，不能完全讲出事实真相，且有夸大的成分，故被害人陈述在没有其他证据相互印证的情况下亦不能作为定案的证据。

被害人陈述，是指受到犯罪行为直接侵害的人就其遭受侵害的事实和所了解的有关犯罪嫌疑人的情况向公安司法机关所做的陈述。我国刑事诉讼法将其作为一种独立的证据种类，在刑事诉讼中是一种不可代替的证据。一般来说，由于被害人受到了犯罪行为的直接侵害，对犯罪情况有比较清楚的了解，能够提供犯罪的时间、地点、受害经过、造成的伤害等详细信息。因此，被害人陈述对获取和核实证据，正确认定案件事实，有着重要的作用。正是由于被害人“身临其境”并且“身受其害”的特点，使得被害人的陈述对于证实犯罪的作用是其他证据无法代替的，其证明效力，从某种意义上来说，比证人证言、鉴定结论等人证和物证有过之而无不及。但是，从被害人处于被犯罪行为直接侵害的角度来说，被害人的陈述又带有一定的局限性。因此，对被害人陈述的证据审查要依据法律规定的程序认真分析，仔细甄别。本案中四名被害人是合伙关系，是利益共同体，他们在对周某越界开采和被敲诈事实的描述基本一致，且他们的陈述与其他证据能相互印证，能形成整套的证据链条。如果仅仅因为其与被告人是对立关系就采取吹毛求疵的态度，过低地判定上述被害人陈述的证明力，甚至不予采信，是证据采信的偏差，明显违背证据采信规则。

3. 其他言词证据的判断

判决书认为当地群众和矿窑工人并不知道两矿窑之间的界限划分，且当地群众因周某超时开采意见大，所做的证言不能客观、真实地反映事实。

证人证言作为法定证据之一，是证人对案件事实情况的反映，在司法和执法活动中得到广泛运用。同样，在刑事诉讼活动中，证人证言也是最常用的证据，几乎每一案件的认定都不可缺少。证人因其对案件有关情况的感知或有所传闻，又因其是当事人以外的第三人，与案件和案件处理结果没有切身利害关系，所以一般来说，证人证言较犯罪嫌疑人、被告人供述和辩解或被害人陈述更为客观、真实、可靠。但是，由于证人证言受证人主客观因素影响，具有可变性，易成为控辩双方争论的焦点，在认定上也易产生较大的分歧。所以在司法实践中，对证人证言必须经过审查判断，确定其真实可靠后才能作为定案依据。本案中的证人既包括被告人周某矿窑上的工人，也包括被害人罗某矿窑上的工人，还有就是当地众多群众证言。首先，这些证人都与该案有一定的联系，是知道案件有关情况的人；其次，这些证人都是在自己认知、了解案情的范围内作的证；再次，这些证言的收集合法，侦查人员没有采取收买、欺骗、威胁、刑讯等非法手段逼取或骗取证言。当地群众对周某越界开采罗某矿窑事实的描述一致，不存在矛盾点，符合客观情况，仅因为群众对周某超时开采有意见，就认为他们证言不能客观、真实的反映事实，并且忽略其与其他证据的相互印证，全部不予采信，是违背证言采信标准的。

笔者认为，证据的采信是一个系统的体系，在实践中，要把各证据结合起来，综合考虑各种证据的真实性、关联性、合法性，使证据之间能够相互印证、相互补充，形成一个完整的证据链，从而对案件作出恰当的认定。特别是言词证据，只有其与其他证据结合起来，对它们加以综合分析、判断，才能确认其真伪。这就要求办案人员在判断言词证据时，应避免孤立性，要将各种言词证据进行对照比较，构成一个完整的证据体系。在本案中，对案件事实的认定虽是来自言词证据，但各种言词证据之间存在一致性，法院对周某作出无罪判决，就是因为在认定案件事实时，将每组言词证据都割裂开，采取让证据自己证明自己的方式，忽略了各个证据间的相互联系和印证，断章取义地选取证据信息，以致作出错误的事实认定。虽然新《刑事诉讼法》对证据审查提出了更高的要求，但带着“放大镜”去审查证据和任意降低非法证据排除的标准，不利于司法公正和打击犯罪，这就要求在司法认定中要采取证据印证规则来对案件事实作出认定，从而得出更加令人信服的裁判，提高司法的公信力和权威。

"在押"之我见

——以失职致使在押人员脱逃罪为视角

宋文国*

一、基本案情

2000年7月26日，犯罪嫌疑人孟某因宅基地纠纷持菜刀将其邻居安某兵、安某忠、安某红及孟某弟媳刘某砍伤，并放火烧毁安家房屋八间。后安某兵、刘某因伤势过重抢救无效死亡。案发当日孟某自杀未遂，被警察抓获后送至医院抢救治疗。为监控孟某，公安局领导当日指令该局刑警队、防暴队负责对孟某住院治疗期间的监管工作，并于当晚由刑警队和防暴队负责人在守护措施协议上签字。守护要求保证24小时有两个民警看守，对孟某要加戴戒具，去厕所必须有2人跟随。8月29日警察王某、方某接班看守。12时左右，作为该看守小组负责人的王某未经批准擅自脱离岗位。几分钟后经方某允许，孟某独自离开病房，并立即逃走。13时左右，王、方二人发现孟某逃走后，未及时上报，自行在医院内寻找，迟至16时才将有关情况向领导汇报。公安局虽采取多种抓捕措施，但至今仍未将孟某抓获。

二、争论焦点

根据刑法的有关规定，司法工作人员严重不负责任，致使在押的犯罪嫌疑人、被告人或者罪犯脱逃，造成严重后果的，构成失职

---

* 北京市人民检察院检察官。

致使在押人员脱逃罪。因此在本案中，对警察王某、方某的行为如何评价，二人是否构成失职致使在押人员脱逃罪，认定的关键点和难点在于孟某是否属于在押人员。

三、法理分析

何为“在押人员”，法律有明确规定，即指在押的犯罪嫌疑人、被告人或罪犯。其中的被告人应为被指控刑事犯罪的被告人，对此没有异议。但何为“在押”，在理论上和实践中均有不同的认识，当前有监管说、拘留逮捕说、涉嫌犯罪说、实际控制说等多种观点。[①] 概括起来，常见的主要有以下两种意见或做法：一是认为“在押”系指被采取拘留、逮捕等强制措施，人身自由受到限制的状态；以及被人民法院确定为有罪，且在羁押场所改造服刑或在押解途中的情形。二是认为“在押”系指有证据证明实施犯罪，且已被司法人员实际控制人身自由的状态。

笔者认为，要准确界定“在押”，须从以下几方面考量。

（一）“在押”必须依法

1. 以刑事法律为依据

遵守法制，依法办案，是对司法机关及其工作人员的基本要求。因此，司法机关对公民施加的任何影响，无论是对公民有利的还是对公民不利的，都必须依法进行，不得恣意妄为。“在押”者深受司法行为重要影响，导致该种状态的原因行为（包括实体行为和程序行为，下同）必须依法进行。“在押”的对象无论是嫌疑人还是被告人，都与刑事犯罪密切相关，更遑论罪犯。因此“在押”所依据的法律首先应该是刑事实体法和刑事程序法，既包括刑法典和刑事诉讼法典，又包括其他法律中有关犯罪与刑罚的规定，但不包括与罪、刑无关的民商事法律、经济法律以及行政法

---

① 储硕：《界定“在押人员”之我见》，载《人民检察院》2000 年第 12 期，第 49 页。

律等。

2. 更加注重对刑事程序法的遵守

在刑事司法领域，正义如同有人指出的那样：随时可能呈现不同的状态，[①] 而法律所能提供的仅仅是一种形式公平，[②] 因此程序公正成为刑事司法领域中的正义最集中的体现。故“在押”的原因行为必须严格遵守刑事程序法，符合程序正义的要求，即：有权机关有权人员，依法行事，手续完备，程序合法。当然，该种依法应理解为根据当时的具体情况进行判断，是一种事中判断而非事后判断。[③] 同时，该种程序合法指的是不可事后补正的主要程序严格依法进行，而程序中可事后补正的细枝末节的欠缺不影响“在押”的正当性。例如：根据刑事诉讼法规定拘留后除有碍侦查或者无法通知的情形以外，应当把拘留的原因和处所在24小时以内通知被拘留人的家属或者他所在的单位；司法工作人员无法定理由，在24小时内未能履行通知义务，则属于程序瑕疵，通过补正不影响程序的正当性，也就不影响“在押”的合法性。

（二）人身自由受到剥夺

首先，被人民法院依法认定有罪并判处刑罚，在监管场所教育改造或者在押解途中的罪犯，无疑是典型意义上的“在押”人员。其次，依法临时剥夺人身自由的拘留和暂时剥夺人身自由的逮捕，[④] 二者作为强制措施都是对人身自由的剥夺，被司法机关采取拘留、逮捕等强制措施，人身自由受到与该等强制措施相关剥夺的

① 张文显著：《二十世纪西方法哲学思潮研究》，法律出版社1996年版，第571页。

② 葛洪义著：《法理学导论》，法律出版社1996年版，第329页。

③ 蔡世鄂：《论脱逃罪的立法发展及主体问题》，载《科技创业月刊》2009年第2期，第138页。

④ 汪海燕等编著：《司法制度51讲——诉讼法》，人民法院出版社2010年版，第242～243页。

犯罪嫌疑人、被告人也应属于“在押”之列。[①]

拘传系司法机关对未被羁押的犯罪嫌疑人、被告人依法强制其到案接受讯问的一种强制措施，故处于拘传状态下的人不属于“在押”。被采取取保候审、监视居住的犯罪嫌疑人、被告人或者曾被刑事拘留、逮捕，因法定条件改变而变更为取保候审或者监视居住的犯罪嫌疑人、被告人，尽管要遵守刑事诉讼法第56条、第57条中有关未经执行机关批准不得离开所居住的市、县或未经执行机关批准不得离开其住所、居所等法律规定的责任，但其仍有一定的人身自由，处于非羁押的强制措施阶段，[②] 因此也不属于“在押”。

（三）几种特殊情况的认定

1. 管制犯、缓刑犯、假释犯不属于“在押”人员

管制是对犯罪分子不实行关押，交由公安机关管束和人民群众监督，限制其一定人身自由的刑罚方法，这与剥夺犯罪人短期人身自由的拘役不同，故被判处管制者不属于“在押”人员。缓刑的基本特点是判处刑罚，同时宣告暂缓执行。其制度意义在于避免短期自由刑的弊端，使犯罪分子在不被关押、由特定机关予以考察的过程中更自觉地检点自己的行为。[③] 假释是一种附条件的提前释放制度，是罪犯在执行一定刑期以后从关押场所释放出来在社会上进行改造。所以被判处缓刑的犯罪分子、被假释的犯罪分子，不属于“在押”人员。

2. 暂予监外执行犯属于“在押”人员

暂予监外执行是一种执行的变更程序，该程序是在刑事判决裁

---

① 储硕：《界定“在押人员”之我见》，载《人民检察院》2000年第12期，第50页。

② 龚培华：《论脱逃罪认定中的几个问题》，载《政治与法律》2002年第6期，第83页。

③ 周光权著：《刑法总论》，中国人民大学出版社2007年版，第448页。

定的执行中由于出现法定情形需要对已经确定的刑罚执行方法加以变更。具体到暂予监外执行，是对判处有期徒刑或者拘役的罪犯，由于出现特殊情况，不适宜在监狱或者拘役场所执行刑罚，需要变通执行方法。尽管被暂予监外执行者不在监狱或拘役所等场所关押，但其人身自由依然是被剥夺的。无论是由于保外就医、怀孕或哺乳自己的婴儿而暂予监外执行，还是监外执行不致危害社会的生活不能自理者，只是具体执行场所和方法发生了变化，其人身不自由（人身自由被剥夺）的事实并没有改变，因此该类人员依然属于“在押”人员，是不在监狱、拘役所关押的在押人员。

3. 被依法羁押的无辜者、被超期羁押者属于“在押”人员

如前文所述，在押是一种状态，在押不等于关押，但被关押者，一定属于在押人员。即使嗣后被证据证明被羁押者完全是无辜的，但只要先前的羁押行为是依法进行的，特别是依照刑事程序法进行的，这种无辜者被羁押的状态也属于本文讨论的“在押”范畴。就被超期羁押者而言，由于超过法定期限，羁押不再具有合法性，但只要有权机关和人员没有对该超期羁押予以纠正，其依然处于羁押状态，则也属于本文讨论的“在押”范畴。至于因超期羁押而产生的法律责任与处罚，则是另外一个问题，与此无关。这一点在失职致使在押人员脱逃罪与脱逃罪的认定中是不同的。

4. 行政拘留人员、强制戒毒人员、司法拘留人员不是“在押”人员

如前文所述，“在押”须依法，该法为刑法和刑事诉讼法。行政拘留、强制戒毒等人员，尽管被依法采取了强制措施，并且在一定的时间内人身自由受到限制甚至是剥夺，但该类限制或剥夺依据的是行政法律法规，而不是刑事法律，其原因行为也不是涉嫌犯罪。司法拘留依据的有可能是刑事诉讼法，但司法拘留不是一种强制性措施，而是一种排除性措施，是针对严重妨碍诉讼行为的人采取的一种强制性处分。司法拘留与否，与是否涉嫌犯罪无关。因此，被行政拘留的人、被强制戒毒的人、被司法拘留的人等不属于

本文意义上的“在押”人员。

（四）对“在押”场所的理解要适当

在押是一种状态，监狱、拘役所、拘留所、劳改农场等属于典型的在押场所。而一些特定情形下的在押场所则需要结合实际情况认定，如被剥夺人身自由后住院治疗期间所住的病房、生育哺乳期间的居室或其他允许其存在的空间，等等。此外罪犯、被采取拘留或逮捕的犯罪嫌疑人或被告人，在押解过程中应认定为在押状态，其所乘坐的小汽车、火车车厢、飞机机舱、轮船船舱中的房间、居住的旅馆房间等均应认定为在押场所。总之对在押场所的理解要适当，既不可拘泥于高墙铁网的形式，也不可宽纵为任意的地理空间而导致“监狱国家”的谬误。

综上可见，在押是一种依法而为，法律手续完备，剥夺人身自由，受适当地理空间限制的状态。在押人员则是处于在押状态的罪犯、被采取拘留或取保候审强制措施的犯罪嫌疑人或被告人。回到文章开头之案例，孟某是重大嫌疑分子，且可能被判处10年有期徒刑以上刑罚，警察王某、方某失职致使孟某逃掉似乎符合失职致使在押人员脱逃罪的立案标准，但是，应注意：公安机关对孟某的处里（放在医院治疗）缺少“在押”所需必备的法定手续——剥夺人身自由的法定手续，如拘留决定书、逮捕决定书。尽管监管部门负责人在守护措施协议上签字，但该守护措施协议仅为内部文书，对外不具有法律效力，更不属于剥夺人身自由的法律文书。因此，孟某不属于法律意义上的“在押”人员，警察王某、方某的失职行为尽管应该承担相应的责任，但不能认定二人构成失职致使在押人员脱逃罪。

强制医疗案件的审判程序

——从两起精神病人强制医疗案件谈起

陈 芳*

一、基本案情

案例一：被申请人朱某强制医疗案

被申请人朱某于2012年12月7日16时30分许，尾随被害人吴某至上海某大学教学楼D楼1层西侧女厕所内，趁被害人准备洗手时，从背后上前持刀顶住被害人的颈部，挟持被害人进入厕所东侧靠窗的隔间。继而，朱某强迫被害人交出携带的索爱牌U5i型移动电话机（经鉴定，该机价值人民币310元），此后，朱又对被害人进行强行猥亵并试图强奸，但未成功。后朱某携被害人的移动电话机逃逸。公安机关经侦查，于2012年12月8日将朱某抓获。经鉴定，朱某在案发时系完全无刑事责任能力的精神病人。

申请机关上海市黄浦区人民检察院认为，被申请人朱某实施持刀抢劫、强奸行为，严重危害公民人身安全，经法定程序鉴定为依法不负刑事责任的精神病人，有继续危害社会的可能，应对其强制医疗。

被申请人朱某的法定代理人提出，被申请人不需要强制医疗，可由家属自行治疗；诉讼代理人认为，朱某不具有继续危害社会的可能，故无须强制医疗，并提出继续危害社会可能的认定必须以权

* 上海市高级人民法院刑一庭助理审判员。

威机构的鉴定或评估报告为依据。

法院经审理认为，被申请人朱某实施严重危害公民人身安全的暴力行为，但经法定程序鉴定，其依法不负刑事责任。根据被申请人的法定代理人及证人廖某某的证言、司法鉴定意见及其摘录的朱某病史材料能证明，如不对朱某强制医疗，其确有继续危害社会的可能。申请机关申请对朱某强制医疗的主张成立，据此决定对被申请人朱某予以强制医疗。

案例二：被申请人史某强制医疗案

被申请人史某于2013年1月7日11时许，携带装有汽油的矿泉水桶、举报信、塑料袋等进入上海市人民公园，并至市政府大院东北侧围墙外，将汽油、举报信、石块装入塑料袋内点燃后扔进围墙内，致院内车库顶棚发生火情。后保安人员及时将火扑灭，未有人员伤亡和财产损失。经侦查，公安人员于同日16时40分许将史某抓获。经华东政法大学司法鉴定中心鉴定，结果是：（1）被鉴定人史某患有精神分裂症，现为发病期；（2）史某对本案无刑事责任能力；（3）史某对本案无受审能力。

申请机关上海市黄浦区人民检察院认为，被申请人史某在公共场所放火，严重危害公共安全，经法定程序鉴定为依法不负刑事责任的精神病人，有继续危害社会的可能，应对其强制医疗。

庭审中，被申请人史某的法定代理人及诉讼代理人均对申请书认定的事实没有异议，且赞同检察机关强制医疗的申请。

法院经审理认为，被申请人史某实施严重危害公共安全的放火行为，经法定程序鉴定，其不负刑事责任。又因史某有继续危害社会的可能，故申请机关申请对史某强制医疗的主张成立。据此决定对被申请人史某予以强制医疗。

二、探索与创新

依法不负刑事责任的精神病人强制医疗程序是2012年《刑事诉讼法》新增设的特别程序之一。虽然刑事诉讼法司法解释作出了较为详细的规定，但对此类案件如何做好庭前准备、如何进行开庭审理、如何撰写裁判文书等，仍缺乏清晰、明确的经验。上海市黄浦区人民法院连续审理了上海市第一、第二起强制医疗案件，该院对此类案件的审理程序进行了初步探索，第一个案件基本按照刑事一审程序的模式，第二个案件在总结第一个案件经验教训的基础上，在程序的设计上作了相应改进和进一步探索，逐渐形成了审理此类案件的初步经验。

法院在上述两起案件的审理过程中，作了一些有益的尝试。具体罗列如下：

1. 做好释法工作，化解精神病人家属的对立情绪

强制医疗涉及公民的名誉、自由等重大的人身权益，精神病人的家属大多对强制医疗决定存在对立情绪。在第一起案件中，精神病人朱某是其家中独子，且系上海某高校的在读学生，家人对朱某感情甚笃，一旦朱某被强制医疗，家人在感情上无法接受。因此，在法院受理该案初期，朱某的父亲暨法定代理人存在较明显的对立情绪。由于法定代理人是强制医疗程序中不可缺少的诉讼主体，为了确保其配合法院审理活动的开展，承办法官在与法定代理人的多次谈话中，向其耐心讲解有关法律规定，详细解释由政府进行强制医疗所具有的积极功能。经过耐心的释法工作，朱某的法定代理人消除了疑虑，积极参与案件审理的各个环节，认真履行法定代理人的职责，并在强制医疗决定做出后表示服判，也未提出复议申请。

2. 合议庭成员共同会见被申请人

在第一起案件中，被申请人朱某提出了参加庭审的申请，合议庭根据司法鉴定意见中朱某无受审能力的结论，并综合考虑朱某的身体和精神状况，认为朱某不适合出庭。为了避免因朱某缺席法庭而造成合议庭评判的盲目性，本案合议庭成员全部参与了会见朱某的过程。合议庭成员通过分别与朱某谈话，观察其言行举止，对朱某的身体和精神状况形成了较为直观的认识，并对上述会见过程进行了拍摄，在庭审中当庭播放了录像剪辑，取得了较好的庭审

效果。

3. 召集庭前会议

由于强制医疗程序的审限仅有一个月，为了避免开庭时法定代理人或诉讼代理人临时就管辖、回避等程序性事项提出异议而致使庭审延期，法院开庭前召集检察员、法定代理人、诉讼代理人等召开了庭前会议。庭前会议主要解决了以下问题：一是确定案件是否开庭审理；二是决定案件是否公开审理；三是被申请人是否参加庭审；四是案件管辖问题；五是告知合议庭、检察员、书记员等组成人员名单，了解法定代理人、诉讼代理人是否申请回避。另外，合议庭根据案情和双方的陈述明确了本案争点，要求诉讼双方在庭审中主要围绕案件争点问题进行陈述。

4. 与主治医师进行有效沟通

为深入了解被申请人的病情，在两起案件审理之前，合议庭都在庭前专门就被申请人的病情、治疗与恢复情况以及精神分裂症的有关情况与主治医师进行了深入的沟通和交流，对正确认定被申请人是否有继续危害社会的可能以及是否需要强制医疗，起了积极的作用。

三、学理思考

两个案件在庭审程序的具体设计和把握上，略有不同。通过比较分析其各自的优劣，更能引发我们思考关于强制医疗案件程序究竟应当如何进行。

（一）如何确定强制医疗案件的审判模式

由于强制医疗程序是新刑事诉讼法增设的程序，如何把握该程序的属性，实践中尚未形成共识。在第一起案件中，法院采用的庭审模式基本同于刑事一审程序的模式，也就是控辩式诉讼的模式。但是这种模式存在一个突出问题，即由于被申请人不出庭，所谓控辩式诉讼应当如何控、如何辩？由于对这个问题认识不清，所以在第一起案件中出现了检察员针对法定代理人进行询问的情况，有将法定代理人“被告人化”之嫌。所以，第二例案件的庭审取消了向法定代理人发问及最后陈述环节。

强制医疗程序规定在刑事诉讼法中，强制医疗又以被申请人实施了严重危害社会的行为为前提，因此具有刑事诉讼法的一些特点和属性，但是强制医疗案件又与普通刑事案件存在显著不同，突出表现在强制医疗程序最终的结论不是裁判而是决定，当事人对强制医疗决定不服的不是上诉进入二审而是提出复议。所以，强制医疗案件又具有某些行政程序的特点。因此，强制医疗程序兼具刑事诉讼程序和听证程序的双重属性，即：在查明被申请人是否实施了危害社会行为以及是否具有刑事责任能力方面，应按照刑事诉讼的有关要求进行；在查明被申请人是否有继续危害社会的可能以及是否需要强制医疗方面，由于很难采用刑事诉讼的证明模式和证明标准，因此更多的应采用行政式的听证模式。

（二）如何把握庭审节奏

在第一起案件庭审过程中，控辩双方对本案的有关事实，无论是否存在争议，均进行了充分的举证、质证和辩论，导致庭审重点不突出，庭审节奏失当。尤其是在有关朱某所实施的行为这一事实上，尽管对此节事实争议较小，诉讼双方仍依照刑事普通程序的庭审流程展开控辩。合议庭在庭前对庭审流程进行设计时，由于考虑到首案的特殊性，为了谨慎起见，亦决定尽可能允许诉讼双方在庭审中充分发表意见，从而忽略了由此可能带来的庭审节奏拖沓的问题，导致第一起案件的庭审持续了两个小时之久，显得繁简不分，过于冗长。

第二例案件的庭审中，法庭改进了庭审方式，采取分段法，分别围绕“客观行为”、“精神状态”、“继续危害社会的可能”展开法庭调查，层次清晰。这种做法充分遵循刑事诉讼程序设计中繁简有别的基本原理，基于被申请人的法定代理人、诉讼代理人等均赞同强制医疗的前提，诉讼双方通过简便方式举证、质证、辩论，大大缩短了庭审时间，突出了庭审重点。

尽管强制医疗程序是新类型的刑事特别程序，但仍应遵循刑事诉讼程序设计中繁简有别的基本原理。笔者认为，强制医疗程序中，对于被申请人是否实施了刑事实体法所禁止的行为这一事实，应与普通刑事案件中行为人是否实施了犯罪行为的证明标准有区别。理由是，强制医疗程序并不解决被申请人的刑事责任问题，被申请人是否实施了刑法所禁止的行为并非本程序的核心问题，其精神状态以及人身危险性才是关键。相应地，如无异议，庭审中对被申请人肇祸的事实应简化举证、质证，庭审的重心应围绕强制医疗的必要性，即被申请人是否具有继续危害社会的可能，从而确保庭审节奏的详略得当。

此外，对于被申请人的法定代理人、诉讼代理人等均赞同强制医疗的情形，应与反对强制医疗的情况在证明标准、庭审设计上有所区分。具体而言，诉讼双方对强制医疗均无异议的，法院在充分审查当前证据材料的基础上，对于符合不开庭审理条件的，可以不开庭审理；对于开庭审理的案件，庭审中诉讼双方可以通过简便方式举证、质证、辩论。

（三）如何对强制医疗的必要性进行审查判断

强制医疗的必要性以被申请人是否具有继续危害社会的可能为主要依据。在两起案件的处理中，合议庭主要依据被申请人当前的精神状态（合议庭对被申请人精神状态的判断主要来自于两方面：一是会见被申请人时的直观感受；二是主治医师的介绍）、司法鉴定意见及被申请人的病史材料、被申请人法定代理人的陈述等。但从诉讼法理来讲，强制医疗的必要性应采用“高度盖然性”的证明标准，以上证据材料是否能满足该证明标准，能否让法官形成内心确信，尚有待明确。加之强制医疗案件存在较显著的个案差别，以上依据能否在每一个强制医疗个案中都充分发挥其证明作用还有待商榷。笔者认为，对强制医疗必要性的审查，应设计更为明确、更具可操作性的标准，以供法官在判断时参考。

第一，安康医院医师的证言成为定案依据的，应听取两名以上医师（包括主治医师、住院医师）的证言。第二，被申请人本人、家属或诉讼代理人对强制医疗存在重大异议的，可以在条件成熟时，考虑由专业法医师、精神鉴定专家、高校精神医学教授等组成专家组，由专家组对被申请人当前的精神状态进行诊断评估并形成评估报告，以此作为判断被申请人精神状态的主要依据之一。考虑到由专家组进行诊断评估可能带来审限不足的问题，应要求申请机关在检察阶段组织评估，并在向法院提出申请时一并提交相关评估报告。第三，必要时，鉴定人应当出庭。在诉讼各方或合议庭对鉴定意见有异议时，鉴定人应出庭接受质询，理由如下：其一，书面的鉴定意见往往无法全面反映被申请人复杂的精神状况，有必要由鉴定人出庭以直接言词方式进行补充说明；其二，鉴定意见并非诉讼法理论中的“不要证事项”，应经当庭质证、认证才得以作为定案依据，故鉴定人应出庭接受双方的交叉询问。

（四）如何处理庭前会议与庭审的关系

在审理第一起案件时，法院根据新刑事诉讼法的规定，在庭前召开了意在解决部分程序性事项并明确争点的庭前会议。有关案件的争点，由于法定代理人、诉讼代理人对被申请人朱某肇祸的事实不持异议，双方仅对朱某有无继续危害社会的可能存在分歧，因此，合议庭明确此节事实为庭审的重点。相应地，申请机关也着重就强制医疗的必要性问题进行庭前准备。但在庭审当天，诉讼代理人当庭就被申请人朱某实施的抢劫行为的定性提出质疑，法庭不得不组织双方就此节事实展开事实调查与辩论，召集庭前会议以提高庭审效率的初衷未能实现。

笔者认为，应明确庭前会议与庭审的关系。新刑事诉讼法设立庭前会议意在通过该程序解决有关程序性事项，明确案件争点，使庭审的重心围绕双方的争议焦点进行。为了充分发挥庭前会议的价值，势必需要从庭审中分流出部分职能，赋予庭前会议独立解决有关问题的能力。鉴于庭前会议的诉讼构造与正式的庭审基本无异，通过该程序得出的结论应具有法律效力，据此，对于庭前会议中诉讼各方已经达成共识的内容，如无明确反证，庭审中应予遵守。

（五）如何撰写决定书

目前，最高人民法院关于强制医疗决定书的样式尚未制定。如何撰写符合强制医疗案件特点的决定书，尚无经验可循。法院审结的第一起案件中，决定书样式基本参照了刑事裁判文书的格式，对案件全部事实、证据均进行了详细的论述，导致裁判文书内容繁简失当，重心偏移。在该决定书中，法院认定的事实着重于描述被申请人朱某肇祸的过程，且定案的八项证据中，有五项证据用于证实朱某肇祸，仅有三项对朱某具有强制医疗必要性加以论证。在第二起案件中，法院改变了撰写方法，采用了类似于简易程序案件裁判文书的方式，篇幅大大缩短。笔者认为，在撰写裁判文书时应明确，精神病人肇祸的事实是作出强制医疗决定的前提，但把它作为关键事实加以论证显然有“喧宾夺主”之嫌。强制医疗决定书可借鉴简易程序案件裁判文书的写作模式，简述证据内容，并在裁判理由中强化强制医疗必要性的论证，做到裁判文书的内容详略得当、说理充分。

刑事和解程序在未成年人犯罪案件中的应用

李 婷*

一、案情简介

被告人刘某、朱某、孙某等三人案发时均为未成年人。

2012年6月5日23时许，在被告人刘某某、龙某某的纠集下，伙同被告人刘某等三人预谋抢劫位于邵阳市大祥区宝庆西路的一平价超市。上述被告人到现场踩点后，发现该店内只有女老板陈某一人坐在收银台，被告人刘某某带头冲进店内，女老板见状大喊救命，刘某某、黎某某持刀砍向被害人陈某，威胁不要叫喊，随后，刘某某又持刀砍伤闻讯赶来的被害人谢某，龙某某趁机抢走该店的营业款2000余元及精品白沙烟两条后逃离了现场。经法医鉴定书鉴定：被害人陈某全身多处擦伤，评定为轻微伤，被害人谢某，被评定为轻伤。案发后，被告人刘某等三人及其亲属与被害人就民事赔偿部分达成赔偿调解协议，并已实际履行，取得了被害人及其家属的谅解，被害人及其家属亦书面请求对三被告人从轻、减轻处罚，并建议对三被告人适用缓刑。

法院经审理认为：被告人刘某等三人与他人相互纠集，以非法占有为目的，伙同他人采用持刀威胁及暴力手段强行劫取被害人财物，其行为均已构成抢劫罪。鉴于被告人刘某等三人在实施抢劫行为时，均系未满十八周岁的未成年人，结合三被告人及其亲属在本

* 贵州省高级人民法院刑三庭法官助理。

案审理过程中与被害人就民事赔偿部分达成赔偿调解协议，并已实际履行，赔偿了被害人的经济损失，取得了被害人及其家属的谅解，被害人及其家属亦书面请求对三被告人减轻处罚，并建议适用缓刑。故对上述三被告人依法减轻处罚，据此，法院对三被告人减轻处罚并分别判处缓刑，其中判处刘某有期徒刑三年，缓刑五年，并处罚金一万元，上缴国库。判处朱某有期徒刑三年，缓刑三年，并处罚金八千元，上缴国库。判处孙某有期徒刑二年，缓刑二年，并处罚金八千元，上缴国库。

二、争论焦点

司法实践中如何正确理解与适用公诉案件刑事和解程，防止“花钱买刑”？

三、学理分析

无可否认，刑事和解程序的正当性从诞生之日起就一直备受争议。公众之所以会对其产生“花钱买刑”的质疑，也正是源于对该程序正当性的追问。刑事案件和解程序挑战着传统的刑事司法理论关于国家公诉权、罪责刑相适应原则等诸多涉及实体公正等方面的共同认识。例如，著名学者贝卡里亚曾用更明确的词汇说道：“有些人免受刑罚是因为受害者方面对于轻微犯罪表示宽大为怀，这种做法是符合仁慈和人道的，但却是违背公共福利的。受害的公民个人可以宽免侵害者的赔偿，然而难道他也可以通过他的宽恕同样取消必要的惩戒吗？惩罚的权力不属于任何单个的公民，而属于全民意愿代表的法律。某个受到侵犯的公民可以放弃其在惩罚权中的份额，但无权处分其他人的份额。”① 加之，近年来法院审理的几起社会比较关注的刑事案件如药家鑫案、杭州飙车案的消极影

---

① ［意］贝卡里亚著：《论犯罪与刑罚》，黄风译，中国大百科全书出版社 1993 年版，第 59 页。

响，公众对该程序的误读越来越深，产生一种普遍的担心，当事人的经济实力往往决定着最后的刑罚，这不符合程序正义的理念，有违社会公平与正义。但不可否认的是，此次刑事诉讼法确立的刑事和解程序，正是为了突破我国传统司法在实践中对被害人权益保障不力的瓶颈，应对当前司法环境重大变化的需求。实际上，与一般司法改革不同，它是司法实践中自发产生的、自下而上的改革经验的总结。正如有学者指出的那样："无论我们事后对这项改革试验进行怎样的理论论证，都无法否认各地司法机关进行这种制度改革的利益基础。而正是这种对各方利益的最大满足，才使得这一制度具有强大的生命力。"①。在司法实践中，针对特定的案件，和解程序影响的仅仅是量刑部分而非定罪。适用此程序的前提是在犯罪嫌疑人、被告人不否认案件事实的基础上，司法机关对其量刑部分所做的一个宽缓化的处理。这是符合刑罚个别论的刑罚理论的，也顺应了现代刑法理念要求刑事法律具有谦抑性和宽和性的发展，因此与罪责刑相适应等原则并不冲突。而且它有利于最大化地实现个人利益和社会利益，无论是在提高司法效率、节约司法资源，保障被害人的权利尤其是被害人获得损失赔偿的权利，还是修复社会关系等方面都凸显了其独特的价值功能。基于此，"考虑到公诉案件的国家追诉性质和刑罚的严肃性，保障刑事和解的公正性成为立法规范的重点。"② 立法机关为了消除公众的误解与担心，更加理解与接受这种特别程序，在刑事诉讼法中对该程序的启动到结果都作出了明确的规定，为其在司法中的正确适用提供了法律上的保障。

（一）案件适用范围上的限制

刑事诉讼法第277条明确将适用和解程序的公诉案件限定于两

---

① 陈瑞华：《刑事诉讼的私力合作模式——刑事和解在中国的兴起》，载《中国法学》2006年第5期。

② 王兆国：《关于中华人民共和国刑事诉讼法修正案草案的说明》，载《检察日报》，2012年3月9日第2版。

大类，一类是因民间纠纷引起，涉嫌刑法分则第四章、第五章规定的犯罪案件（即涉嫌侵犯公民人身权利、民主权利罪和侵犯财产罪的案件），可能判处三年有期徒刑以下刑罚的；另一类是除渎职犯罪以外的可能判处七年有期徒刑以下刑罚的过失犯罪案件。通过缩窄适用范围，将适用和解程序的公诉案件缩窄至犯罪情节较轻，主观恶性不大，社会危害较小的轻刑犯罪案件和过失犯罪案件，可以将对花钱买刑的担忧降到最低程度，即便真出现花钱买刑现象，也不至于发生太大的危害。同时法条又特别指出：犯罪嫌疑人、被告人在五年以内曾经故意犯罪的，不适用刑事和解程序。因在这么短时间内故意犯罪的人主观恶性较深，社会危险性较大，不知悔改，再次犯罪后可改造性较小，所以对这类人再犯罪要严格适用宽严相济的刑事政策，从严处理，绝不能姑息。对于法条所指“五年内曾故意犯罪”的理解，司法界人士认为“犯罪嫌疑人在犯可和解之罪之前的五年内曾经故意犯罪，该故意犯罪既可以是已经判决的，也可以是尚未判决的。”①。

（二）程序上的约束

除了案件适用范围上的限制，刑事诉讼法及最高人民法院的司法解释也严格限定了当事人和解的方式、结果和程序。通过明确适用条件、审查和解的自愿性和合法性以及明确刑事和解在公法上的法律效果保证公诉案件刑事和解程序的公正性。

对于符合刑事和解适用范围的案件，当事人达成和解的条件有三：一是犯罪嫌疑人、被告人真诚悔罪；二是通过向被害人赔偿损失、赔礼道歉等方式获得被害人谅解；三是被害人自愿和解。这三个条件必须同时具备，缺一不可。即对于满足刑事和解的公诉案件，只有犯罪嫌疑人、被告人自愿真诚悔过，并且通过特定的方式取得被害人的谅解后，被害人自愿和解的，才能对犯罪嫌疑人、被

---

① 张军主编：《新刑事诉讼法法官培训教材》，法律出版社 2012 年版，第 92 页。

告人从宽处理。刑事诉讼法第 277 条赋予公诉案件被害人在刑事和解程序中的主动权，以保证被害人自己有权决定是否与犯罪嫌疑人、被告人达成和解协议以及是否谅解犯罪嫌疑人、被告人。被害人在和解程序中的主动权避免了只要被告人花钱就能减刑的可能，能够在一定程度上遏制“花钱买刑”现象的产生。同时为了避免实践中被害人“漫天要价”等非正常因素影响犯罪嫌疑人、被告人被迫认罪、悔罪的情况出现，公安司法机关还要严格审查其“真诚悔过”的真实性。若非自愿，即便双方达成和解，取得谅解，也不得对犯罪嫌疑人、被告人从宽处理。对于“获得被害人谅解的方式”，不限于赔偿损失、赔礼道歉等方式，犯罪嫌疑人、被告人及其近亲属可以积极作为，通过各种合法方式取得被害人的谅解。但有一点，和解协议约定的赔礼道歉等事项，必须由被告人本人履行，不得代劳。

刑事诉讼法第 278 条规定：“双方当事人和解的，公安机关、人民检察院、人民法院应当听取当事人和其他有关人员的意见，对和解的自愿性、合法性进行审查，并主持制作和解协议书。”尽管从本质上说当事人之间的和解是一种“私了”，但这并不是一种纯粹的“私了”，它是在公安机关、检察机关或是法院的主持下进行的，需要经过公安司法机关的审查和确认。根据《最高人民法院关于适用〈中华人民共和国刑事诉讼法〉的解释》（以下简称《司法解释》）第 500 条的规定，“审判期间，双方当事人和解的，人民法院应当听取当事人及其法定代理人等有关人员的意见。双方当事人在庭外达成和解的，人民法院应当通知人民检察院，并听取其意见。经审查，和解自愿、合法的，应当主持制作和解协议书。”

人民检察院及公安机关也有类似相关规定。[①] 这说明刑事和解必须在自愿平等的原则下进行，由犯罪嫌疑人、被告人或者被害人主动自愿提起并进行合意协商，和解是双方当事人的合意的产物。司法人员作为客观中立的第三方参与其中，不得偏袒任何一方，也不得强迫任何一方。最高人民法院的司法解释还接受除司法机关以外的其他人员如人民调解员、辩护人、诉讼代理人、当事人亲友等参与促成双方当事人和解。对于审查的内容，重点在于和解协议的自愿性和合法性。因当事人之间的和解协议牵涉双方的切身利益，公安司法机关不得代替、诱导或者强迫当事人达成和解，而且还要审查当事人的和解程序是否合法，协议内容是否合法。经审查，和解自愿、合法的，予以确认；和解不具有自愿性、合法性的，应当认定无效。

现行立法对公诉案件当事人达成和解协议取得被害人谅解的被告人在量刑上给予法定的从宽处罚依据，更利于人民法院在审理案件时依法作出相应判决。刑事诉讼法第 279 条规定："对于达成和解协议的案件，公安机关可以向人民检察院提出从宽处理的建议。人民检察院可以向人民法院提出从宽处罚的建议；对于犯罪情节轻微，不需要判处刑罚的，可以作出不起诉的决定。人民法院可以依法对被告人从宽处罚。""从宽处罚"即包括从依法对被告人从轻、减轻或者免予刑事处罚，甚至包括非罪化处理。最高人民法院的《司法解释》第 505 条规定："对达成和解协议的案件，人民法院应当对被告人从轻处罚；符合非监禁刑适用条件的，应当适用非监

---

① 例如，《人民检察院刑事诉讼规则》第 515 条第 2 款规定：审查时，应当听取双方当事人和其他有关人员对和解的意见，告知刑事案件可能从宽处理的法律后果和双方的权利义务，并制作笔录附卷。《公安机关办理刑事案件程序规定》第 324 条第 2 款规定：公安机关审查时，应当听取双方当事人的意见，并记录在案；必要时，可以听取双方当事人亲属、当地居民委员会或者村民委员会人员以及其他了解案件情况的相关人员的意见。

禁刑；判处法定最低刑仍然过重的，可以减轻处罚；综合全案认为犯罪情节轻微不需要判处刑罚的，可以免除刑事处罚。”

在本文的案件中，人民法院根据此案的基本事实，综合全案情况，严格适用当事人和解程序审理本案。通过审查被告人悔罪情况、双方达成和解协议、取得被害人谅解等实际情况，依法对三未成年被告人判处缓刑，既有利于三被告人知错悔改、回归社会，也有利于抚慰被害人因此受到的伤害，使两者的矛盾和冲突得到有效的解决，做到案结事了，定分止争，实现法律效果与社会效果的有机统一。

公诉案件刑事和解程序是一种以当事人的合意为基础的，能够妥善化解社会矛盾，积极解决社会纠纷，促进社会和谐的新型司法模式。作为一种新的司法尝试，其在实践操作中不可避免地会遇到一些问题和困难，还需要我们进一步通过构建相关的配套制度与不断完善立法规定予以保障。我们期待在司法实践中它能够彰显出更大的积极功效。

辩审冲突的原因分析与解决

——以王全璋律师被拘留案为例

张元元*

【基本案情】

江苏省靖江市人民检察院于2013年1月22日指控被告人朱亚年犯利用邪教组织破坏法律实施罪，靖江市人民法院于2013年4月3日上午9时30分在该院第三审判庭公开开庭审理此案。北京市振邦律师事务所王全璋律师出庭为被告人朱亚年辩护。

据江苏省靖江市人民法院介绍，当天的庭审过程如下：庭审中，辩护人王全璋多次打断合议庭成员以及公诉人的讯问，扰乱法庭正常的审判活动，审判长多次警告制止并训诫。在法庭辩论中，辩护人王全璋用其手机拍摄，被审判长发现，审判长当即指令法警对王全璋的手机予以暂扣，待休庭后处置。法警当即通知本院网管员到场，发现该手机显示“云录音”状态，法警当即将此情况向审判长报告。审判长在庭审结束后要求辩护人王全璋留置谈话。谈话过程中，审判长要求辩护人王全璋提供手机开机密码，其自始至终都未能提供有效密码，致手机无法打开。

该法院于4月4日凌晨1时35分决定因王全璋律师扰乱法庭秩序，对王全璋律师司法拘留，鉴于王全璋上述行为违反法庭秩序，情节严重，依据《最高人民法院关于适用〈中华人民共和国刑事诉讼法〉的解释》（以下简称《解释》）第250条第1款第三、

* 中国政法大学刑事诉讼法学专业2012级硕士研究生。

四项的规定，对辩护人王全璋予以拘留。[①]

王全璋律师被拘留案迅速引起了社会各界的关注，尤其是北京律师纷纷通过微博等媒体表示声援，伍雷律师等人还远赴靖江去帮助王全璋律师。4 月 6 日凌晨一时左右，江苏省泰州市中级法院宣布，对于王全璋律师的拘留措施已起到惩戒作用，无继续拘留的必要，遂决定提前对王全璋解除拘留。王全璋律师被拘留 48 小时后被释放。

随后，王全璋律师在博客上发出了“我的申辩和声明”，对于媒体的言论和质疑做出了回应。他认为其没有任何扰乱法庭秩序的行为，也没有违反法庭纪律的行为，其拍照是基于执业习惯对个人档案文件的证据保存，并且法官和执行的法警态度极其恶劣，不给他水喝、紧扣的手铐导致其手腕受伤。相反，靖江市人民法院在开庭之前劝说被告人朱亚年的家属放弃北京律师、开庭之前拒绝朱亚年的另外一位亲友辩护人李苏滨出庭辩护、无正当理由拒绝辩护人提出的重新鉴定等程序权利等行为是违法的。王全璋在靖江市人民法院向他宣读司法拘留决定之后，当即要求复议，在拘留所内再次书面提交了复议申请，并且向靖江市人大常委会、江苏省高级人民法院、最高人民法院提交关于罢免靖江市人民法院院长的建议书、关于撤销对其作出拘留决定的审判长王频法官职务的建议书。他认为其本人在正常履行职务的过程中，遭遇司法拘留，这不仅是个人权利和自由遭受到侵害，更是中国执业律师执业环境恶化的一个缩影。[②]

---

① 参见《江苏对律师王全璋被拘留一事展开调查》，来自 2013 年 4 月 5 日中国新闻网，http：//www. chinanews. com/gn/2013/04 -05/4704738. shtml。

② 参见《我的申辩和说明》，来自王全璋律师博客，2013 年 4 月 7 日发布，http：//blog. sina. com. cn/s/blog_ 62c031960101hm5p. html。

一、问题的提出

本案所引发的是辩审冲突所导致的辩审关系紧张化的问题。

所谓“辩审关系”，也就是指辩护人与法官或合议庭的关系。在以往的刑事诉讼中，人们并不太关注辩审关系，因为控辩审三方中，法院本身处在一个中立的地位，因而，大家关注更多的可能是控辩之间的关系。但最近几年，在刑事诉讼中，辩审冲撞甚至是冲突开始出现，去年的贵阳小河案是比较典型的，辩护人和合议庭及审判长发生了比较激烈的对抗。2013 年，新刑事诉讼法实施不到半年，就接连发生了王兴律师被逐出法庭、王全璋律师被司法拘留、杨金柱和李金星律师被暴力驱逐出法庭这些严重的辩审冲突事件。

王全璋律师被司法拘留案之所以备受关注，主要在于辩审冲突已经达到了剥夺辩护律师人身自由的程度，这对已经承受了很大的执业风险的刑辩律师来说，无疑是雪上加霜。靖江市人民法院的说法和王全璋律师的说法有很大差异，社会各界也都对王全璋律师该不该被司法拘留进行了热烈的讨论。

二、本案的法律问题分析

1. 拍照、录音的行为是否一定扰乱法庭秩序

《解释》第 249 条规定，未经人民法院许可不得对庭审活动进行录音、录像、摄影，第 250 条第 1 款第（四）项规定“未经许可录音、录像、摄影或者通过邮件、博客、微博客等方式传播庭审情况的，可以暂扣存储介质或者相关设备。”王全璋律师在法庭辩论中用手机拍摄证据，被审判长发现后已经将其手机暂扣，庭审继续进行。在法庭审理顺利结束后，法院的技术人员发现王全璋律师的手机显示“云录音”状态，但王全律师始终没有提供手机的密码，因此无法确认其是否进行了录音。假设王全璋律师确实用手机录音了，确实是违反法庭纪律的行为，但并不绝对就是扰乱法庭秩序。

《解释》第 250 条第 1 款前三项规定审判长根据扰乱法庭秩序

的轻重情形不同分别作出处理：情节较轻的，应当警告制止并进行训诫；不听制止的，可以指令法警强行带出法庭；情节严重的，经院长批准，可以处以罚款或者15日以下拘留。

对于情节严重与否，法官有一定的自由裁量权，但根本的评判标准是对法庭顺利进行的阻碍程度。因为司法强制措施，包括警告、强行带出法庭、罚款、拘留，其主要的目的是在紧急的情况下，排除法庭障碍，保证诉讼的顺利进行。那么在庭审已经顺利进行完的情况下发现律师录音，无论是否能将该录音删除，由于庭审已经顺利结束，其录音行为并没有严重扰乱法庭秩序。

2. 在辩审冲突中律师是否有一定的责任

通过对来自不同方面的声音进行分析，王全璋律师在本案中也是有一定的责任的。首先，对于其对证据进行拍照的行为，完全可以先和审判长沟通一下，表明该证据只有一份，经审判长的允许后再拍照。而且，律师对于证据事先不留底，本身就是律师的责任。其次，对于其录音的行为，也应当事先经审判长允许，在庭审后法官要求其提供手机的密码，王全璋律师以个人隐私为由不肯提供，有故意回避问题之嫌。此外，在此次事件中，王全璋律师可能会有些情绪化，对审判长和司法人员的态度不是很好，或者并不十分配合庭审的进行，因此造成了此次比较激烈的辩审冲突。

可见，辩护律师也需要进行一定的反思，律师有话当然要说，但应当尽量采取相对缓和、双方都能接受的方式，相互尊重的效果会更好。律师不能将情绪过多地带到法庭上，控、辩、审过于对抗，对于庭审的结果以及各方的利益都是有损害的。

3. 本案的意义何在

新刑事诉讼法实施以来，接连发生了几起严重的辩审冲突事件，王全璋律师被拘留案是其中最激烈的一次。可以看到，辩审关系比新刑事诉讼法实施之前变得更加尖锐，从而有必要通过本案来分析辩审冲突产生的原因以及律师和法官在协调辩审关系中应当发挥的作用。

同时，王全璋律师一案也折射出法律规定的不足，比如对律师的处罚是否必须以“警告制止而拒不服从”为前置条件？辩护律师正当行使辩护权和扰乱法庭秩序的界限在哪里？对于法官的司法强制措施，律师能否当庭采取一定的救济措施？通过对个案的分析，希望能推动相关规则的制定。此前某些省份已经制定了地方的辩护律师执业行为规范，此案的发生在全国造成了较大的影响，能够推动全国性的刑辩律师执业行为规范的出台，让辩护律师有所遵循，让律师知道其行为的合法界限在哪里。

当然，以上律师执业行为规范的制定仅仅是对辩护律师的指引，不能够约束法官的行为。近期的辩审冲突事件的发生已经引起了最高人民法院的重视，众多辩护律师也已经将情况反映至最高人民法院，也许此案能够推动法律和司法解释的完善和进步。

三、辩审冲突产生的原因

通过分析王全璋律师被拘留案，可见辩审冲突的产生涉及法律规定、制度、观念等多方面的原因。

（一）法律规定方面：赋予法官强大的维持法庭秩序的权力

《刑事诉讼法》第194条规定，在法庭审判过程中，如果诉讼参与人或者旁听人员违反法庭秩序，审判长应当警告制止。对不听制止的，可以强行带出法庭；情节严重的，处以1000元以下的罚款或者15日以下的拘留。罚款、拘留必须经院长批准。被处罚人对罚款、拘留的决定不服的，可以向上一级人民法院申请复议。复议期间不停止执行。

《解释》第249条规定了法庭审理过程中，诉讼参与人、旁听人员应当遵守的纪律；第250条规定了法庭审理过程中，对于诉讼参与人或者旁听人员扰乱法庭秩序的，审判长的处理方式以及诉讼参与人、旁听人员对于处罚的救济；第251条规定了法院对于严重扰乱法庭秩序的律师应当通报相应的司法行政机关并可建议予以相应处罚。

可见，为了保证庭审的顺利进行，法律赋予了法官强大的维持法庭秩序的权力。在法庭审理阶段，辩护律师的主要职责是为被告人提出罪轻或者无罪的辩护意见，从对被告人有利的角度为被告人辩护。这就难免会和控方唇枪舌剑、针锋相对。虽然从理论上控辩审三方应该构成一个等腰三角形，法官居中裁判，即使出现冲突也应当发生在控辩双方之间，但从我国的刑事诉讼法的规定以及诉讼理念来看，都是更加偏重保护公权力，实践中也是检法两家相互配合的多一些，而相互制约的少一些。法官往往会为了保证庭审迅速、无障碍地进行而限制律师辩护权的发挥，一旦辩护律师的言行稍微过激，法官就可能会动用其维持法庭秩序的权力，使该权力成为法院用来限制律师辩护权的武器。

（二）制度方面：重实体轻程序

很多情况下辩审冲突是在律师提出程序问题时发生的。辩护分为程序性辩护和实体性辩护，长期以来，受重实体、轻程序观念的影响，一旦辩护律师在法庭中提出程序问题，比如管辖、回避、非法证据排除等问题，这些问题一般比较难处理，很可能会使庭审难以进行下去，因此法官不愿意律师提出程序性问题，如果律师提出了，法官往往会找借口不去处理或者草率处理。如果律师在这些问题上十分坚持，或者对于法官的处理提出抗议，法官就会不耐烦，辩审关系就会变得紧张起来。

实践中庭审走过场情况越来越明显，法官提前查阅了全部的卷宗，心中已经有了决断，法官当然希望庭审程序能够顺利、不间断地走完。而且中国的司法不独立的问题导致一个案子有很多部门在操控，尤其是在涉黑案件或者社会影响较恶劣的案件中，法官也是不得已限制律师辩护权的发挥。此时，一旦律师要求庭审严格依法进行或者说一些不配合的话，法官就会觉得辩护律师气焰嚣张，就会不可避免地发生辩审冲突。

（三）司法观念方面：法官对律师的偏见

我国目前的刑事审判结构是一种混合了职权主义和当事人主义

的混合式庭审模式，法官在庭审中并不是消极的仲裁者，其拥有控制庭审进程和参与调查的权力，法官这种既是裁判者又是运动员的角色，会导致法官为了自己调查案件的顺利进行而故意限制辩护权的充分发挥。而且，很多法官对律师存在偏见和排斥心理，认为律师是在为坏人说话，和国家公权力对抗。因此，法官可能会基于这种心理采取一定的手段限制或者变相限制律师辩护权的行使。

法官在一些庭审中会故意打压被告人及其辩护律师，比如不允许被告人详细陈述案件事实，不允许辩护人对某些案件的细节进行询问，不允许被告人与证人、鉴定人当庭对质，不允许辩方申请有利于被告人的证人出庭，限制辩方发言的时间、次数，借故将与法官唱对台戏的律师逐出法庭，甚至拘留。在有的案件中，法院对被告人施压，让其更换某些难缠的律师。

法官之所以对律师存在偏见，甚至打压律师，主要是因为传统的办案理念束缚了法官们的思维。法官办案往往把打击犯罪和维护稳定放在第一位，重在维护司法机关的权威，公安、检察机关查获的犯罪分子不能在审判阶段漏网，不能让坏人钻法律的空子，逃避法律制裁。在这种观念支配下，字面上的法律、被告人的权利、程序正义成了可有可无的东西，大局、维稳、领导的意图、司法机关的面子才是真正的法律。有些法官认为传统的做法不妥，但觉得自己无职无权，不能改变大环境、大气候，也只能随大流。在这种司法环境下，一些敢于维权、坚持正义的律师就会站出来和司法机关“死磕”。辩审冲突也随着死磕派律师的壮大而愈演愈烈。

四、解决辩审冲突的措施

刑辩律师一直被称为“刀锋战士”，可见刑辩律师的执业风险之大，王全璋律师案让众多刑辩律师再次意识到了其中的危险。协调好辩审关系以减少辩审冲突，是改善刑辩律师执业环境的重要方面。

（一）法律角度

法律和司法解释对于违反法庭秩序的情形和处理作了比较细致的规定，但通过最近几个案例来看，法律规定仍然存在模糊之处。

1. 律师在法官不允许发言的情况下多次坚持举手发言、未经许可擅自发言、打断审判长发言等，这些行为是否足以达到严重扰乱法庭秩序的程度呢？法律和司法解释都没有规定辩护律师的发言必须经过审判长的许可，但实践中审判长仅仅以辩护律师未经许可发言作为严重扰乱法庭秩序的理由。辩护律师在法庭上主要是通过言词辩论来提出自己的观点、反驳控方的观点、回答法官的问题，如果其发言权受到限制，那么律师是很难充分发挥其辩护职能的。法律在保证辩护律师在法庭上的发言权方面应当作出更加详细的规定。

2. 是否允许律师在法庭上的拍照、录音行为。对于未经许可录音、录像、摄影或者通过邮件、博客、微博客传播庭审情况的行为，司法解释明确规定可以暂扣存储介质或者相关设备。但是否是只要有拍照、录音的行为，就一定会扰乱法庭秩序呢？比如在王全璋律师案件中，其拍照的目的是将要提交的鉴定意见留底，录音的手机也被法院暂扣了，而且是在庭审顺利结束的情况下被发现的，那么是否还有必要采取司法拘留呢？而且，《解释》仅仅规定了法官可以允许新闻记者进行记录和报道，在实践中法官基本不会允许新闻记者以外的人进行记录和报道，这在某种程度上违背了审判公开原则。

3. 《解释》第249条最后一款规定了“不得实施其他扰乱法庭秩序的行为”，“其他”的规定过于笼统。第250条中的“情节较轻”、“情节严重”也赋予了法官很大的自由裁量权。法律对此应当进一步作出详细的规定，以免法官滥用自由裁量权。

（二）法官角度

在庭审过程中，法官可能会基于对辩护律师的偏见而不允许或限制律师的发言、驱逐律师甚至不按法律规定拘留律师。这种对律师的偏见、对律师作用的削弱和限制，表面上受伤害的是律师，实质上受损害的是需要律师提供法律帮助的当事人，从根本上损害的是我们通向现代法治国家的进程。①

从法官角度来讲，法官作为中立的裁判方，应当平等对待控辩双方，平等对待公诉人、辩护人，抛弃对律师的偏见，给律师应有的尊重。② 法官不应当只重视法检的配合而忽视辩护律师的作用，也不应对辩护律师些微的违反法庭秩序的行为小题大做、过度惩罚。最高人民法院院长周强强调“尊重和保障律师的权益，为权利依法履职提供最大便利”。最高人民法院常务副院长沈德咏在4月25日的刑事审判座谈会上也说，“要充分认识律师是法律职业共同体的重要一员，充分尊重保护律师依法履职的权利，充分相信绝大多数律师是具备良好职业素养的，是理性、客观、公正、中肯的，是法院可以依靠应当依靠的重要力量。”③

（三）律师角度

1. 律师应当尽职尽责，从当事人的角度出发，最大限度地维护当事人的利益。律师在庭审中的责任包括认真听取被告人、公诉人、法官等人的陈述和提问，认真进行举证、质证，认真发表辩护意见，对于审前以及审判过程中侵犯被告人合法权益的行为，要帮助被告人维权，等等。

2. 律师应当尊重法院、尊重法官、尊重合议庭。作为辩护律师，要恪守行为规范和执业道德，注重与法官的沟通交流，注意控制自己在法庭上的言行举止，对于法官的合理警告予以尊重。同时还应当提高自己的办案质量，在法庭上展示出自己的专业水平，提

① 田文昌、颜九红：《中国刑事辩护制度的困境与出路》，载《北京政法管理干部学院学报》2002年第4期，第14页。

② 蔡宇彬：《辩审关系的重构》，载《商》，2013年第3期，第178页。

③ 沈德咏：《刑事审判要守住防范冤假错案底线》，来自2013年4月25日，中国新闻网。

出细致、负责任的辩护意见，这样才更容易让法官采纳律师的意见。而且律师要谨慎作出司法评论，尽量不发表过激的言论。

3. 律师应当依法维护自己的辩护权。对于法官采取的不当的罚款、拘留等惩罚措施，辩护律师应当坚持自己的立场，和法官据理力争，并运用向上级法院复议的权利，积极维权。同时，新刑事诉讼法赋予了律师更加广泛的权利，辩护律师的会见权、阅卷权的范围有所扩大，律师还可以对侵犯其辩护权的行为进行申诉或者控告。因此，在庭审过程中，对于法官阻止辩护权发挥的行为，可以依照《刑事诉讼法》第 47 条的规定，向庭审法院的同级或者上一级人民检察院申诉或者控告。人民检察院对律师的申诉或者控告应当及时审查，情况属实的，应当通知法院予以纠正。

综上，在辩审关系的冲突中，法官和辩护律师都有一定的责任，也应当作出一定的反思。法官、检察官、律师作为法律职业共同体，应当相互尊重、相互制约、相互作用，在法律的范围内进行合理的交流辩论，以维护法律的权威。只有辩审双方都将自己置于规则之下，规范各自的行为，才能最大限度地避免冲突的发生。相信随着我国法治状况的不断进步，辩审关系的紧张化会逐渐改善，这对辩护律师更好地履行辩护职责、维护当事人的合法权益会起到良好的推动作用。

实 证 研 究

公诉证据审查规则转型研究

——以死刑案件客观性证据审查模式改革为视角①

浙江省人民检察院课题组*

“刑事诉讼中证据的收集和运用，是公诉活动的基础和核心。”“作为一名检察官，证据思维问题显得特别重要。所谓证据思维，是包括证据观念、证据意识、运用证据的指导思想和证据规则等一系列主观认识和思想内容的总和。”② 科学的证据理念和证据审查、运用、印证规则，是确保案件质量，实现刑事诉讼价值追求的根本保证。在证据运用上，不仅指单个证据的审查判断，还包括运用证据证明案件事实的方法。作为维护公平正义的检察官，在履行公诉职责时既要最大限度地将犯罪人交付审判，又要确保无辜人不受冤枉，把好事实关、证据关。近年来，不断披露的死刑错案，如我省

---

① 本文系教育部人文社会科学重点研究基地项目“死刑案件的证据适用”（项目号：13JJD820018）的阶段性成果之一。

2011年8月，浙江开始探索以客观性证据为核心的死刑案件审查模式改革。所谓客观性证据是指物证、书证、电子数据、勘查笔录、鉴定意见等客观性相对较强的证据，言词证据因其受当事人形成证据的主观形态影响被区分为主观性相对较强的证据。这种划分是我们的一种实践探索，理论上并无这种分类。

* 课题组负责人陈云龙（浙江省人民检察院检察长），课题组成员：庄建南（常务副检察长）、应建廷（公诉二处处长）、王霞芳（公诉三处副处长）、黄有富（公诉二处干部）等。

② 参见樊崇义：《刑事诉讼中检察官思维的转型》，载《国家检察官学院学报》2005年第1期。

最近纠正的发生在2003年的张辉、张高平等错案，都暴露了在印证证明模式下获取证据和证据印证过程中存在诸多问题，亟待改进和提高。如何在我国印证证明模式的框架下，强化印证证据的审查和检验的研究，不断总结新的工作方法，成为我们探索的新课题。

本文在对近年来典型案件实证研究的基础上，结合理论研究的方法，提出客观性证据审查的一般规则，并对我省探索以客观性证据为核心的死刑案件审查模式进行解读，为确保死刑案件质量，进一步深化我国刑事诉讼印证证明模式提供了新的视角。

一、样本分析：公诉阶段客观性证据审查得失及成因的现实考察

选取列入本课题实证研究的对象是本省公诉部门近年来提起公诉错误的案件、诉讼监督成功的案件以及部分最高法院不核准死刑的典型案件共30件。其中，现已证实提起公诉错误的案件7件（死刑案件4件）；一审判处死刑而在二审环节作无罪处理的案件3件；诉讼监督成功的案件8件；2010年以来最高法院不核准死刑的案件12件。这些案件在证据审查问题上存在有罪供述形成和采信、印证证据的收集判断、经验法则和逻辑法则等方面的运用偏差、甚至违法问题。本节样本分析侧重于客观性证据判断上出现的问题和分歧，以及对案件的最终处理的直接影响。具体分析如下：

（一）公诉错误案件的客观性证据审查错误分析（10件）

1. 在案人员客观性证据指向存在第三人作案的重大嫌疑，办案人员主观解释矛盾证据，人为阻断在案证据与指控事实的关联性，导致错案。

案例1：张氏叔侄强奸案

原审认定事实：2003年5月18日晚9时许，张氏叔侄驾驶皖J－11260解放牌货车送货去上海，途中经过安徽歙县竹铺镇非典检查站时，将同县女青年王某搭车至杭州。5月19日凌晨1时30

分许到杭州天目山路汽车西站附近，王某借用张某某手机打电话给朋友周某某要求其前来接人，周让王某自己打车到钱江三桥后再与其联系。张某见此遂起奸淫邪念，并将意图告诉张某某后，驾车调头驶至杭州市西湖区留下镇留泗路东穆坞村路段僻静处停下，在驾驶室内对王某实施强奸。王某挣扎，张某某即应张某要求按住王某的腿，尔后张某采用掐颈等暴力手段对王某实施奸淫，并致王某机械性窒息死亡。随后，张某、张某某将被害人尸体抛于路边溪沟，并在开车途中将被害人所携带背包等物丢弃。

一审法院判处张某死刑，张某某无期徒刑。上诉后，二审法院鉴于原审张某的审讯录像不全，原审被告人张某、张某某的供述有差异，多反复，离死刑铁案还有差距，据此改判张某死缓，张某某有期徒刑15年，后送监狱执行。服刑期间，二张及其亲属不断申诉，2012年3月26日浙江省高级人民法院经再审开庭审理后改判张某、张某某无罪。

卷内的主要定案证据：（1）两被告人张某、张某某在侦查阶段所作的有罪供述及其辨认现场笔录；（2）王某某、潘某某、程某某、徐某某的证言，证实被害人王某搭乘两被告人的车辆到杭州；（3）现场勘查笔录，证实案发现场相关情况；（4）被害人尸体检验报告，证实被害人的死亡原因。

本案证据审查运用中存在的主要问题：本案原审定罪的证据体系是两被告人的有罪供述与辨认笔录、勘查笔录、尸检报告相印证，有罪供述的自愿性得到同监室犯人的佐证。宣告二张无罪后，重新审视本案原审存在以下证据审查和采信问题：（1）错误解释、排除指向真凶的客观性证据。起诉阶段已经明确，本案被害人8个手指指甲内检出混合DNA谱带，可由死者和一名男性DNA谱带混合形成，但排除二张所留可能。围绕不明身份男子的DNA，原审进行了大量排查，但无结果。最终以侦查办案人员不排除死者生前与人接触所留，把该证据剔出定罪证据体系，“净化了”原审证据体系。（2）采信了以非法方法收集的有罪供述。在侦查阶段，张某有 17 份笔录，4 份无罪供述，13 份有罪供述；张某某有 16 份笔录，10 份无罪供述，6 份有罪供述，到审查起诉阶段和一、二审审理时全面翻供。张某的首次有罪供述审讯录像非全程录像，有两次中断。且在审讯录像中，其中一名侦查人员问张某，右脸上鼻梁右侧的伤痕怎么回事？张某手指摄像机后面的人讲，是昨晚这个人打的，录像中张某右眼眶有淤青。对此审查中均未发现和深究，逼供形成的有罪供述成为错案的基础。（3）忽视对印证证据的审查。审查中未能发现证据收集过程存在的不规范，致使一些缺乏客观真实性的证言、侦查实验、现场辨认作为定案的主要印证证据，成为本案错案发生的推力。

2. 过度解释生物物证对犯罪事实的证明力，以致造成错案。

案例 2：唐某故意杀人案

一审认定事实及诉讼经过：2006 年 4 月 24 日晚上 7 时许，被告人唐某在乐清市乐城镇勤政路 6 号一楼出租房内，与卖淫女翁某因嫖资发生纠纷，唐某即持随身携带的尖刀朝翁某捅刺，致其当场死亡，后逃离现场。据此，一审法院判处唐某死刑。唐不服提起上诉。浙江省人民检察院二审审查后认为，本案认定被告人唐某构成故意杀人罪的证据不足，建议发回重审。二审法院发回重审后，对唐的故意杀人罪作撤案处理。

卷内的主要定案证据：

（1）被告人的有罪供述。唐某被抓获当天，即在抓获地江西作了“因嫖资纠纷而杀人”的有罪供述。起诉阶段、一审审判阶段翻供称：有嫖娼但未杀人。

（2）证人郭某等人证言，证实被害人系卖淫女，案发现场是被害人从事卖淫的场所。案发当晚 7 时许看见被害人站在门口拉客。到晚上 10 时许，拿钥匙开门进去看见她趴在地上，下身赤裸，衣服拉到胸部，地上有很多血。房间除了大门进去外，里面有一扇门通到地下室的，地下室可以通到勤政路 8 号的地下室，8 号地下室直通街面。自己没有翻动过现场。

(3) 现场勘查笔录、辨认笔录、照片等。证实唐某经辨认确认了作案地点，案发现场的情况。但现场勘查笔录没有反映提取到现场痕迹、物证。

(4) DNA 检验报告，证实唐某的唾液 DNA 分型与被害人外阴部精斑拭子 DNA 可以认定为同一。

(5) 尸体检验鉴定结论。被害人身上有六十余处损伤。

本案证据审查运用中存在的主要问题：本案定罪证据主要是被告人归案后的多次有罪供述（尤其是抓获当天在江西所作承认杀人的有罪供述）与被害人外阴部检出唐的 DNA 相印证，据此，很快作出了起诉和判决。但二审检察审查期间发现了本案证据存在的诸多问题：

(1) 客观性证据与被告人唐某的有罪供述在细节上存在诸多矛盾。主要有：一是供述杀人后的尸体形态（床上）与现场勘查（床下）不符。二是现场有水龙头，而供述称杀人后在现场水桶中洗过手，不符常理，且现场勘查笔录没有水桶的记载，更没有检验水桶血迹。三是供述称杀人后是从门口直接逃出。而经二审检察人员复勘现场发现，现场是特殊门锁，无论从里面还是外面必须借助钥匙才能打开或闭锁。而案发时，“鸡头”证实，当时进入现场是用钥匙开门的，这意味着唐逃离时必须用钥匙打开并用钥匙闭锁房门，而唐始终未讲到钥匙和锁门问题。四是供述称与被害人发生性关系时是未戴安全套，射精在阴道内，而在被害人阴道内并未检出精斑。二审核查发现，现场勘查中，发现床上有一已撕开封套但未展开使用的避孕套，但原卷材料未反映以上勘查提取情况。

(2) 过度解释 DNA 鉴定的证明能力。被害人外阴部精斑系唐某所留，原判就认定唐是凶手。由于被害人是卖淫女这一特殊身份，不能据此推断出唐就是凶手的结论，不能排除嫖娼时所留的可能性。

(3) 公诉审查书面化，不能发现现场勘查粗糙且失实的情况。二审检察人员亲临现场复核勘查时发现，一是现场门锁特殊，无论进出必须使用钥匙方能开门，唐从门口逃走却没有供述到钥匙，明显存在疑点。二是现场有两处出入口，现场勘查只反映正门，对另一处通过地下室直通屋外的出入口没有记载反映。唐也没有供述到有二处出入口。

（4）二审检察人员发现侦查人员隐匿物证等相关情况。侦查内卷反映在现场勘查中提取到了血指纹、血鞋印、避孕套、带血纸巾等痕迹、物证，而侦查人员予以隐瞒，没有在现场勘查笔录中记载。

（5）二审检察人员发现侦查人员存在违法收集、固定证据行为。一是作为定案主要证据的被告人在抓获地所作的首次有罪供述系侦查人员在突破唐的有罪供述后事后虚假补做、倒签日期形成，其他四次有罪供述均系连续多日审讯的结果，公诉、一审审理期间均未能发现；二是医院有唐某接受讯问期间因外伤就诊的记录，看守所入所健康检查表明，唐双手腕有肿胀痕迹。侦查人员拒绝提供以上情况证明，但公诉审查未督促要求提供。三是侦查人员隐瞒了唐某第一次指认现场不准确的情况。四是侦查人员出具的抓获经过与实际抓获过程不符。唐是在明知公安上网通缉情况下，根据派出所通知前往到案的，而侦查记录抓获经过称在街上抓获。

3. 运用客观性证据验证口供真实性方法不当，对逼供、诱供获取的口供等审查不细，导致起诉错误。

案例3：李某某故意杀人案

一审法院认定：2007年5月13日晚19时许，嵊州市某村民李某某窜至同村李某及其母谢某家行窃，被李某发现扭打后，即拿起木棒先后击打李某、谢某头部数下，致李某、谢某当场死亡。据此判处被告人李某某死刑。李不服提起上诉。浙江省人民检察院二审审查后认为，本案认定被告人李某某构成故意杀人罪的证据不足，建议发回重审，后作撤案处理。被害人亲属在被告人被释放后称：早就说不是李某某作案，搞错了。

卷内的主要定案证据：

(1) 被告人做过的有罪供述：因行窃被发现后，先后用木棒击打两被害人致死，在击打第二个被害人时，木棒打到房内横梁上。在一审庭审也作了有罪供述。但被告人多次翻供作无罪辩解，上诉后坚持无罪辩解。

(2) 证人袁某（系被告人妻子）证言证实被告人对她讲过李某母子俩被人杀掉了，是被棒打死的。证人马某、金某（系同监室在押人员）证言证实被告人在监室中多次讲到他杀死了村里两个人，是用木棒打死的。

(3) 现场勘查记录、照片、提取扣押物品等，记载和反映出现场房间横梁上有两处凹陷痕，棒击可以形成，与被告人供述相印证。

(4) 尸体检验鉴定结论，证实两被害人系头面部受钝器打击致颅脑损伤而死亡。

(5) 痕迹物证及鉴定结论，证实现场横梁凹陷处血迹系被害人李某所留。

本案证据审查运用中存在的主要问题：原审定罪的证据体系是被告人有罪供述与现场勘查情况相印证，且打击横梁这一隐秘性很强的证据与被告人供述细节相印证。二审检察审查期间发现存在的证据问题：

(1) 痕迹物证缺失。现场勘查没有收集到任何与被告人建立联系的指纹、毛发等痕迹物证；也未找到作案工具和作案时所穿衣服。被告人在现场大范围活动，且被人发现而争斗，却没在现场留下任何痕迹物证，不符合常理；

(2) 有罪供述与在案客观性证据存在矛盾的。表现在：①被告人供述作案动机及过程系为行窃并已成功，而现场勘验检查笔录、照片显示现场并没有所谓被告人所供述存放钱的木箱，房间内物品没有明显被翻动的零乱现象；且被害人手上的手表、身上的钱财均在，与盗窃动机不符；②根据尸体检验报告分析，被害人李某是在没有任何防备的情况下遭受突然打击倒地（检验表明伤口在后脑部，无抵抗伤）与被告人供述在拉扯中持棒击打（如此状况伤口应在前顶部）不符；③经模拟实验，被告人供述的击打方式并不能形成现场横梁击打痕，且该“横梁击打痕”并非侦查人员所称“系被告人先供述”，而是现场勘查就发现；④被告人供述连续击打杀人位置、过程与现场血迹的形成状况不相吻合；⑤被害人家境贫寒，被告人选择这样的对象盗窃，不合常理。

（3）有罪供述不稳定，且侦查人员存在诱供和逼供嫌疑。被告人在归案后，侦查人员对其多次异地羁押进行了高强度讯问三十多次，其中有二十余份讯问笔录没有记录具体犯罪事实。虽然被告人除了在审查批捕环节否认犯罪之外，在十余次讯问中没有否认杀害李某母子，并有亲笔供认材料，但在作案工具来源、作案方式、打击部位等诸多情节上前后不一致。讯问存在诱供迹象，由于现场勘查记录误将房屋的门廊写成门，被告人的供述中就说是门，并记录“门没有锁”。在逼供方面，被告人被刑事拘留后，没有及时羁押于看守所，而是在公安局内审讯5天，形成6次笔录，未供述犯罪的笔录均有同步录音录像，首次突破口供及此后多次讯问却无录音录像；被告人供述后被投入看守所，在看守所内讯问均未供述，被带至公安局讯问即供述犯罪；二审承办人审查时通过检查，发现被告人手背、手腕上手铐损伤疤痕仍明显，同时查实被告人在接受侦查人员讯问时曾有自杀行为。

4. 未充分运用经验法则，客观性证据的解读错误，未发现隐匿物证，导致起诉错误。

案例4：褚某故意杀人案

起诉认定：1998年10月29日晚11时许，被告人褚某（木器厂工人）在德清县武康镇鹿南农贸市场三楼姚的租房内，因与妻子姚某（系茶室服务员）发生争吵后，用刀刺中被害人颈部致其当场死亡。一审法院经开庭审理后，认为此案定罪证据不足，故检察机关撤回起诉并建议侦查机关撤案，后褚被释放。18个月后，本案侦查机关在破获其他案件时抓获本案真凶。

卷内的主要定案证据：

（1）褚某供述，因寻找被害人而到被害人租房，破门后发现被害人死亡。后在叫来亲友后报案（定案理由之一：第一个发现被害人而没有及时报案，行为不符合常理）。褚有无罪辩解，但也有多次有罪供述，供认因情感纠葛而用单位木工刨刀杀死被害人。审查起诉阶段全面翻供。

（2）证人冯某证实，褚某案发前后行为反常，10月30日早上发现褚某眼睛红，10月30、31日及11月1日褚某上班情况反常，多次请假外出。其母亦证实褚某眼睛红。

（3）被害人邻居朱某、王某夫妇证实30日凌晨1时30分回家时，碰到一人慌慌张张跑下来，有酒气、穿咖啡色衣服，衣着和身材特征很像褚某。

（4）证人吴某、刘某等证明家具厂木工车间确实少过一把刨刀，与褚某交待的凶器的来源一致。

（5）现场物品洗漱用品茶杯、桌子上提取了两枚褚某的指纹。

（6）尸体检验证实被害人因刺创致死。

证据审查运用中存在的主要问题：本案提起公诉的理由是褚某多次稳定有罪供述与现场勘查情况、指纹和辨认笔录相印证，遂提起公诉。复查本案时发现的证据问题：

（1）审查中对客观性证据解释不正确。一是违背生活常识和经验法则。对遗留在现场的褚某指纹，未考虑嫌疑人与被害人系夫妻关系，案发前多次到过被害人住处，报案前也进入过现场，未甄别指纹在本案中与杀人犯罪的关联性较弱的特点。二是错误解释生物物证。因被害人系娱乐场所服务员，对死者阴道内及床上纸巾的精斑系嫖娼人员所留来解释，错误割裂生物物证系凶手所留的可能。事后证明，阴道内和现场纸巾上的不明身份精斑系真凶所留；三是对有罪供述明显不合理的内容不深究。侦查中存在通过指供、诱供来获取与客观性证据相印证口供的情形。例如，对嫌疑人供称与被害人发生过性关系，但未检见被告人精斑的客观事实，形成当时褚供称未射精来解释（事实上诱供形成）。四是对作案工具与被害人创口特征相矛盾的客观性证据缺乏科学解释。涉案作案工具没有找到，褚某厂里丢失的刨刀与被害人颈部创口宽度不符，创口宽度明显小于被告所称刨刀宽度，轻信技术鉴定解释宽度差是创口收缩所致，从而判定创口是刨刀可以形成。事后表明，凶手使用宽度明显小于刨刀的美工刀作案，该刀具可以形成创口特征。

（2）未发现公安机关隐匿的重要物证及其鉴定结论。在死者卧室发现一枚和褚某不相吻合的潜血指纹，侦查予以隐匿而没有在现场勘查材料中反映，事后证明是凶手所留。

（3）未注意运用现场客观性细节证据或情节对嫌疑人供述的真实性进行检验，以致未发现侦查人员指供、诱供行为。一方面，褚多次有罪供述的内容都比较完整，有很多细节也能与现场勘查、尸体检验报告相印证。如褚某供述杀死姚某后用毛巾揩擦过姚身上的血，再将姚的短裤拉上，现场勘查时也的确发现姚身上有多处擦拭状血迹，短裤里侧也有擦拭状血迹；褚某供述杀人后到卫生间洗脸池洗过手上的血，该水龙头有显血反应。另一方面，有些细节无法交待清楚，也与勘查、检查不一致。如被害人姚某胸罩断离，作案工具去向多次不同供述均未能查获，发生性关系却没有精斑等。同时侦查人员进行测谎，结论倾向于否定褚犯罪，但侦查人员讯问时却暗示测谎结论倾向于有罪。这些矛盾在案中均未引起足够重视，以致不能发现造成矛盾的原因乃是侦查人员指供、逼供、诱供的结果。

（4）对证人证言内容与辨认笔录审查不细致、不深入，以致错误采信辨认笔录。王某的证言称当时没有看清楚那个人的脸，但辨认笔录又十分肯定指认，二者存在明显矛盾，审查中未发现和复核。

案例5：金某抢劫案

一、二审法院认定的事实：2008 年 3 月 12 日下午，被告人金某携带老虎钳、手套等作案工具，以兑换港币为由，进入非法从事外汇买卖的孙某、张某夫妇在浦江县浦阳街道文宣西路9号的住宅，采用捂嘴、电线勒颈等手段，分别致孙某、张某机械性窒息死亡后，劫得港币110万元。一审以抢劫罪判处被告人金某死刑，二审裁定驳回上诉，维持原判，并报最高人民法院核准。在最高人民法院复核期间，被告人金某检举称其亲戚金某某可能参与抢劫杀人。金某检举后，最高人民法院将该案发回重审，公安机关经侦查抓获同案犯金某某，后法院判处金某、金某某二人死刑。

卷内主要定案证据：

（1）被告人金某的有罪供述，供称其单独以兑换外汇为名实施抢劫，在此过程中将被害人夫妇两人杀害劫得财物。

（2）DNA鉴定证实被害人孙某指甲内的生物检材系金某所留；从金某住处提取裤子、两双手套上的血迹系被害人孙某、张某所留，头套上有金某的DNA。

（3）现场勘查记录、搜查笔录，证实作案现场有金某的足迹，从金某家扣押其抢劫所得赃款110万港币，作案工具电线、老虎钳等。

（4）书证、电话通话清单等证实被告人金某有作案时间和作案的动机。

（5）尸体检验鉴定结论证实两被害人系被他人勒死，与被告人供述作案手段相符。

证据审查运用中存在的主要问题：本案原审认定金某抢劫杀人的证据体系完备，但遗漏同案犯罪嫌疑人，究其原因如下：

（1）审查中对痕迹物证存在的重大疑点未能排除。现场勘查发现并提取的多枚形态较完整鞋印未查明来源；从被告人金某家提取到作案工具——染有血迹的手套四只，头套两只，被告供述都是其所用有悖常理却未深入排除。

（2）审查中未发现侦查人员隐瞒重要生物物证。侦查人员从金某处提取到二个头套，经检验上有两种不同的DNA分型，但侦查人员仅移送检出有金某的DNA分型的结论。

（3）审查中未排除被告人供述与证人证言及物证存在的矛盾。被告人金某供述“两被害人先后回家”与证人方某证实亲眼所见两被害人同时在家存在矛盾，一人同时制服二人可能性较小，而如二人先后回家，使单独作案成为可能。

5. 对与案件事实密切相关“关联事实”查证不够，导致错误。

在吴某故意杀人案中，对班某作案当晚和史某一起吃饭的客观事实查证错误；在肖某故意杀人案中对被告人联络通信情况未注意查证。

案例6：吴某故意杀人案

一、二审法院认定：2006年9月4日凌晨1时许，被告人吴某伙同携带菜刀的史某（未成年）以买东西为名，敲开慈溪市长河镇垫桥村沈某小店，意欲劫取钱财，因沈呼救，史某即持刀将沈砍倒在床上，两人逃出小店。后被告人吴某唯恐沈某不死，遂指使史某再进小店，砍杀沈致死。据此，一审法院判处吴某死刑。上诉后，二审法院鉴于本案具体情况，改判吴某死刑缓期二年执行。

2008年12月，真凶班某自首称“吴某未参与作案，系其与史某共同作案”。原二审法院撤销原一、二审判决，此后，吴某因有窝藏行为被判处有期徒刑。

卷内的主要定案证据：

（1）被告人吴某的有罪供述与同案犯罪嫌疑人史某供述相印证。对两案犯罪嫌疑人归案后的首次及多次翻供声称“系史某与‘陈全（后查明全名叫班某）’共同作案”的供述和辩解，由于查证不到“陈全”而没有采信。吴某与史某在侦查阶段多次翻供，但在起诉、一审、二审法庭上承认共同作案，并解释“陈全”是两人在乘火车逃跑途中编造出来的，并不存在。

（2）证人史某某、顾某某的证言证实，吴某告知经营小店的老太婆是史某所杀，要求史提供两人逃跑费用。两人案发后离开前往广东。警方根据史某某提供线索，在广东抓获两人。

(3) 证人杨某、杨某某证言。在长河打工的老乡中从没有听说过“陈全”这个人，杨某还证实在老家也没有听说过此人。

(4) 现场勘查笔录及照片，证实案发现场的情况；作案工具菜刀的提取及辨认笔录；尸体检验报告及照片，证实被害人损伤及死亡原因。

证据审查运用中存在的主要问题：本案原审定案主要依据相互印证两被告人供述、现场勘查报告、尸检报告等定案。本案之所以在同案犯上搞错，在证据获取和运用上存在差误，原因如下：

(1) 在有罪供述与无罪供述并存的情况下，简单采信有罪供述。对供述中存在矛盾的案件细节情况未认真查证。

(2) 缺乏客观性证据验证被告人有罪供述。本案案发地为人员往来复杂的农村小店，现场未能收集到有识别价值的痕迹物证，难以用客观性证据验证相关供述。

(3) 对被告人吴某辩解的查证方法不周延。吴某、史某归案后首次供述均称是史某与老乡“陈全”作案，对此，侦查人员核查方法不当。一是函调户籍地，回复查无此人。由于两被告人均不知道“陈全”的全名和家庭地址，只是同一个县外出打工的老乡。针对无准确个人信息的这种核查只能是徒有形式，没有结果是意料之中的。二是针对被告辩称案发当晚史某和班某（陈全）一起与老乡吃饭喝酒后一起去抢劫。如果查明当晚“陈全”和史某一起吃饭，那么，也能查明吴某和史某当晚不在一起，吴某辩解就能得到证实。但核查未根据被告人提供作案当天老乡聚会一起吃饭的特定情况，进行“定点定人”的方式进行详细核实（哪些人参与吃饭？逐个进行核实，可以有效防止有人隐瞒的情形），只简单询问了个别老乡，老乡否定“陈全”的存在。事后证实，证人杨某某在接受调查时做虚假陈述，“陈全”当天是与史某等多名老乡一起吃饭喝酒，因为公安在调查，就故意隐瞒。

(4) 审查中对口供合法性审查和监督机制不够完善。卷宗显示，嫌疑人供述不稳定、时供时翻，吴某共接受讯问 10 次，4 次承认与史某共同抢劫杀人，6 次否认；史某共接受讯问 11 次，7 次供述与吴某一起抢劫杀人，4 次供述与“陈全”一起作案，吴某没有参与。对此，审查中没有要求侦查人员提供审讯全过程的录音录像，更无从发现侦查人员非法获取证据的行为。

案例 7：肖某故意杀人案

一、二审法院认定：2007 年 1 月 4 日下午，肖某与谢某两人相约到温州市东岙底爬山游玩，随后在该山半山腰处的草丛中发生了性关系。后因感情纠葛，两人发生争执。在争执中，肖某持随身携带的尖刀捅刺谢某的腹部、颈部等处十余刀。谢某因左下腹部、颈前部遭单刃锐器刺击，造成子宫破裂、颈动静脉破裂，致急性失血性休克而当场死亡。据此，一、二审法院判决处肖某死刑，并报最高人民法院核准。

2008 年 5 月，肖某被交付执行死刑过程中，临场辩解“他人（杨某、唐某）作案，自己在场未参与”，被暂停执行。经进一步侦查，发现杨某、唐某参与共同犯罪，将两案并案审查起诉后，一、二审法院分别对肖某、杨某、唐某分别判处死刑、死缓、无期徒刑，经最高人民法院核准，已将肖平执行死刑。

卷内的主要定案证据：

（1）被告人肖某的有罪供述。证实其约谢某上山，发生性关系，后因情感纠纷发生争执，自己持刀杀人（先刺腹部再刺颈部），并予移尸，因遭反抗自己手指受伤流血。在各个诉讼阶段均对案发起因、犯罪经过做了一贯供述，从未翻供。

（2）相关证人证实：谢某失踪情况、发现谢某尸体情况、辨认该尸体身份情况；案发前经常有人夜里给肖某打电话情况。

（3）现场勘查记录、提取笔录，证实肖某辨认现场所在的具体位置、尸体在现场的具体位置、尸体被拖拽方向等，均与现场勘查相互印证；在肖某的指认下提取了作案工具尖刀；从肖某处扣押的被害人的手机。

（4）DNA 鉴定结论证实：现场留有的血迹、被害人风雪衣口袋内的血迹均系肖某血迹；现场提取的纸巾上的精斑系肖某所留；肖某系被害人谢某腹中胎儿的生物学父亲。

（5）尸体检验报告、肖某的人身检查报告，证实了被害人的死亡原因，被害人在反抗过程中将肖某抓伤。

（6）根据肖某供述，在现场附近搜获的水果刀 1 把，可以形成死者伤口。

证据审查运用中存在的主要问题：本案现场位于开放野外场所，对现场痕迹难以做到准确识别，原判在认定肖某作案的证据链条上已构成充分证明。对遗漏同案犯罪嫌疑人的原因，值得反思的是：一是没有针对肖某手机通信信息进行查核。由于肖某归案后就承认犯罪，且获取相关物证，证据已形成锁链，导致侦查人员疏于核查肖某手机的通信记录及其于何人联络。事实上，肖某是事先与两同案犯预谋，并通过手机通知两同案犯上山共同作案的。如果破案后及时针对通信工具进行核查，就可以发现三人当天的活动情况。二是对异常情况关注不够。唐某、杨某二人于肖某归案当日均未结算工资而离开其打工的眼镜厂，这一反常客观事实未引起重视和核查，轻信被告人口供，犯了经验主义错误，导致犯罪嫌疑人排查不到位，侦查工作不全面，遗漏了两名同案犯。

6. 审查客观性证据书面化，疏于审查原始证据状态和识别过程的科学性，从而导致错误。

案例 8：陈某诈骗案

简要诉讼经过：2011 年 8 月至 10 月，宁波市江东区三家典当行先后向宁波市公安局江东区分局报案，称 2011 年 6、7 月间，一男子持“陈某”或“李某”的身份证，连续两次典当黄金项链后又赎回项链，在骗取被害人的信任后，再以金包银的项链进行典当诈骗。该局立案后，组织三名被害人分别对当票上留存的身份信息所关联的犯罪嫌疑人照片进行了辨认，三人均指认是陈某。经侦查，宁波市公安局江东区分局于2012年2月29日将陈金华以涉嫌诈骗罪移送审查起诉。陈某在审查起诉阶段否认自己作案，但江东区院审查后，仍于同年3月29日提起公诉。开庭中，辩护人提出被告人没有作案时间的辩护意见，出具了当票上所留签名非陈某所为的鉴定意见。同时，合议庭发现陈某手臂上有明显文身，但当庭播放的视频监控录像中的作案人无文身，认为该犯罪事实可能系他人所为，遂于同年9月28日裁定中止审理。经进一步侦查，11月2日，公安机关将真正的作案人周某抓获，周某供述了诈骗犯罪事实。11月7日，江东区人民检察院将陈某撤回起诉，并于同年12月10日对陈某作出绝对不起诉决定。

卷内的主要定案证据：

（1）被告人陈某的供述与辩解，供称采用假黄金项链抵押的手段，骗得宁波益明调剂商行、宁波嘉丰调剂商行、宁波永晟调剂商行人民币共60800元，并对该三处作案地点进行了现场指认。

（2）被害人蔡某、姜某、凌某、谢某、王某的陈述和辨认笔录，五名被害人陈述了被人用假黄金项链抵押，被骗人民币共98800元的情况。

（3）证人陈某某的证言证实陈某某于2011年12月2日到公安机关为陈某退赔赃款60800元。

（4）书证，五家调剂商行的15份调剂单，印证作案人先后多次至五家调剂商行，先前二次用真黄金项链典当并赎回，以此骗取被害人信任，第三次再用假黄金项链冒充真黄金项链骗取被害人钱款的事实。

（5）作案工具照片，作案用项链的照片及扣押清单5份，印证五家调剂商行被人用假黄金项链冒充真黄金项链进行诈骗的事实。

（6）辨认笔录，经辨认照片，五名被害人在侦查阶段均指认作案人为陈某。

（7）检验报告，证实五家调剂商行上交并被公安机关暂扣的五条项链均为“表面镀层为金、项链链扣为金、内部白色的金属为银”的项链。

(8) 笔迹鉴定，确认被害人提供的调剂单上签名笔迹系被不起诉人陈某所留。

(9) 价格鉴定结论书，证明作案人使用的项链分别具有2200元、1500元不等的价值。

证据审查运用中存在的主要问题：本案起诉指控的主要依据是辨认笔录、笔迹鉴定、监控录像等。证据审查存在的主要问题是：

(1) 审查视频资料不够细致，未发现人身明显差异特征。被害方典当行提供的视频录像中，嫌疑人作案时戴着眼镜，而陈某本人是不戴眼镜的，嫌疑人手臂上无纹身，而陈某本人有纹身，未发现上述两处细节。

(2) 审查笔迹鉴定存在疏忽，未发现鉴定不规范情形。本案侦查人员仅用陈某自书的签名作为检材，与嫌疑人在当票上的签名进行鉴定比对，无论是检材的文字数量和内容都存在明显不足和不当，导致得出当票上签名系陈某所留的错误鉴定意见。审查时只对该鉴定意见作了形式审查，未作实质分析。

(3) 审查辨认笔录不够仔细，未发现辨认错误。本案侦查人员根据部分被害人对陈某照片的辨认确定陈某为犯罪嫌疑人，抓获陈某后，未再组织被害人进行活体辨认。审查中也未要求侦查人员重新组织被害人辨认。

(4) 审查中未要求侦查人员提取作案手机的通信记录。本案被害人陈述曾与嫌疑人所留的手机号码有过通话，但在报案前几天，该手机已经停机。审查中虽注意到该号码是否为陈某实际使用等问题，在公安机关以距案发时间过久、提取存在障碍等理由推托时，未予坚持，丧失发现真正犯罪嫌疑人的机会。而该案最后正是通过被害人提供的嫌疑人手机号码抓获了真正的作案人。

(5) 审查中重有罪供述，轻无罪辩解。陈某在侦查、审查批捕环节共做出有罪供述3次，无罪辩解5次，移送审查起诉后，一直做无罪辩解。对此未予以高度重视，未针对陈某的辩解进行相应的调查取证，致使案件的事实认定出现基础性偏差。

（6）对技术性等科学证据的审查能力不足，以致采信了错误的鉴定意见而导致错误。

7. 检材审查方法不当，迷信鉴定意见的证明力，从而导致错误。

案例9：毛某故意伤害案

简要案情和诉讼经过：2011年1月29日中午，毛某看见翁某在舟山市定海区东门汽车站候车大厅，因琐事即上前掌掴翁四五个耳光，之后又对翁某拳打脚踢。案发当日及次日，翁某在舟山医院所做X光片检查结论为左侧第4根肋骨骨折，CT结论为左侧第4、5根肋骨骨折。据此，法医鉴定意见：翁某第4、5根肋骨骨折，损伤程度为轻伤。因毛某对该鉴定意见有异议，翁某又于3月15日到舟山医院拍摄CT片，结论为左侧4－7根肋骨陈旧骨折。6月16日翁某到宁波李惠利医院、宁波第一医院拍片，李惠利医院CT结论：左侧4－7根肋骨骨折，宁波第一医院X光片结论：第4前肋骨局部可疑褶皱。根据上述CT、X光片，法医再次鉴定：翁某左胸部损伤已达轻伤程度。据此，一审法院以毛某犯故意伤害罪，判处有期徒刑六个月，缓刑一年。后毛某上诉，并向中院提供了翁某于2011年1月19日在广安骨伤医院拍摄的X光片（左侧3－4根肋骨骨折）诊断报告。浙江省人身损害鉴定委员会重新鉴定后认为，“被害人翁某左侧第3、4、5肋弓处骨折与2011年1月29日外伤无关，故翁某损伤程度未达轻伤。”2012年3月1日，舟山中级人民法院以翁某损伤程度轻伤证据不足为由，直接撤销一审判决，判决毛某无罪。

卷内的主要定案证据：

（1）毛某的供述与辩解，证实与被害人翁某先前有矛盾，并在案发当日殴打翁的事实。

(2) 被害人翁某的陈述，证实因被毛某殴打致伤，住院治疗及拍片的事实。

(3) 证人冯某某的证言，证实毛某与翁某发生争执，并相互对打的事实。

(4) 医院病历及住院记录等书证，证实被害人被殴打当日即住院治疗的事实。

(5) 鉴定意见书两份，证实定海区公安局、舟山市公安局的法医鉴定均证实翁某伤势构成轻伤。

证据审查运用中存在的主要问题：

(1) 审查技术性证据的能力欠缺，导致因果关系认定错误。尽管注意到翁某伤势的X光片、CT片诊断结论前后存在差异，但审查中未能通过咨询相关专业人士来解释形成差异的原因，混淆新伤、旧伤以及陈旧性骨折形成原因和机理，以致错误认定翁某骨折与毛某的伤害行为有因果关系。

(2) 对影响案件事实认定的客观事实查证方式方法不当。对嫌疑人辩解重视不够，却轻信被害人翁某的陈述，未对被害人翁某陈旧伤形成情况进行核实，最终未发现翁某隐瞒案发前摔伤的事实。

案例10：付某故意伤害案

简要案情及诉讼经过：2010年12月15日上午，付某在湖州市吴兴区承天寺巷2号与被害人李某因租房问题发生争执并互相扭打，期间付某用拳头多次殴打李某的头部、胸部、腰部，将其打倒在地。当天，李某在湖州市第一医院就诊，诊断显示：全身多处软组织挫伤，右第11肋局部皮质欠连续，所见诸肋无明显骨折。12月17日，李某在第一医院做胸部平扫，CT诊断显示：所见两侧肋骨未见明显错位骨折。而2011年1月5日李某的胸部CT报告显示：右7~9肋骨骨折，左第4肋骨骨折。据此，湖州市第一医院提出医疗鉴定意见：全身多处软组织挫伤，右7~9肋骨骨折、左4肋骨骨折。2011年3月7日，胸部CT报告：右侧第7~9肋骨骨折，左第4前肋陈旧性骨折。吴兴区公安分局、湖州市公安局、浙江省人民医院先后出具三份司法鉴定书，认为李隆右侧第7～9肋骨骨折，左侧第4肋骨骨折，系轻伤，为该次外伤引起。提起公诉后，法院委托浙江省人身损害鉴定委员会进行重新鉴定，鉴定意见为："左侧第4前肋为陈旧性骨折，与此次外伤无关；右侧第7～9前肋与肋软骨交界面仅显示毛糙，无局部隆起，且与左侧7～9前肋表现相似，应系肋骨与肋软骨结构所致，而非骨折征象，综上被害人李某的伤势不构成轻伤。"据此，吴兴区人民法院对付某作出无罪判决。吴兴区人民检察院抗诉后，湖州市中级人民法院维持一审判决。

卷内的主要定案证据：

（1）被告人付某的供述与辩解，承认与被害人发生过争执，否认故意殴打被害人。

（2）被害人陈述，指认被告人有殴打行为。

（3）证人宋某、张某、钱某等人的证言：证人宋某虽能够证实看到有年轻人打了老人，但未做任何辨认笔录，且其看到是在路上的情形，而在弄堂内殴打的情况，没有其他任何证据可以证实；证人张某的证言前后反复，其他证人没有证实事发的情况。

（4）现场勘验和检查笔录，证实现场方位情况。

（5）辨认笔录和照片，证实被告人和被害人出现在案发现场。

（6）鉴定结论：吴公物鉴（法）字（2011）013号法医学人体损伤程度鉴定书、湖公物鉴（医）（2011）29号法医学人体损伤程度鉴定书、浙江省人民医院医学司法鉴定书证实被害人伤势构成轻伤。

证据审查运用中存在的主要问题：审查中过于轻信专家意见，对伤势鉴定意见等技术性证据有效审查的方法不多，审查能力不够。尽管在审查时已经注意到，第一次X光片、CT片与DR诊断均未见明显骨折，而3月7日的CT显示左第4前肋陈旧性骨折，诊断差异明显，但未对被害人的左右胸肋骨进行比照，仅简单就此向医学专家进行咨询，终因法医学知识的缺乏且过于轻信专家意见，导致最终对案件事实作出错误判断。

（二）诉讼监督成功的案件（8件）

8. 运用客观性驳斥被告人虚假辩解，排除合理怀疑，统一诉讼过程中的认识分歧。

案例11：忻某绑架案

简要案情：2005年8月18日上午，被告人忻某驾驶浙B·3C751车至慈溪市伺机作案。下午1时许，被告人忻某在慈溪市老年大学附近见杨某背着书包经过，即将杨骗上车，从杨某处骗得其父亲杨某某的手机号码和家中电话号码后，采用捂口、鼻的方式将其杀害后埋入事先挖好的洞中。次日下午，被告人忻某赶至安徽省广德县购买了一部手机，打电话到杨某某家，要杨某某于本月25日前准备60万元现金送到浙江省湖州市长兴县交换其女儿。据此，一审法院判处忻某死刑，二审法院鉴于本案具体情节（指辩称有他人参与作案不能完全排除）改判忻某死缓。检察机关不服二审判决，提请最高人民检察院抗诉，最高人民检察院采纳提请抗诉意见，向最高人民法院提出抗诉，本案被发回重审后，改判忻某死刑，后经最高人民法院核准，忻已被执行死刑。

卷内的主要定案证据：

（1）被告人忻某的供述，证实作案的动机、目的、时间、地点、手段以及到安徽省广德县购买手机的情况、打电话向被害人的家属勒索财物等作案经过等。

（2）杨某某等人的证言，证实女儿失踪并接到勒索电话的事实。

（3）扣押在案的作案工具手机、手机内存，以及从手机中提取的通信清单、短信内容等。

（4）现场勘验、检查笔录，记录了案件现场、埋尸现场的情况。

（5）各类鉴定意见。

客观性证据在案件中的应用：本案在诉讼中的分歧主要是针对被告人另有他人参与的辩解是否成立。通过在案证据分析，被告人辩解不能采信：

（1）通过勒索电话等客观性证据成功锁定被告人。本案案发时是一起无案发现场、无怀疑对象的案件，唯一的线索就是被告人忻某用手机打勒索电话时在联通公司留下的手机串号，公安机关正是根据该手机串号，知道作案所用的手机型号为波导 S1220，并通过技术侦查手段将被告人忻某抓获，且当场从被告人忻某处扣押了作案所用的波导 S1220 手机。

（2）通过对作案工具的勘验，建立被告人与被害人之间的关联。公安机关将被告人忻某抓获后，在作案所用的面包车上发现一只洗衣盆，勘查后在洗衣盆内提取到 2 根毛发，经 DNA 鉴定毛发系被害人杨某所留。

（3）根据被告人的有罪供述，获取了隐蔽性很强的物证、书证，并能排除串供、逼供、诱供的可能，极大了补强了有罪供述的证明力。一是侦查人员从被告人忻某指认的现场提取到一具白骨化的尸骸，经 DNA 鉴定证实系被害人杨某。二是被告人忻某供认，将被害人骗上面包车后，将其放倒在后排座位上并用大洗衣盆盖住的经过，侦查人员据此在洗衣盆里提取到被害人的毛发 2 根。三是被告人忻某被抓获后，前六次讯问虽然没有如实交待其绑架杀人的罪行，但在第七次讯问时，被告人忻某在侦查人员明确告知将对讯问进行录像的情况下，仍详细具体地交待了作案过程，还分析了作案原因，并要求他人吸取教训。随后又带公安人员指认埋尸现场，挖出被害人尸骨。同步录音录像显示，被告人忻某的有罪供述系自愿、主动作出。

（4）被告人忻某的有罪供述能够得到客观性证据的印证，而无罪辩解不合情理，更得不到其他在案证据的印证，应当采信有罪供述和客观性证据组成的证据体系。一是被告人忻某归案后，对作案的动机、目的、时间、地点、手段以及到安徽省广德县购买手机的情况、打电话向被害人的家属勒索财物等作案经过均作了具体的交待。尤其是被告人对如何将被害幼女杨某骗上车、怎样骗取其父亲杨某某的电话号码、如何杀害人质，如何将尸体掩埋及埋尸地点、尸体摆放的方位、被害人的衣着颜色、脚上有无穿鞋等细节作了极为详尽具体，而且完整、连贯的供述。二是提出“戈某”是杀害人质真凶的辩解，不能成立。这一辩解除了“戈某”的假身份证外，没有其他任何证据可以印证；被告人忻某也不能提供“戈某”的任何生命、生活信息，且相关辩解前后矛盾，不合常理。绑架杀人系重罪，一方面与素不相识的人共谋绑架缺乏信任基础，另一方面其辩称“受胁迫参与作案”更无事实依据，故被告人忻某的辩解不能采信。

案例12：程某故意杀人案

一、二审法院认定：被告人程某与陈某相恋多年。2005年11月，被告人程某因犯罪被判刑，在临海市看守所服刑。期间陈某与娄某交往，并在探监时将此事告诉了被告人程某，提出与程某分手。为此，程扬言要教训娄某。同年9月8日，被告人程某刑满释放，陈某提出与其分手，程不同意。9月9日上午10时许，被告人程某购买尖刀后打电话给娄某，得知娄在临海市大洋街道大洋西路之江宾馆门口，被告人程某遂乘车前往。到达后，程某即朝娄某冲过去并持刀朝其胸腹部等处乱刺，致娄死亡。2006年10月2日，被告人程某被异地公安机关抓获。据此，一审法院判处程某死刑。二审法院鉴于程某杀人犯罪系恋爱纠纷引起，归案后认罪态度较好，且民事赔偿积极等具体情节，改判程某死缓。检察机关不认同二审判决结果，提请最高人民检察院抗诉，最高人民检察院向最高人民法院提出抗诉。

卷内的主要定案证据：

（1）被告人程某的供述与辩解，供述承认行凶事实，但否认系有预谋作案，系先遭到被害人殴打才行凶杀人。

（2）证人陈某、詹某、徐某等人证言，证实被告人程某因陈某提出分手，扬言要报复被害人娄某；程某刑满释放再次提及报复娄某。

（3）案发现场附近的邮政储蓄所的监控录像资料，证实被告人程某的行凶过程。

（4）现场勘查笔录及提取到的物证尖刀一把。

（5）尸体检验报告证实被害人身体创伤情况及死亡原因。

客观性证据在案件中的应用：本案提请抗诉并被最高人民检察院采纳，一个重要的原因是本案客观性证据充分，不仅有认定犯罪事实的直接客观性证据，而且相关的客观性证据能够有力反驳被告人的辩解：

（1）视频监控资料的运用，有力揭穿了被告人程某的谎言。案发现场视频监控客观记录了被告人的行凶过程，尽管在侦查阶段已提取，但直至一审庭审一直未向被告人出示，被告人归案后就辩解没有预谋犯罪，是在与被害人发生争执的情况下，被害人先动手殴打其才持刀行凶的，而现场目击证人陈某又未置可否，该事实认定关乎被害人过错，为此二审检察人员审查后，建议二审法庭当庭播放该视频证据，经过二审庭审举证质证后，程某不再坚持原先辩解。

（2）运用尸体检验报告展现被告人作案手段的残忍。尸体检验报告显示被害人身中 9 刀，刀刀直击人体要害部位，且创口深度长，足见捅刺力度之大，直接造成娄某因胸腹部被锐器刺伤致上腔静脉、腹主动脉、腹主静脉及肝脏破裂失血性休克而死亡。

（3）运用书证证实了被告人的人身危险性。收集在案法律文书证实被告人程某四年内三次故意犯罪，且在刑满释放的第二天即蓄意杀人，系累犯，可见其主观恶性既大又深，改造难度大，应当依法从重处罚。

（4）运用现场基本记录证实案件的社会危害性和恶劣的社会影响。案件发生在当地城市中心区，案发地在人员流动较为集中的公共场合，现场围观人员多，影响恶劣。

（5）补充书证否定被告人归案后认罪态度好的辩解。二审期间，通过调取看守所扣押在案的被告人意图通过刑满释放的犯人带给其父母的信，证实其要求父母通过不正当手段为其争取立功的机会，企图干扰司法公正。

案例 13：杨某故意杀人案

简要案情和诉讼经过：被告人杨某多次意欲变卖其父母的房产以偿还巨额外债，而其父杨某某对杨某离异、生意经营不善、对外举债等均不满，拒绝了杨某的要求。杨某向多名债权人承诺于2009 年 11 月 30 日之前归还欠款，当晚，杨某到杭州市三里亭小区父母家中谎称从宁波返回未吃晚饭，自行烧煮食物，并故意造成煤气泄露后离开。12 月 1 日，被告人杨某又一次到父母家中提出变卖房产以帮助偿还自己债务的想法，遭到父亲杨某某的极力反对，22 时 30 分许，被告人杨某先后采用捂嘴、捂鼻等手段对父亲杨某某、母亲虞某实施暴力，造成其父亲杨某、母亲虞某二人口鼻部遭捂压致机械性窒息死亡。行凶后，被告人杨某为掩人耳目，伪造了两被害人系煤气中毒死亡的假象。12 月 3 日，被告人杨某被抓获归案。

本案一、二审判处被告人杨某死刑后，最高人民法院以部分证据不足、事实不清不核准。案件发回重审后，检察机关强化对客观性证据的解释和运用，建议法院再审判处杨某死刑，并提请最高人民检察院监督，最高人民检察院介入监督后，最高人民法院核准杨某再审死刑判决。

卷内的主要定案证据：

（1）被告人杨某在供述，主要证实负有巨额债务、变卖房产还债得不到父亲杨某某的支持；作案后乘坐出租车等，供认了杀害父亲等部分犯罪事实。

（2）证人周某、张某的证言及辨认，主要证实案发当晚被告人杨某坐出租车回女友处。杨某本人的辨认笔录；两被害人的居住环境及煤气量，不可能造成煤气中毒死亡事故。

(3) 证人高某、李某、许某、胡某、沈某、龚某、范某、钱某的证言，主要证实被告人杨某欠他们巨额债务，且均许诺11月30日前归还，案发前向杨催要欠款。

(4) 现场勘验检查笔录及照片，主要证实案发现场有煤气味，床上有两具尸体，男尸衬衣上左右袖上有血迹，女尸体位下有血迹，地板上有尿迹，卫生间留有一块带有尿味的抹布。

(5) 检查笔录及照片，主要证实被告人杨某左手食指、中指、无名指、小指等处均有伤痕，右手手腕处有伤痕。

(6) 尸体检验鉴定书，主要证实被害人杨某某符合口鼻部遭捂压及颈部遭压迫致机械性窒息死亡，被害人虞某符合口鼻部遭捂压致机械性窒息死亡。两人的血液中均检出舒乐安定成分。

(7) DNA鉴定书、检材DNA分型的分析意见，主要证实现场提取的三处血迹为被害人杨某某所留；死者虞某颈部拭子：一是不排除该混合分型由死者虞某和死者杨某某两人的DNA混合形成；二是不排除该混合分型由死者虞某、死者杨某某和其子杨某三人的DNA混合形成。虞某左手指甲末端拭子检出混合DNA分型，不排除由死者杨某某和他人的DNA混合形成。

(8) 房屋所有权证存根、购房协议、房屋他项权证存根、抵押借款协议、承诺书、银行开户情况及交易明细、医保配药明细等，主要证实被告人杨某欠他人240余万元巨款，承诺在11月30日前归还，且其在银行存款余额仅千元，消费透支3万余元。两被害人未配备过安定类药物。

(9) 居住小区监控录像及羽绒服，主要证实被告人杨某案发当晚从案发现场小区伪装出去，在到达其女友处居住前，将用于伪装的羽绒服抛弃。且得到相关证人王某萍、王某成、甘某、黄某的印证。

客观性证据在案件中的应用：本案发生在家庭内部，现场私密性强，无目击证人，被告人供述避重就轻，始终未能做到如实供述，检察机关通过对客观性证据的解释和运用，有效驳斥被告人杨某的辩解，科学合理地解释了个别证据的矛盾：

（1）在案的客观性证据能够证实或印证被告人杨某实施了杀害自己父母的事实。

第一，尸体检验鉴定书证实两被害人是他杀；而现场勘查笔录证实现场被人伪造成被害人系煤气中毒死亡的假象，门窗完好，室内也没有被翻找痕迹，据此可以证实家庭内部人员存在重大作案嫌疑，而家庭成员除两被害人外，仅有被告人杨某；住宅小区监控录像证实杨某案发当晚离开现场小区时有意穿着连帽羽绒衣遮挡面部，远离现场后又将羽绒衣抛弃（亦有相关监控证实）；现场痕迹物证、舒乐安定的法医学解释可以排除杨某某杀害虞某的行为；上述客观性证据以及对杨某的人身检查笔录、DNA 鉴定结论书、监控录像等与被告人杨某供述的杀人经过、伪造现场、逃离现场、抛弃罪证的情况相互印证，且提取的物证、监控录像均是在被告人供述后，在相关人员与地点处提取，与供述情况一致。

第二，借款协议、还款承诺书等相关书证、通信清单及其证人证言证实被告人杨某案发前需偿还巨额债务并受到他人催要，具有杀人的动机及其铤而走险的现实动因。

第三，医疗记录等书证证实两被害人未配备安眠药；现场勘验检查笔录未发现案发现场遗留安眠药药瓶或药盒，可以排除两被害人自行服用安眠药的可能性。

（2）在案的客观性证据能够驳斥被告人杨某辩解的虚假性和不合情理性。

第一，现场勘查笔录和审查人员实地勘查证实楼道上空气开关距杨父母住宅门只有 6 步距离，楼道上有电灯，空气开关位于第一个，正常处理推起开关再回到室内不会超出半分钟，被告人辩解“其到楼道处理空气开关约 3 ~ 5 分钟”系虚假。

第二，被害人尸体下的血迹、现场地板的凹陷痕、尿迹证实虞某小便失禁在地板上而不是床上，如果是按被告人辩称杨某某在床上杀害虞，那么虞的尿液应该在床上而不是在地板上，更不应该流到被告人的脚上（这点系被告人供述中提及），因此，被告人关于“其是在看见其父在床上杀害其母后才去杀害父亲”的辩解与客观性证据不符。

第三，根据法医的意见舒乐安定达到备药峰浓度的时间为 2 小时，结合两被害人的作息习惯及被告人的供述，当时两被害人应该正处在沉睡阶段，被告人辩解称案发当时看见其父杀其母不可信。

第四，死者虞某颈部拭子及指甲末端的 DNA 鉴定检出杨某某的 DNA，并不能证明杨某某实施了杀害其妻子的行为，因为虞某与杨某某系夫妻，长期共同生活且同床而眠，因此虞某颈部、指甲末端拭子检出杨某某的生物信息属于合理现象。同时，案发当晚，两被害人同眠，虞某遭到杨某捂口鼻时也会双手乱抓，也不排除抓到杨某某的可能性。本案两被害人与被告人系父母与儿子的关系，有部分基因相同，因此不能据该 DNA 鉴定结论就认定杨某某杀死了虞某或认为杨某某有杀死虞的嫌疑。

第四，被告人杨某的辩解与在案的客观性证据矛盾。从杨某作案前后 6 小时的移动通信详单看，杨当天通过手机 QQ 聊天，告诉其同居女友正和朋友一起在酒店用餐、打麻将、吃夜宵，每小时聊两三次，与其辩解和父亲长时间争吵不符，也与邻居当晚未听到争吵的证言不符。

（3）本案其他证据证实的被告人杨某作案前后的客观行为，足以证明杨某系有预谋杀人，不属于辩称“因父母争吵而激情杀人”之情形，具体如下：

第一，案发前一天，即 2009 年 11 月 30 日晚，当天并未离开过杭州的杨某到其父母家，以刚从宁波回来未用餐为借口，自行烧煮食物，创造煤气不小心泄露的机会，随后以赶回宁波为由离开父母家，回到西湖区紫金港剑桥公社同居女友黄某处住宿。

第二，12 月 1 日下午 4 时许，杨某谎称要和朋友一起吃晚饭离开同居女友黄某，再打电话给父母家，母亲接电话后其知道父母还没死，又谎称高速公路封道、无法前往宁波，需到父母家用晚餐，再次回到父母住处。

第三，回到父母家后，杨某以手机QQ联系的方式，向黄某谎称正和朋友一起在酒店用餐及娱乐，要晚些时候再回黄住处。公安机关最初询问时，杨谎称当晚其在杭州江干区大浪淘沙浴室过夜，试图证明自己当晚不在作案现场。

第四，杀死两被害人后，杨将被害人虞某留在地板上的尿液擦掉，将两被害人尸体摆放成平时睡觉的姿态，打开煤气瓶泄漏煤气，伪造父母夜晚同床睡眠时煤气中毒意外死亡的假象。

第五，作案后，杨某穿一件连帽羽绒衣，故意压低帽檐遮挡面部离开，以避免被小区监控摄录其面貌。

第六，离开小区后，杨某为反侦查，没有在小区附近打车，又不直接打车回到黄某住处，而是先到杭州莫干山路信义坊换乘出租车再回到紫金港大酒店下车，再步行到黄某居住的剑桥公社。

第七，12月2日上午9时许，杨某再次返回父母家，以发现父母煤气中毒意外死亡为由报警，试图洗脱本人的作案嫌疑。认定被告人杨某故意杀害父母双亲的犯罪事实已经达到排除合理怀疑标准。

9. 严格遵循书证原件的最佳证据规则，准确查明被告人年龄，避免死刑误判。

案例14：黄某抢劫案

简要案情和诉讼经过：2006年10月25日，被告人黄某、余某经预谋对杭州市江干区笕桥镇花园村4组20号无名网吧实施抢劫。当晚，两被告人以通宵上网为名滞留于该网吧。次日凌晨3时许，待其他上网人员离开后，两被告人趁看管网吧的被害人管某熟睡之机，从该网吧寻得电线一根，采用先由被告人黄某用电线勒颈、掐脖子，被告人余某按脚、勒颈等手段，致被害人管某遭掐颈及勒颈而机械性窒息死亡，两被告人劫得人民币380元后逃离现场。一审法院据此判处黄某死刑。黄某不服提出上诉，称年龄登记可能有误。二审检察机关承办人赴黄某户籍所在地调取原始出生凭证，证实黄某作案时未满十八周岁，建议法院改判无期徒刑，二审法院采纳检察机关的建议。

卷内的主要定案证据：

（1）两被告人的供述对共同参与杀害本案被害人并劫取财物的事实无异议，与认定事实一致。

（2）证人管某、汪某、万某等人的证言，主要证实两被告人在网吧上网的事实。

（3）户籍证明，黄某作案时已年满 18 周岁。

（4）辨认笔录及照片。

（5）作案工具白色电线 1 根。

（6）勘验笔录有现场勘查笔录、现场图及照片。

（7）手印鉴定书证实案发现场地面瓷砖上提取的手印是被告人余某的左手拇指所留；足印鉴定书证实案发现场北间西侧地面瓷砖上提取的足印是被告人黄某的右足所留；法医学 DNA 检验鉴定书证实，强力支持 3 号桌上烟灰缸内“西湖”牌烟蒂、2 号桌上烟灰缸内“红双喜”牌烟蒂、4 号电脑桌下方地面烟蒂为被告人黄某所留。

客观性证据补充及在案件中的应用：本案争议主要是黄某年龄认定，因此围绕年龄认定二审环节开展了相关工作。（1）调取被告人黄某的命簿原件。将命簿委托专业技术鉴定，证实年龄登记情况及命簿系原始原件。（2）从鲁贡派出所提取的黄某某（即黄某父亲）一家的户籍底卡。证实黄某某、张某、黄某的相互关系。本案补充调取的命簿是由当地的一位老人（已故）书写的，制作的目的是当地居民用于生老死葬、婚嫁等，是当地少数民族的风俗习惯。从纸张上看，纸张略有破损、内侧泛黄，说明命簿形成已有较长时间，非近一两年内制作，真实、原始的可能性较大，并经技术鉴定确实为真实原件。被告人黄某的出生年月从命簿上看是农历的一九八八年十月二十三日，换算成公历就是 1988 年 12 月 1 日。

由此可证实黄某作案时未满十八周岁，不能被判处死刑。

10. 充分挖掘和解释通信记录、账款往来等客观性证据，准确锁定被告人。

案例15：韩某贩毒案

侦查机关移送的犯罪事实：2010年5月底，犯罪嫌疑人姚某保伙同姚某华等人经过商量后，由姚某保于6月2日前往广东汕头购买冰毒，并在3日下午16时许将毒品带至宁波市江东区舟孟北路95弄3号305室，欲与犯罪嫌疑人姚某华一起实施贩卖毒品冰毒，后被民警当场查获，并在该处查扣冰毒15小包，共748克。

姚案移送审查起诉后，承办人通过调取通信记录、电话录音，确定未移送起诉的韩某涉嫌犯罪，并予以追诉，韩后被一审法院判处死缓。提出上诉后，二审法院维持一审判决。

卷内的主要定案证据：

（1）犯罪嫌疑人姚某华的供述，证实其听到姚某保和“老杨”（韩某）在电话中商量贩卖毒品的事情。后姚某保带和韩某商量一起贩毒的事情，商定韩某出5万元，其和姚某保各出资10万元，由韩某联系卖家和买家，由姚某保把毒品带到宁波，再由其送货。

（2）犯罪嫌疑人姚某保的供述，证实认识“老杨”（韩某），去过韩某在宁波市君悦花园6幢14楼的住处一次。在其暂住房接到韩某要买卖毒品的电话，同住的姚某华听到后也想参与，于是其和姚某华一起到咖啡厅见韩某。当时商定三人共同出资，由其去广东拿毒品回宁波，再由韩某负责物色买家。之后，其筹资7万元，姚某华筹资10万元。韩某联系了叫“量子”的卖家，在其出发前后给卖家汇去了2.2万元，并且给其卖家的电话号码。

（3）犯罪嫌疑人韩某的供述和辩解，证实其暂住宁波市君悦花园6幢14楼。其不认识姚某华、姚某保。其从来没有与老乡去过咖啡。与妻子李某于2008年分居，2009年后再也没有碰到过，也没有电话联系过。

（4）证人王某、韩某军等人证言，证实与王某同居的“老杨”真名韩某，在君悦花园6幢14楼同居；李某系韩某的妻子，2010年过年后李某与韩某分居。

（5）作案工具手机及相关SIM卡。

（6）搜查笔录。2010年6月3日14时对姚某华、姚某保租住的房间进行搜查，当场搜得15袋疑似毒品的物品。

（7）理化检验鉴定报告、鉴定书。从姚某保处查获的无色晶体748克，检出甲基苯丙胺成分。

（8）侦破过程说明、抓获经过。2010年6月3日对姚某华、姚某保住处进行搜查，并将两人抓获。姚某保协助公安机关在君悦花园6幢14楼抓获韩某。

公诉审查期间指导侦查机关补充了下列证据：

（1）调取案发前后的韩某与其家人和关系密切人员姚某保、王某等手机通话记录。

（2）调取证实韩参与贩毒的技术性侦查材料。

（3）补充姚某保、姚某华对韩某及其相关现场、居住地点的辨认。

（4）补充鉴定韩某与电话录音的同一性。

客观性证据的分析和运用：

（1）在案书证能够充分地证实与两同案犯手机和毒品上家频繁联系的“132××××0003”手机号码在案发前后为犯罪嫌疑人韩某使用。一是技侦部门的布控、跟踪材料显示，该号码的使用人为韩某；二是该号码6月1日10:27:59至6月3日19:51:26的通话记录显示，此期间共通话116次，其中与犯罪嫌疑人姚某保手机号码通话多达20次，与犯罪嫌疑人姚某华手机号码通话多达12次，与毒品上家手机号码通话多达26次。同时，与韩某的情人王某的手机号码通话多达12次，与韩某的妻子李某的手机号码通话多达17次。另外，还有与韩某的姐姐韩某军的手机号码、韩某的儿子的手机号码的通话记录。上述多达90多个通话对象除了两名犯罪嫌疑人和毒品上家，其他均是与韩某有密切关系的人，更为重要的是，其中还有从常理上分析应该互不交织的韩某的妻子和情人，更反映出韩某是使用这一手机号码的人。

（2）在案书证、技术性证据能够证实韩某与毒品上家有过联系，并系本案犯罪的组织者。技术性证据反映的情况，在乘机时间、接机时间、汇款情节等细节上均与姚某保的供述、飞机票等航班信息相一致。

（3）两同案犯的一致供述得到相应客观性证据的充分印证，更证实了韩某组织策划本案毒品犯罪的事实。两同案犯均正确辨认出了韩爱军，并通过单独指认，均一致地指认出了与韩某共谋的咖啡厅，且在碰头地点、就座位置、方位和点单、买单等细节上的指认高度吻合。

（4）日常生活常理及其客观事实证实韩某关于不认识姚某保、姚某华的辩解不能成立。一是上述的手机通话记录已经充分证实三人之间的共谋关系。二是姚某保、姚某华一致供述的，在韩妻李某开在现代装潢市场附近暂住房内的棋牌室与韩认识的事实，得到了韩某姐妹有关李某原在上述地点开有棋牌室的证言的部分印证（两同案犯所供棋牌室地点与实地走访情况相符，韩的姐妹现接手经营并住在里面）。三是两同案犯手机中均储存有李某、“爱哥”（即韩某）的电话号码，且均有与韩某通话的记录。同时，姚某保能准确辨认出韩的妻子、姐姐和妹妹，并称韩的姐姐为“韩飞机”、妹妹为“韩正”，与两人在老乡中的称呼相吻合。四是姚某保在归案后即及时带领公安机关到韩某的住处将韩抓获，并能准确辨认出王某。

案例16：刘某贩毒案

简要案情及诉讼过程：刘某于2009年7月2日与程某通过手机短信约定以380元一克的价格卖给程某190克冰毒，后两人在衢州市柯城区双港口大桥西侧进行了交易。因刘某拒不供述，侦查机关将其释放，程某被移送审查起诉。公诉审查期间，承办人经过调查核实，补充了大量客观性证据，对刘某予以追诉。后刘某被一审法院判处无期徒刑。刘上诉后，二审法院维持一审判决。

卷内的主要定案证据：

（1）被告人刘某的供述和辩解。刘某归案后，对于贩卖毒品的事实自始至终予以否认。但供述确认下列事实：程某与刘某系初中同学关系，2008 年 8 月两人再见后互留手机号，之后就有了联系；手机号 136××××7265 和 136××××8558 两个手机号在 2009 年 6～7 月一直是自己在使用；2009 年 7 月 1 日至 22 日在衢州，先后住过市区南孔宾馆、凯悦城市酒店等处；没有向程某借过钱；自己家庭电话号码是 0570－2879×××，姐姐刘珍的电话是 138××××6826。

（2）证人证言。证人程某证明 2009 年 7 月 1 日～2 日，与刘某通过手机短信和通话，约定以 380 元每克价格从刘某处购买 190 克冰毒，后两人在双港口大桥西侧桥头完成交易；136××××7265 和 136××××8558 这两个手机号都是刘某的，自己专门买了一个 159××××3275 手机卡放在黑色 CECT 直板手机中用于与刘某联系。证人张某证明曾在 2009 年“6·26”那段时间向程某处购得冰毒 10 克。证人於某证明刘某从成都回来后曾提过衢州的冰毒质量不好之类的话，其认为刘某接触过毒品。证人倪某证明刘某在 2007 或 2008 年曾向其打听过衢州冰毒市场的情况。

（3）物证、书证。证人程某使用的、与刘某短信联系用的手机，黑色 CECT 手机一只，手机号 159××××3275；从该手机中提取的 136××××7265、136××××8558 与程某的 159××××3275 发送的手机短信；凯悦宾馆提供的住宿登记单、旅馆业管理系统住处查询记录，证明与本案嫌疑人同身份证号的“刘某”于 2009 年 7 月 1 日至 16 日先后入住南孔宾馆、凯悦宾馆等处；由衢州市公安局技侦部门提供的 136××××7265、136××××8558（刘某持有）与 159××××3275（程某持有）在 2009 年 6～7 月的通话记录，以及 136××××7265、136××××8558 与 138××

××6826（刘的姐姐持有）、057×××9585（刘某五十都村家）的通话记录。

（4）检验报告。浙公物鉴（2010）310号，省公安厅对扣押的黑色CECT手机的内存、SIM卡、SD卡进行检测，从中获取大量手机号136×××7265、136×××8558与159×××3275的短信记录。

客观性证据的挖掘和运用：

（1）运用手机通信信息能够被及时记录的特点，挖掘通信内容及其信息锁定嫌疑人。要求侦查人员提取程某、刘某的手机并对手机内的短信内容进行提取、固定；要求对以上手机号码是否开通手机邮箱和手机通话记录、手机充值记录等书证进行提取。

（2）通过对手机联系人、信息内容等确定扣押在案的手机及毒品买卖信息系程某和刘某二人所为，能够排除他人所为的可能。

一是刘某的两个手机号码在与程某159×××3275手机电话、短信联系期间，也和其亲属朋友在联系，有些时间还相当接近。这种只有刘某亲自使用才能体现出的特征，说明在2009年7月1~2日该两个手机一直在刘某手中，并无他人使用。159×××3275手机为程某专用，7月7日在抓获程某时依法扣押，并未给他人使用过。

二是从移动公司提取的刘某手机的短信清单与从程某159×××3275手机提取的短信清单完全吻合，从市移动公司提取的刘某手机与程某手机通话记录，与从程某手机中反映出的其与刘某手机通话情况也完全吻合。证据与证据间相互印证，说明了刘、程之间通过手机短信和通话来完成毒品交易的事实客观存在。

三是其他人没有冒用刘某号码发送短信的可能。现有证据已经充分证明刘、程间的通话记录与短信联系均是点对点（手机与手机）进行的，完全排除其他人通过网络所为的情况。根据市移动公司工程师陈某的证言，如是他人通过网络给程某发信息，而又使程某的手机上显示出刘某的手机号码，则一要刘某手机开通了手机邮箱，二要他人知悉刘某手机邮箱密码。现有证据已经证实其他人根本无法做到这一点（刘某的两个手机号码均没开通手机邮箱）。在侦查人员扣押之前就发生的短信、通话记录等是包括侦查人员和专业技术人员在内的任何人在事后（扣押后）都无法制造、伪造、变造出来的（即使拿到手机也不可能制造、伪造、变造过去的短信、通话记录，因一定要通过移动公司设备的数据交换才能产生短信、通话记录，而一旦产生，则又不是通过手机的操作就能消除的）。

四是刘某、程某对从其本人所用手机中或移动公司提取的客观存在的短信、通话记录，始终提不出是他人所为的任何理由或线索。

案例 17：余某故意杀人案

简要案情及诉讼过程：2012 年 2 月 3 日晚，余某载其妻万某、女儿余某某驾驶浙 B38Q96 轿车至宁波市江北区庄桥塘李线公路 2KM + 300M 缺口处，故意冲入河中，溺死车内妻子、女儿。公安机关以余某涉嫌故意杀人罪移送审查起诉，公诉机关经审查分析客观性证据，认为余另构成保险诈骗罪，遂予以追诉。一审法院以故意杀人罪判处余某死刑，以保险诈骗罪判处余某有期徒刑六年，合并执行死刑。余某不服，提出上诉，二审法院维持原判。

卷内的主要定案证据：

（1）余某的供述，供认因自己在外有不正当男女关系，被妻子、亲属得知后受到了指责，感觉没面子而产生与妻女同归于尽的想法，经事先踩点确定作案地点，最后以故意制造交通事故的方式杀死妻女。

（2）证人姚某、黄某、王某、余送某等人的证言，证实余某与姚某有不正当男女关系，受到家人指责。

（3）交通事故现场勘查笔录、刑侦大队现场勘验检查记录，证实案发现场及其提取相关物证的情况。

（4）尸体检验意见和报告、理化检验报告、法医物证鉴定书，证实两被害人身份及死亡原因。

(5) 车辆检测报告，证实浙 B38Q96 车制动、转向正常。

(6) 书证保险单，证实余某为妻女投保情况。

(7) 案发前日余某驾车经过事故地段的监控录像。

客观性证据的挖掘和运用：

(1) 补充调取周边监控录像，审查行车情况。通过对行车路线及案发路段等现场勘验情况，在客观性证据收集全面性的理念指导下，要求侦查机关补充调取案发前及案发路段周边必经地段的监控录像，最后，获取了余某案发前多次到该路段事先踩点及当晚实施犯罪的行车路线的诸多监控视频，能够有力证实余某实施犯罪系事先踩点、预谋作案，揭示其虚假辩解。

(2) 审查手机通话清单，调查其相关行为。发现余某在案发后几小时就与保险公司通话，时间长达十余分钟，结合保险公司有电话录音的行业规范，要求侦查人员调取相关电话录音以及余为妻女的投保情况，证实余以驾车发生意外为由向保险公司申请保险金，结合相关证人证实余某当时是熟练背出 20 余位的人身意外保险单号，足以证实余当时是有预谋骗取保险金的主观心态。

(3) 审查电子数据，挖掘作案动机。根据余某与情人姚某通过腾讯聊天的客观事实，要求侦查人员调取两人在案发前后的相关聊天记录，并以此来验证相关供述和证言，从而全面证实案发前余某积极追求与姚长其共同生活，案发当晚即告知姚其妻子因车祸死亡，此后十余天，拨打姚电话近百次，从而全面印证余某卑劣的作案动机。

11. 采用运动力学分析和逻辑方法，对客观性证据之间的关联性进行科学解释，将被告人不认罪案件顺利交付审判。

案例 18：张某故意杀人案

简要案情及诉讼过程：张某与被害人张某某原系夫妻。张某某在 2006 年知晓张某在外有私生子，遂与张某进行了财产公证，并与张某离婚。为报复张某某，2010年4月11日下午，张某借与张某某到仙居县淡竹乡龙潭坑水电站煮竹笋之机，骗张某某到水库大坝量桥台。在张某某蹲下量桥台时，张某故意站到张某某身后，右脚站在张某某身体右边，左脚站在其屁股后面，在张某某站起来时，屁股碰到张某左脚膝盖，张某某即向前扑了出去，掉到大坝下面的水里，后经医院抢救无效死亡。经鉴定，张某某死亡原因系生前高坠落水致溺水死亡。

案件移送审查起诉后，承办人经审查后提出拟不起诉意见。后在上级部门指导下，通过补强客观性证据后提起公诉。一审法院据此判决处张某死刑缓期二年执行。判决后，张在上诉期间撤回上诉。

卷内的主要定案证据：

(1) 被告人张某的供述和辩解。张某归案后，供述和辩解均极不稳定，对于张某如何落水，共有不知道被害人如何落水、被害人自己失足落水、因嫌疑人过失致被害人失足落水等六种供述，但一直否定故意致其妻坠崖的行为。

(2) 证人龚某、张某、刘某、林某等人证言证实张某匆忙到水电站称张某找不着，并带龚某到水库大坝下寻人；张某与蔡某生了私生子，张某因此与其离婚并取得家庭在仙居的全部财产及三个子女的抚养权；龙潭坑水电站扩容工程的工程款已结算清楚及该水库上方的铁索桥桥板无须更换、铁索桥桥头两边无法做护栏的情况。

(3) 现场勘查笔录。本案侦查阶段进行了二次现场勘查。第一次系案发次日凌晨，在现场的桥墩坎下提取了7张碎纸片（经鉴定，碎纸片上的字迹为张某所写），未有痕迹记录。第二次系案发后第9天，根据张某本人的供述，在桥墩下方发现有一突出岩石，岩石上有大片青苔，中间有约55cm×31cm被擦痕迹，并在北面大坝底部提取卷尺一只，呈固定打开状态，刻度停留为71cm。

(4) 法医学尸体检验鉴定书及尸检照片，证明张某某的右第

4～10肋骨骨折、腹腔内大量出血、肝脏破裂、左右肾周血肿以及左侧耻骨上支完全骨折，系因生前高坠落水溺水死亡。

公诉审查过程中补充下列证据：

（1）现场勘查。组织刑侦专家重新勘查现场，除对现场各项数据进行重新测量和记录外，重点补充了被害人被撞地点与落水点相关痕迹分布情况，测量出被擦青苔的中心点距小屋与大坝空隙处的水平距离为2.1m，并有10°的偏角，垂直高度为4.2m。

（2）侦查实验笔录及照片，证明张某在龙潭坑水电站大坝的小屋与桥台处倒车，其驾驶的车辆无法将张某某撞入水中。

（3）专家分析意见。组织相关力学专家、痕迹分析专家、法医等专业人员进行痕迹形成原理的逻辑分析和推理，从而确定被害人落水前的位置和状态。

在案客观性证据的分析和运用：

（1）根据现场痕迹、物证及尸体损伤情况等客观性证据，可以确认被害人系外力作用下坠崖。根据现场勘验检查笔录和现场提取的物证，及尸体检验鉴定书，可以确认被害人张某某系在小屋与桥墩的空隙处，被人推落水中，并可以据此排除被害人系自杀、失足落水、被告人过失致被害人落水的辩解。一是根据损伤部位及程度分析被害人损伤形成的机理。二是根据坝底斜坡上被擦青苔的部位及面积分析被害人撞击部位及方向。三是根据现场的地理特征情况及损伤形成机理分析被害人翻入坝下的姿态，系后背侧向朝外的初始状态。四是根据卷尺已被拉出71cm的情况分析被害人当时所测量的物体。五是根据翻下坝底的姿态及与斜坡的相撞位置分析被害人翻下坝底的原因。六是根据在小屋道口测量桥墩的姿态分析致使被害人坠落坝底存在外力作用。

（2）从对现场痕迹及被害人损伤形成原因的分析可知，将被害人张某某推落水中的大作用力来自于被告人张某。结合案发地位置偏僻，平时罕有人迹的客观情况，证人证实案发现场仅有被告人和被害人两人，可排除第三人出现在现场并实施致人溺水的可能性。

（3）通过书证等客观性证据驳斥嫌疑人的辩解。现场勘查提取到的卷尺与碎纸片（经鉴定，纸片上的笔迹系张某所留），可确定被告人在大坝做了测量。但被告人在案发后将记载着数据的纸片撕碎扔掉，更印证了其为杀人而制造作案机会与条件的事实。

（三）客观性证据不充分不核准的案件（12 件）

12. 全案缺乏客观性证据，影响案件事实认定、刑事责任的分担而不核准。

案例 19：杭州葛某故意杀人案。最高人民法院不核准理由：本案证据多为言词证据，客观性证据不够充分，加之被告人有翻供。本案发回重审后，改判葛某死刑缓期二年执行。

13. 部分关键物证未收集到案，可能影响嫌疑人刑事责任的分担而不核准。

案例 20：杭州汪某贩卖毒品案。最高人民法院不核准理由：本案部分事实不清、证据不足。主要体现在同案犯未归案，现有的手机通信、货款来往等客观性证据不能区分犯罪地位和作用。本案发回重审后，改判汪某死刑缓期二年执行。

案例 21：衢州林某贩卖毒品案。最高人民法院不核准理由：本案部分事实不清、证据不足。主要体现在部分毒品未查获，以间接推算的办法计量不客观。本案发回重审后，改判林某死刑缓期二年执行。

案例 22：温州龚某故意杀人案。最高人民法院不核准理由：本案部分事实不清、证据不足。主要体现在群殴致死伤多人，作案工具未能全部查获，致命伤何人造成不明。本案发回重审后，改判龚某死刑缓期二年执行。

案例 23：温州刘某故意杀人案。最高人民法院不核准理由：本案部分事实不清、证据不足。主要体现在作案工具未查找到案，致命伤何人造成不明。本案发回重审后，改判刘某死刑缓期二年执行。

14. 应当收集在案的物证未收集或收集不全面而不核准。

案例24：温州贾某抢劫案。最高人民法院不核准理由：本案部分事实不清、证据不足。主要体现在本案被害人被抢铂金项链没有查获。本案发回重审后，改判贾某死刑缓期二年执行。

案例25：温州张某故意杀人案。最高人民法院不核准理由：本案事实不清、证据不足。主要体现在作案工具铁锤、被害人的手机等物证均未查获。本案发回重审后，改判张某死刑缓期二年执行。

案例26：绍兴马某强奸案。最高人民法院不核准理由：本案事实不清、证据不足。主要体现在被害人指甲内有无被告人脸上抓痕残留物未提取鉴定。本案发回重审后，改判马某死刑缓期二年执行。

15. 客观性证据间存在矛盾，无法排除合理怀疑而不核准。

案例27：台州冯某故意杀人案。最高人民法院不核准理由：本案事实不清、证据不足。主要体现在被害人身体上部分创伤与被告人的作案工具不吻合，因同案犯在逃，不能排除同案犯致伤被害人的可能。本案发回重审后，改判冯某死刑缓期二年执行。

案例28：台州周某故意杀人案。最高人民法院不核准理由：本案部分事实不清、证据不足。主要体现在现场鞋印、行凶刀柄上的斑迹鉴定，及可疑手机号的关联性不明，且存在的矛盾不能得到合理排除。本案发回重审后，改判周某死刑缓期二年执行。

16. 物证提取不规范，严重影响证据证明力而不核准。

案例29：金华倪某故意杀人案。最高人民法院不核准理由：本案部分事实不清、证据不足。主要体现在侦查机关移送的作案工具形状虽与照片一致，但不属于本案被告人使用的。本案发回一审法院重审后，经重审调取案件原始存档材料、物证保管资料，纠正了作案工具保管移送错误，重新提取并经被告人辨认，确证了作案工具。一审法院再次判处倪某死刑，二审维持，现已被最高人民法院核准死刑。

案例30：温州先某故意杀人案。最高人民法院不核准理由：本案部分事实不清、证据不足。主要体现在侦查机关没有制作物证提取笔录，随案移送的石头被告人否认作案时使用。本案发回重审后，改判先某死刑缓期二年执行。

通过对以上30个典型案例的分析，我们可以清晰地形成以下认识：

一是起诉错误案件无一例外的原因之一是客观性证据缺失或解释错误。在原审起诉或判决文书上都表述为“事实清楚，证据确实充分”、“证据相互印证，足以认定”，说明公诉和审判人员认为在案证据已完成了对定案事实的证明，但诉讼最终结果表明，这些起诉错误案件在证据收集和采信上出现了很大偏差，而导致错误的最根本因素是对客观性证据的审查、判断、解释和运用出现差误。

二是诉讼监督成功的案件，无一例外是依靠客观性证据组织证据印证证明。很多案件由于被告人无罪、罪轻辩解，干扰了司法人员的判断，但通过依靠客观性证据组织并解释来构筑证据体系，在实践中容易统一认识并正确处理；如果仅靠言词证据组织和解释证据体系，是难以统一认识分歧的。

三是最高人民法院不核准案件是由于在某些事实情节、量刑证据上客观性证据的印证不足。改判12件案件，被告人的罪行都是十分严重，也都作了有罪供述，但由于案件在某些事实情节上存在客观性证据的获取、运用的瑕疵，最高人民法院不核准死刑的适用，体现了最高人民法院留有余地的谨慎原则。

二、样本的反思与制度构建：客观性证据审查判断规则

通过对样本案件尤其是错案的剖析，我们可以发现错案形成既有侦查科学技术水平方面的原因，更有刑事诉讼证明的理念和认识上原因：一是印证证明模式在实践执行中的偏差，存在口供中心主义下的简单印证倾向。有的案件不惜违法逼取有罪供述，然后根据有罪供述组织印证证据，甚至虚假制造和隐瞒证据，目的是使有罪供述能得到印证，从而顺利交付起诉、审判。二是客观性证据在运用、解释和印证环节缺乏科学方法和规则，导致在客观性证据审查运用上出现偏差。尤其是典型错案，无一例外都是物证、书证为代表的客观性证据在定案证据体系中的缺失或错误识别和解读而导致，其教训是惨痛而深刻的。因此，刑事案件的证明应当改变口供中心主义的简单印证模式，应倡导以客观性证据来印证证明，公诉审查模式应转型到以客观性证据为核心的审查证明模式上来。而建立以客观性证据为核心的审查模式，有赖于客观性证据审查判断规则的建立。只有在科学规则指导下的司法实践，才能保障刑事诉讼证明活动的科学化、理性化。

（一）研究并正确掌握客观性证据审查判断规则，对公诉证据审查有着积极的现实意义

1. 有助于诉讼证明模式的科学化、理性化。在司法实践中，证据之间的相互印证已经成为审查证据是否属实、事实能否认定的基本证明方法。印证证明模式是当前我国最高司法机关认可的刑事诉讼实现诉讼证明的基本方式，[①] 理论界也认为我国的刑事诉讼证

---

① 《关于办理死刑案件审查判断证据若干问题的规定》有 11 处使用“印证”的表述，这使得停留在经验层面的审查判断证据的方法和证明标准有了明文规范。参见陆而启：《智识互转：印证规范解析》，载《证据科学》2011 年第 19 卷（第 4 期）。

明模式可以简略地概括为“印证证明模式”。[①] 但印证证明模式在实践中存在不少困难和矛盾，刑事司法的任务要求准确无误地认定犯罪，但刑事司法的现实环境常常难以按照印证证明方式的要求搜集到足够的证据。“这种情况下，他们或者只有放弃定罪——这在客观上意味着对国家和对社会的失职；或者违法获取更多的、能够实现印证要求的证据，但这样做不仅违反了法律，侵犯了权利，而且可能带来证据虚假的危险。”[②] 在前述案例分析中，我们也发现并纠正了那些为印证有罪供述而不惜违规制造虚假证据的典型案件。有的采用不真实的现场辨认笔录、秘密力量证言来印证有罪供述，如张氏叔侄案；有的通过隐匿指向真凶的痕迹证据，来掩盖案件矛盾，如案例2、3、4、5；有的通过制造虚假材料来印证，如案例1、2 等案。这些现象的存在，我们不能据此否定印证证明模式的司法价值，而是应在如何印证上予以规范。强化客观性证据的审查和予以印证，既是防止印证模式出现负面效应的最佳途径，也是排除矛盾和合理怀疑的必要环节。

2. 有助于改变过于倚重口供等言词证据的审查工作理念，防止冤假错案。近年来，本省发生的死刑冤错案件，无一例外表明过于倚重口供等言词证据的侦查、审查模式，在实践中极易形成违规逼供、诱供的非法获取言词证据倾向，并导致忽视客观性证据应有的价值，这是导致冤错案件的根源。印证证明模式下，审查过程的口供中心主义极易滋长。正因为过于倚重口供的司法现状，审查中重口供并根据口供来寻找印证证据的做法普遍存在，而一旦依靠口供形成印证体系，就会忽视物证等客观性证据的运用，排斥无罪、罪轻辩解的核查。侦查过程围绕口供来获取和组织证据，不仅容易

---

① 参见龙宗智：《印证与自由心证——我国刑事诉讼证明模式》，载《法学研究》2004 年第 2 期。

② 参见龙宗智、何家弘：《诉讼证明模式与证据审查评断》，载《证据学论坛》第 8 卷，188 页。

导致刑讯逼供等非法取证行为的发生，有的甚至有隐匿与口供相矛盾的客观性证据、伪造证据等不当行为。审查过程的口供印证主义做法，容易受侦查证据体系影响，先入为主，不能发现案件存在的问题。例如金某抢劫案（案例5），侦查人员为了有罪供述与相关物证一致，隐匿查获的同案犯的头套及其DNA检验结果，不当解释存在两双作案手套的原因，致使案件遗漏同案犯。

3. 有助于引领和规范公诉人对客观性证据的审查工作路径。客观性证据在认定犯罪事实上的稳定性和可靠性已成为刑事司法实践部门的共识。其在刑事证据体系中的地位和作用日益突显，发挥着越来越积极的作用。最高人民检察院发文推广了浙江推行的客观性证据审查模式的做法，然而，理论界和实务界对客观性证据的审查判断规则的研究不深，各地针对自身办案实际总结的地方性规范也不尽科学、全面，因此，加强对证据规则的研究有助于规范和统一司法机关对客观性证据审查判断的规格和运用方法。

4. 有助于引导侦查活动的科学化，有效平衡供述与其他证据在案件事实认定中的作用。实践证明，检察机关对刑事证据的审查思路、方法和要求，在一定程度上能积极影响侦查的模式和策略。言词引导审查模式中所体现的过于倚重口供的现实做法，容易成为侦查活动刑讯逼供的内在动因；而客观性证据审查模式的建立，强化了客观性证据在刑事案件中的审查运用，可以引导侦查方式的升级转型，将侦查模式从突破口供为主的“由人到事”侦查方法向“由事到人”的注重案件客观性证据的收集、固定、运用为基础的侦查证明方法的转变，改变了事必以口供为先的证据收集和固定思路，可以有效防止为单纯突破口供采取刑讯逼供等非法活动的滋生，推动侦查活动的科学化，提升侦查质量和效果。

（二）客观性证据审查判断应遵循的规则

客观性证据审查判断规则是客观性证据收集、固定、审查、复核和解释运用时所必须遵循的准则，是约束办案人员审查和判断相关活动的普适性规范。它不是一般抽象的原则和制度，而是诉讼实践具有可操作性并应当遵守的理念和规范。考虑到本课题研究的范围，本文主要结合样本分析来阐述司法实践特别是公诉阶段客观性证据的审查判断运用中应坚持的一般操作规则，具体包括：

1. 必须坚持客观性证据优先运用规则

这是实物证据最佳证据规则在客观性证据审查运用中的具体体现。其机理是由实物等客观性证据具有证据材料形成的原始性、证据内容的真实性、证据载体的可见性、证明方向的可靠性、证据解释的可重复验证性的内在证据特征所决定的，较言词类证据易于检验和识别，证据运用的可靠性可以得到充分的保障。公诉案件证据审查中，客观性证据优先运用规则应当把握以下几点：

第一，客观性证据本身必须予以审查，符合证据规格。由于客观性证据一般是间接证据，不能直接证明案件事实，而是必须通过收集（证明证据原始状态）、固定（提取笔录）、解读（通过鉴定、检验等方法展示内容）等一组证据来证明案件某一事实或情节，因此，在案件中起到证明作用的是证据组，审查活动必须贯穿整个证据组，要防止虚假材料进入证明体系。

第二，查证属实的客观性证据应作为最佳证据在定案中优先运用。其含义或做法应当是，客观性证据所证明的事实情节必须作为认定案件事实的坐标点予以确认，再与其他证据结合起来最终认定相关事实。在证据出现矛盾时，要把客观性证据作为认定案件相关事实情节的关键性证据予以优先审查运用。

第三，在研读主观性较强的言词证据与客观性证据的关系时，坚持以客观性证据为核心。在言词证据之间出现矛盾，或言词证据与客观性证据出现矛盾时，优先采信客观性证据，并用客观性证据检验言词证据。查证属实的客观性证据的证明力优于主观性较强的言词证据。例如案例 13 杨某故意杀害双亲案中，杨的供述在诸多情节上和客观性证据矛盾，现场又无目击证人，加之被告人对部分事实予以否认，导致诉讼中对本案的证据采信的认识发生分歧。为此，我们通过 QQ 聊天记录、手机通信记录等电子数据、借条、

DNA 检验和尸检报告等客观性证据结合，相关证据证明了“杨是预谋杀人而不是争吵引发的激情杀人”、“杨是为变卖父母房产偿还债务而杀人”、“杨母是被告人所杀而不是被告人辩解的为其父所杀”的事实情节，最终得到最高人民法院判决的确认。该案也是在被告人供述与客观性证据矛盾的情形下，优先采信客观性证据来证明案件事实的成功案例。

2. 必须坚持客观性证据关联性规则

证据关联性是指证据与待证事实之间的客观联系。没有关联就不成为证据，关联性是证据的本质。一个事实即使是客观存在的，但与案件无关，也不能成为该案的证据，而只是一般意义上的事实。证据关联性是证据最基本的属性。《办理死刑案件证据规定》第6条第（4）项规定：“物证、书证与案件事实有无关联”，第23条第（8）规定的“鉴定意见与案件待证事实有无关联”，第27条第（5）项规定的“内容与案件事实有无关联性”，第29条第（5）项规定的“该电子证据与案件事实有无关联性”，等等，都充分明确地体现了证据的关联性规则。上述客观性证据与案件之间的关联性，必须通过审查人员的证据识别，确立与待证事实的关联，才能证明案件事实。

客观性证据关联性规则在实践中应当把握以下几点：

第一，必须审查证据来源，确定证据与待证事实之间关联的可能性。一般来讲，客观性证据主要来源于与犯罪动机、预备、行为、后果和掩盖犯罪行为等过程相关现场，因此，应重点审查相关环节是否有相关客观性证据收集到案。但也有客观性证据在相关犯罪现场之外的情形，尤其是责任能力评判、量刑等方面证据，往往在时空上与犯罪行为相隔离，也必须注意收集和审查。例如案例14黄忠抢劫案中，认定黄忠出生日期的家族族谱命簿，在远离浙江的被告人贵州老家提取。

第二，证据和待证事实的关联，既可以“证实”也可以“证否”。证据是能证明待证事实的是否存在或使待证事实处于真伪不明的材料，与待证事实存在某种关联，都可以在一定层面证明和影响案件事实认定。公诉方的证据一般是“证实”，而辩方证据只要达到指控事实处于“真伪不明”就可以，因此关联性还取决于证明主张。例如案例1张氏叔侄案中，公诉审查时对被害人指甲检出的不明身份人员的DNA的审查，就违反了这一规则。审查中因为该DNA排除了二张所留，公诉和审判时就简单认为与本案没有关联，而将该检验结果排除出本案证据。事实上，该审查判断，犯了以下错误：一是违反生活常理。被害人指甲所留DNA最大可能是和死者最后接触人所留，那么该DNA主体，不排除是凶手。二是违反经验法则。本案是强奸杀人，根据案情被告人没做充分的事先准备和进行充分的毁灭罪证活动，那么这样一个案件被害人反抗是必然的，反抗过程留下犯罪人痕迹也是客观必然，那么被害人指甲内DNA最大可能是凶手所留。三是违反生物痕迹覆盖规律。即使被告人作案后清理了被害人指甲，那么在清理后的指甲内又检到他人的DNA，说明此后还有人和被害人接触。如果被害人死亡后尸体被动与他人接触，在指甲内留下DNA不符合情理，推断应该是生前的肢体接触，那么被害人离开被告人时，被害人还活着。四是违反证据采信规则。指甲内DNA的解读有多种可能性，已使侦查指控事实处于真伪不明状态下，未排除矛盾，贸然起诉，不符合方法论原理。

第三，证据和待证事实之间关联点的识别是一个动态的过程，必须借助可靠方法和手段去识别。在指纹、DNA识别技术未出现之前，我们依靠血型鉴定、证人证言等方式认定案件；在CT技术未普遍适用之前，我们依靠X光片来识别损伤，诸如此类。在科技迅猛发展的今天，识别证据关联性也是一个发展的课题，必须用可靠方法予以研究和识别证据，进而建立或解除与待证事实的关联。

3. 必须坚持口供的客观性验证规则

有罪供述应当得到客观性证据补强和印证。《刑事诉讼法》第

53 条规定："只有被告人供述，没有其他证据的，不能认定被告人有罪和处以刑罚"；《办理死刑案件证据规定》第 22 条规定："对被告人供述和辩解的审查，应当结合控辩双方提供的所有证据以及被告人本人的全部供述和辩解进行"，这些规定明确了补强口供的要求。实践中，口供是法定证据，在被告人供述的合法性、自愿性得到保障的前提下，口供对定案仍起到十分重要的作用，尤其是在认定犯罪动机方面具有不可替代的功能。客观性证据审查模式的优势在于依靠客观性证据具有稳定的可靠性特征，运用客观性证据可以对口供的真实性进行有效验证，从而达到口供补强效果。《办理死刑案件证据规定》第 34 条规定："根据被告人的供述、指认提取到了隐蔽性很强的物证、书证，且与其他证明犯罪事实发生的证据相互印证，并排除串供、逼供、诱供等可能性的，可以认定有罪"，正是对该规则的具体体现。

公诉审查中，在运用口供验证规则时，应当把握以下几点：

第一，该客观性证据应当独立于被告人口供存在，也就是其存在的独立性。例如，根据被告人"行凶前在某超市购买了刀具"的口供，在被告人所称超市提取了购买刀具的小票和监控录像。提取的相关书证和监控，独立于被告人供述而存在，是一种客观存在。根据这组证据，结合生活常理，我们可以确认被告人在某超市购买了凶器；再结合查获的凶器，与超市所售工具形态具有一致性，那么我们就可以确认被告人在凶器购买和使用上的供述得到印证，一般可以认定相关事实。

第二，要全面挖掘客观性证据予以印证。在被告人全面供述犯罪过程的案件中，应当根据供述来研判案件中可能存在客观性证据的环节，积极发现和提取客观性证据来印证被告人供述，夯实证据体系。

第三，要注意审查证据获取过程，防止指供、逼供等违规获取口供。要审查被告人供述在先还是客观性证据获取在先，在客观性证据搜集在案并揭示相关事实情节，而被告人供述还未供述该事实情节时，不能以指供诱供方法来人为制造印证证据。

第四，作为印证被告人口供的客观性证据，可以是一组客观性证据，也可以是在客观性证据基础上，根据经验法则和其他证据组合推定和推论的事实。例如在某杀人案件中有以下证据：在被告人的租房的床下发现被害人（系恋爱对象）尸体且被砖头封住；亲友发现被害人失踪后被告人也未向房东退租而不告而别；房东在被告人不见时发现门锁被新换了挂锁；被告人数年后在外省被抓获归案，供认因纠纷杀人。本案除了被告人供述外，没有其他证明被告人杀人的证人，但本案根据现场客观性证据和证人证言，根据经验法则可以推论以下事实成立：封藏尸体的人是本案行为人或参与人；换挂锁的人是房屋最后使用人；被告人不辞而别数年不回家，有不正常原因。而这些由客观性证据推论的事实，都和被告人供述作案经过相印证，且这些行为如不是被告人所为，是不能准确供述的。因此，本案在排除诱供逼供情形下，可以认定。

4. 必须坚持非法证据排除规则

这是证据合法性的必然要求。《刑事诉讼法》第 54 条规定：“采用刑讯逼供等非法方法收集的犯罪嫌疑人、被告人供述和暴力、威胁等非法方法收集的证人证言、被害人陈述，应当予以排除。收集物证、书证不符合法定程序，可能严重影响司法公正的，应当予以补正或者作出合理解释；不能补正或者作出合理解释的，对该证据应当予以排除”。审查中非法证据排除规则的确立能够有效遏制刑讯逼供等非法取证行为，能够促进审查人员对证据收集的合法性、规范性进行审查。实践中应当注意以下几点：第一，要审查证据获取的合法性。言词证据要符合法定要求，物证等客观性证据的收集、提取、保管、使用及其检验和解释要符合相关科学规范；第二，审查中要注意听取合法性异议意见。要认真听取被告人、被害人等诉讼参与人的陈述和申辩，如实记录在案，对影响证据客观性、真实性的情形要进行认真核查，对提供具体核查线索的应当进行调查核实，再根据调查情况作出判断；第三，重视通过同步录音录像审查被告人供述的合法性。对被告人以刑讯逼供进行抗辩的案件，尤其是被告人翻供案件，应当调取审讯录像、看守所羁押人员身体检查记录进行核查，必要时向有关同监室羁押人员调查，不能以简单要求侦查人员说明情况来替代对被告人供述合法性的调查核实活动。第四，既要重视言词证据的合法性审查，也要重视客观性证据的合法性审查。物证、书证、电子数据等证据的收集和保管要符合相关规范，确保合法性；对程序上存在瑕疵的，要及时补正；对实物、痕迹等证据审查，不仅要审查提取手续是否完备，还要与现场勘查笔录、照片、录像相结合来审查证据获取的合理性、客观性。

5. 必须坚持技术类证据的科学评判规则

《办理死刑案件证据规定》第23条第（3）项规定：“鉴定程序是否符合法律规定”，第（5）项规定：“鉴定的程序、方法、分析过程是否符合本专业的检验鉴定规则和技术方法要求”，明确了鉴定意见是否科学准确的审查方法。审查中应当把握以下几点：第一，必须审查技术类证据的原始存在状态。要通过查阅勘查笔录，分析现场记录、现场照片等确定检材的原始状态以及与周围物体的时空关系，研究检验对象形成的原因，以判别与案件相关行为的关系。第二，要审查技术证据检验过程和结论的科学性。要相信但不迷信技术鉴定，更不能不经审查而采用。应当把检验过程和结论放在同样重要的地位，通过审查鉴定检验过程的描述记录、分析论证过程，来验证其检验过程的规范性、方法的合理性、论证的科学性，必要时交予检察专业技术人员予以审查，确保技术检验鉴定意见的正确性。第三，要合理界定技术性鉴定的证明范围。技术性证据的鉴定意见不能直接证明案件事实，只是根据检验要求针对检材出具检验和鉴定意见，它解决或解释的是案件中存在的某种客观存在，而如何结合相关证据利用检验、鉴定意见予以证明案件事实，是司法人员的责任，不是鉴定意见应有之义。例如，血迹鉴定，技术性证据只能通过检验来解释存在何种DNA、和谁具有同一性，而证明留在现场的DNA主体是否凶手不是鉴定能证明的。第四，要结合在案证据对技术性鉴定意见的科学解释和合理运用。技术性证据揭示的检材是什么、怎么形成等证据在某个点上的问题，如何认定案件事实需要结合其他证据予以综合认定，因此还应当通过逻辑判断和证据链条来发挥鉴定意见的证明力。在这个过程中，审查人员应当正确理解鉴定结论所表述的内容，不可凭主观倾向扩大或者缩小其证明力。例如在案例2唐某故意杀人案中，之所以能够快速起诉、审判，判处唐某死刑，究其原因是公诉、审判人员把"外阴部DNA是凶手所留"这一不周延判断作为逻辑判断的大前提，推出唐是凶手的结论。事实上，同一鉴定的DNA意见，只能证明被害人外阴部生物检材是唐某所留，但不能证明什么情况下、什么时间所留，而相关人员过度夸大了外阴部检到唐DNA鉴定意见的证明能力，在技术性证据解释和运用的科学性上出现偏差。

6. 必须坚持客观性证据充分挖掘和印证规则

这是印证证明案件事实证据必须达到确实、充分程度的必然要求。《刑事诉讼法》第53条第2款规定："证据确实、充分，应当符合以下条件：（一）定罪量刑的事实都有证据证明；（二）据以定案的证据均经法定程序查证属实；（三）综合全案证据，对所认定事实已排除合理怀疑。"因此，必须在对全案证据进行系统分析的基础上，全面审查侦查活动对物证等客观性证据的收集是否充分，应当收集在案的客观性证据未能收集的原因是否合理，来研究和认识案件证据收集工作。

实践中，应当把握以下几点：

第一，以客观性证据基点考察检验言词证据的真实性。根据收集在案的客观性证据，来分析和确认案件可能存在的相关行为，与被告人供述进行检验印证，考察供述和辩解的真实性，查找矛盾点，为案件证据的进一步核查提供方向。

第二，以言词证据为依托梳理可能存在的客观性证据并予以提取印证。审查中要根据被告人供述和辩解、证人证言所描述展示的案件发生过程，确定行为人相关行为的时空、路线、工具、赃证等情况，并以此来查找可能存在客观性证据的节点，审查是否该提取的都已提取，发现该提取而未提取的予以核查提取，增强案件客观性证据的收集。

第三，合理解释言词证据和客观性证据存在的矛盾。在证据存在矛盾或疑点的情况下，应当在审查言词证据的真实性和研究客观性证据的关联性的基础上，研究矛盾形成原因，寻找解决矛盾的角度和方法，积极补强相关印证证据，确保证据之间不存在矛盾，或矛盾能够得到合理解释。

7. 必须坚持经验法则和逻辑法则的运用规则

司法认知在客观性证据审查判断中的具体应用离不开经验法则和逻辑推理的运用，根据静态的、片段的证据或证据组，结合经验法则进行逻辑推理，才能得出或还原认定案件需要的相关事实要素。因此，我们将“根据生活常识和经验法则可能推定某一事实存在的基础事实”界定为客观性证据。

审查中需要把握以下几点：

第一，经验法则是具有普适性的经验总结，特例不能作为评价参照。经验法则是人们在社会生活实践中依据经验所归纳总结出来的有关事物性质、状态及事物间联系的经验规律，是在特定时空范围带有普遍性的规律和现象。它是一种事实规则，在诉讼中构成司法人员认定案件事实的背景知识和进行法律推理的大前提。它既可以被用来判断证据能力，也可以被用来判断证据的证明力，既可以被用于单个证据的评价，也可以被用于认定案件事实。对于得不到普遍认同的个体经验，不能作为定案评价规则。例如，根据被告人交待在现场查获了粘附有被害人血迹的刀具，结合被害人损伤情况，我们根据经验可以得出“该刀是致害工具”的结论，该结论还与被告人供述相印证，可以认定该事实。

第二，经验法则是一种高度盖然性可能，因此必须排除例外，才能作为定案证据。例如现场发现的血指纹，一般我们判断是凶手所留的概率大，但也不排除是因为现场救助人员或误入现场人员所留，必须排除这种例外情形。

第三，经验法则和逻辑推论需要得到其他证据的验证，排除合理怀疑。因为是高度盖然性的可能，就必须排除合理怀疑，不能排除合理怀疑的，必须通过证据补强来完善证明体系。案例 2 唐某故意杀人案中，发回重审后，侦查机关称在现场废纸篓里的纸团中检到多人精液和 DNA，检出唐某 DNA 的纸团在纸篓最上层，认为唐还是最大嫌疑对象。对此，我们根据勘查记录、现场照片等材料进行分析认证：一是最上层纸团中检到唐 DNA，与唐承认嫖娼相印证，可以认定；二是最上层纸团中有唐精液和 DNA 说明，确认唐与被害人发生性行为并射精；三是根据纸团位置，一般可以推论唐与被害人发生性行为距离案发时间最近；四是纸篓中有唐精液的纸团没有沾染血迹，说明纸团在杀人前形成（根据现场餐巾纸盒上沾有血迹也可反推）；五是被害人阴道内未检到唐的 DNA，说明要么案发前唐戴避孕套与被害人发生性关系，要么被害人被害前没与唐发生性关系。如果戴避孕套发生性关系，而现场没发现唐使用过的避孕套，却在床上勘查到一枚已开封未使用的避孕套，这一矛盾无法合理解释；如果被害人没与唐发生性关系，现场却有认为唐当天所留的精液，也无法解释矛盾；因此，纸团和被害人外阴部检到唐精液，只能证明被害人与被告人最近有性关系，但根据经验法则、逻辑法则的综合判断，可以排除唐是被害人生前最后接触者，本案不能认定唐为犯罪行为人。

8. 必须坚持排除合理怀疑的证据综合审查判断规则

排除合理怀疑，全案证据在认定案件主要事实上不存在矛盾是印证证明模式的应有之义。因此，实践中应当做到：第一，定罪证据存在合理怀疑、矛盾不能排除的不能定案。在研究样本分析案例中，我们可以清晰地注意到，导致冤错的案件在认定案件基本事实上都存在证据矛盾，不能排除合理怀疑，而这些矛盾证据后来成为纠错案件的重要根据，是因为原来定案证据体系中没有科学揭示矛盾证据和待证事实之间合理关联性。只有运用证据合理解释和消除矛盾点，才能确保案件质量。第二，定罪证据充分但量刑证据存在合理怀疑的，应当在量刑上留有余地。公诉案件在基本事实有充分证据证明的情况下，应当定罪起诉。但实践中，由于各种原因，在影响量刑的因素上，还会出现不少量刑证据不够充分的情况。在量刑证据上存在合理怀疑的情况下，如在罪责划分、犯罪动机、双方过错责任的查证上存在难以查明的情形，以及客观性证据收集存在不能补正瑕疵的案件，判处刑罚尤其是死刑适用上应当留有余地。在最高人民法院不核准的12起案件中，有的因客观性证据不充分（案例19葛某故意杀人案），有的关键物证未收集到案（案例20汪某贩毒案、案例21林某贩毒案），有的作案工具未能全部查获，致命伤责任人不明（案例23刘某故意杀人案），有的应当收集在案的物证未收集或收集不全面而不核准（案例24贾某抢劫案、案例25张某故意杀人案、案例26马某强奸案），有的客观性证据间存在矛盾（案例27冯某故意杀人案），有的因客观性证据的关联性不明（案例28周某故意杀人案），有的物证提取不规范（案例29倪某故意杀人案、案例30先某故意杀人案），导致部分情节存疑、无法排除合理怀疑而不核准。发回重审后，均作了死缓等留有余地的改判。

三、理论指导下的实践：客观性证据审查模式在浙江的实践及其成效

2011年8月以来，浙江省检察机关认真开展错案剖析，提出客观性证据审查工作机制改革的设想，通过组织课题研究，理清了改革思路，并邀请专家论证、把握改革方向，在此基础上形成较为规范的《死刑案件客观性证据审查工作指引（试行）》（以下简称《工作指引》），对审查模式改革的含义、原则、工作方法等总体要求，以及客观性证据的分类审查、综合审查运用、审查结案等方面予以规范，确保改革实践有较为可靠的制度引领，进而实现改革的

目的和效果。客观性证据审查模式在死刑案件公诉实践中先行探索和推进，在总结经验的基础上，2013 年 4 月浙江省检察机关将客观性证据审查推广到所有刑事案件。

（一）客观性证据审查模式制度设计的重点

以客观性证据为核心的审查模式是指公诉部门在办理死刑案件过程中，将审查工作重心从以被告人口供等言词证据为中心转变到以客观性证据为核心上来，凭借客观性证据具有可靠的稳定性和关联性的最佳证据特征，确认案件基础事实脉络，并以此为基础对全案证据予以审查和检验，进而准确认定犯罪事实的审查工作方式。关于制度设计，我们强调了以下几个方面：

1. 关于客观性证据的范围。

审查模式改革所指的客观性证据，是指客观性较强，不易受人的主观认识影响，具有较为稳定的表现形式和判断标准的证据材料或事实，而不仅仅是指物证、书证。包括但不限于：（1）通过证据本身所呈现的形态、特征等物理特点与案件建立关联的物证；（2）通过法庭科学技术进行解释的技术类客观性证据，如 DNA 生物检验、指纹鉴定、痕迹鉴定、微量物质鉴定、毒物检验、尸体（人身）检验报告等鉴定意见；（3）通过信息记载的内容与案件建立关联的记录类证据，如书证、视听资料、电子数据等；（4）通过客观记载侦查活动过程并反映案件某一方面事实情节的记叙类证据，如勘验、检查、辨认、侦查实验等笔录；（5）根据生活常识和经验法则可以推定某一事实存在的基础事实。

对于《工作指引》界定的客观性证据范围，需要加以说明的是：

第一，将实物证据以外的鉴定意见等证据，列为客观性证据范围的考虑。研究改革方案的过程中，有意见提出：客观性证据仅指物证、书证等实物证据，应作狭义理解；而鉴定意见、勘查笔录、辨认笔录、侦查实验等不应列为客观性证据范围。对此，我们的主要考虑是：一是如果把客观性证据界定在通常学术所指的实物证据范围内，那么客观性证据的范围过于狭窄，当前侦查技术水平和司法实践现状，尚不具备获取大量实物证据的可能，狭义的客观性证据范围不符合我们对改革的制度设计要求。二是虽然鉴定意见等证据是通过专业技术人员以专家名义做出的检验判断，但专家根据科学规律、专业知识结合案件情况做出的检验、论证过程及其结论，具备再次接受检验的科学途径和方法，相比较言词证据而言，有更好的可靠性、科学性和可重复验证性。事实上任何证据本身不会说话，都是需要执法者去解释和论证，把通过专家解释的证据排除在客观性证据之外，那么案件证据解释工作无以开展，不符合现代诉讼理念。三是勘查记录等记录类证据，不能因为是侦查人员记录的，而预设有被侦查人员个人因素影响的可能，进而就否定这类证据的相对客观真实性。记录类证据，虽有因个人能力、水平因素而影响记录全面性、准确性的情况存在，但相对于言词证据而言，它具有更可靠的可验证性，可以通过现场照片、录像、实物证据等验证其真实性。四是所有证据本身都需要查证属实后，才可以作为定案的依据。实物证据本身也存在被人为虚假制造、错误解释的可能，我们不能因为有这种可能，就否认实物证据的最佳证据属性。因此，我们只要认真查证这些客观性相对较强的证据的客观性、真实性，就可以作为审查、认定、检验案件事实的主要根据，进而全面、准确地审查案件。根据以上理由，我们在改革方案中，尽管对客观性证据范围作了扩大解释，但有针对这些证据的审查规范作保障，并不会出现负面因素，更不会影响审查模式改革的可行性。

第二，将用以推定（推论）的基础事实列为客观性证据范围的考虑。严格意义上讲，用作推定的基础事实，本身不是证据，而是被一组证据已经证明的事实，根据这一基础事实，我们运用生活常识、经验法则、逻辑法则而推定的案件事实，具有较为可靠的稳定性。将这些已被证明的事实，作为验证本案其他证据真实性的参照，其方法是可行的。因此，我们在指引里做了强调，其目的是引导公诉人注意和挖掘这些事实用以检验其他证据的客观真实性。

2. 提炼了运用客观性证据审查模式的理念和原则。

我们在《工作指引》中强调了应当坚持的四个原则：客观性证据优先运用原则、客观性证据充分挖掘原则、客观性证据科学解释原则、客观性证据全面验证原则。这是审查模式的核心灵魂，也是实践中必须坚持的工作理念。

3. 对常见的客观性证据的审查活动进行了分类指引。

根据法律规定和实践的经验总结，我们对物证、书证、鉴定意见、视听资料、电子数据、勘验、检查、辨认、侦查实验笔录等各类证据的审查，进行了具体的规范指引，重点列明了实践中需要注意的问题，明确客观性证据的审查路径、方法和要求，确保相关证据的审查质量和效果。

4. 突出相关审查活动的细化和规范。

针对实践中容易疏忽和出现问题的重点审查活动，《工作指引》进一步提出了具体要求，对相关审查活动进行了细化和规范。(1) 强调重要证据复核的亲历性。现场勘验、检查笔录存在疑问的，要求公诉人亲临现场并重点核查，及时发现侦查记载不全面、准确，隐匿证据的不当行为。(2) 强调物证审查科学性和关联性并重。除了审查鉴定意见的科学性外，还要求公诉人通过比对现场照相、录像、记录等方法，重点查明：物证的来源，物证存在现场的方位，与周围环境物品关系，物证原始特征等状态，重点解决与案件的关联性。(3) 突出挖掘通信信息等电子数据的运用指引。通信信息等电子数据的运用是当前的重要侦破手段，已在定案中发挥越来越重要的作用，但侦查对通信信息的采集、运用不够全面，重视对象关联度比较多，而对定案其他方面的信息采集关注比较少，因此，我们要求通过加强涉案人员的通信情况调查，如通信工具使用情况，通信内容、通信工具所处方位等信息，来强化对案件发生经过、情节的证明作用。(4) 强调侦查内卷的调阅审查。审查中对侦查确定犯罪嫌疑人的根据、破案经过、技术侦查措施等有疑问的，以及发现侦查机关未随案移送证据、侦查活动反映不全面的，规定公诉人必须调阅侦查内卷，从侦查内卷中发现可供审查的其他材料，以审查侦查活动的规范性、全面性。

5. 对审查结案的原则和要求进行了规范。

一是规范案件审查报告制作要求。审查报告要突出用客观性证据证明或验证案件相关事实认定。对事实证据分析论证的体例可以通过先客观性证据后其他证据的方法进行论证；也可以根据案件发生过程顺序进行分别论证，但每个环节论证必须突出客观性证据的分析论证。二是对于客观性证据缺乏案件的风险评估。审查报告中应当分析客观性证据缺乏的原因及对定案的影响，评估风险；三是规定了客观性证据缺失案件的处理原则。强调死刑案件在关键事实上缺乏客观性证据，不能排除合理怀疑的，不能定案。

（二）实践中客观性证据审查模式的总体工作路径

要确保改革目标实现，还必须有科学的工作路径，实践中，在坚持客观性证据审查判断规则的基础上，主要通过“五个强化”来进一步挖掘和运用客观性证据：

1. 强化以客观性证据为核心的总体审查工作要求。

客观性证据审查要求突出强化客观性证据的挖掘和运用，夯实证据体系，包括两个方面：一是在工作要求上，要通过审查分析，建立客观性证据与犯罪事实的关联，从而强化对犯罪事实的证明。具体地说，就是审查案件时以客观性证据为先导，充分挖掘客观性证据所蕴含的案件事实信息，通过对犯罪现场及其关联现场、相关处所获取的客观性证据的属性、形态、内容等特征及其转移情况的识别、检验、鉴定，判读犯罪行为过程的轨迹，建立犯罪事实与犯罪嫌疑人的关联，从而确认犯罪行为系犯罪嫌疑人所为。二是在工作方法上，对客观性证据全面性的审查应当从犯罪构成要件事实体系的证明要求出发，以挖掘并运用客观性证据证明案件事实的审查工作理念为指导，立足但不限于侦查人员收集的现有证据，回溯收集证据的整个过程，借助现场勘验、检查笔录、搜查笔录和照片、辨认笔录等客观记录，审查客观性证据的来源，并对照审查犯罪嫌疑人、被告人供述细节，从现场重建和言词证据两个途径来确定证据收集工作的全面性，进一步发现和挖掘潜在的可以进一步收集和获取客观性证据的范围和方向，在此基础上组织证明体系，或提出补充侦查、进一步挖掘和收集客观性证据的建议，以补强完善证据体系，为准确认定犯罪事实构建证据支撑。

2. 强化依托犯罪现场重建的方法挖掘和运用客观性证据。

犯罪现场重建就是通过现场形态以及物证、书证、痕迹、轨迹等的位置和状态，通过科学检验、鉴定分析，结合其他证据来确定犯罪现场是否发生特定的事件和行为的过程。一是通过犯罪现场重建检验案件事实认定的准确性。依托客观性证据通过科学的方法和过程进行犯罪现场重建以此获得更接近客观真实的案件事实，从而得出一个较为可靠的论证结论，作为审查认定的基础事实。二是通过犯罪现场重建发现案件证据的薄弱环节并加以补强。通过犯罪现场重建合理推演案件发生过程要素，从中发现应当留下的证据而未收集到案的情况，并寻求补强相关证据措施。

3. 强化从言词证据中挖掘客观性证据。

虽然言词证据由于受人主观意识影响而存在可信程度低的可能，可靠性较客观性证据弱，但作为案件行为人及见证人，他们对案件事实信息的感知是最直接和全面的，因此，在客观性证据不充分的案件中，应当充分重视言词证据中所蕴含的信息，从这些信息中去分析和寻找可能蕴含的客观性证据或客观性证据信息点，并以此来发现和挖掘新的客观性证据。一方面，被告人供述和证人证言等言词证据是法定证据，在有罪供述和指证的情况下，要积极从言词证据中挖掘并收集新的客观性证据，来印证其供述的真实性。如根据被告人活动路线寻找和提取视频监控录像，根据通信联络线索提取通信记录等；另一方面，也可以是对已经收集在案的证据做更准确解读，一个证据有不同层面的视点和证明力，可以在审查中挖掘，如案例3李某案中，被害人头部损伤在一审是作为印证被告人供述的定罪证据的，而在二审环节，我们认为被告人供述正面扭打的打击位置、角度，不能形成后脑部的损伤，就是一个无罪证据。一审对该证据的关联性的解读是损伤位置“头部”与供述打击部位“头部”的相互印证；二审时建立的关联性是以打击方式、部位、角度来综合检验双方行为和损伤结果形成的合理性上考察，最终形成“被告人供述正面打击不能形成后脑部的损伤”的判断，从而否定供述的真实性。因此，不仅要挖掘新证据，还要挖掘原有证据解读的不同视角，予以综合检验。

4. 强化以客观性证据检验言词证据的真实性。

以客观性证据为核心进行审查，源于客观性证据是诉讼基石的价值判断，但并不否认言词证据应有的证明作用及其在诉讼中的证据地位，只是认为在案件审查中应当凸显客观性证据对于案件事实证明的重要作用，以防止言词证据的不真实、不稳定而造成定罪体系不够严密，力戒错案隐患。刑事案件办理中运用客观性证据检验的具体方法包括：一是依托客观性证据准确建立犯罪行为与犯罪嫌疑人、被告人的关联。在无目击证人、无有罪供述或有罪供述反复、口供获取存在程序瑕疵等证据情况下，必须凭借客观性证据建立与犯罪嫌疑人的关联，并以此为基点挖掘和收集相关证据指证犯罪、锁定犯罪嫌疑人。二是运用客观性证据来检验言词证据的真实性。客观性证据是验证言词证据真实性或者可靠性的重要依据，言词证据得到客观性证据的印证，不仅可以巩固言词证据自身的证明力，而且可以进一步拓展言词证据所包含的被客观性证据证实之外的证明内容和信息，扩大证言的证明范围。三是通过强化客观性证据的局部证明，拓展全案证明体系。实务中，多数案件客观性证据并不充分，而只能证明案件的局部事实或细节，但可以通过运用言词证据来链接客观性证据组成的各个片断事实，构筑完整的间接证据体系，以实现对案件事实的完整证明。

5. 强化全面挖掘并科学解释客观性证据。

客观性证据的审查和运用，特别强调四个要求：

一是审查证据来源的合法性。必须审查客观性证据的提取过程、方法，排除非法证据，补正瑕疵证据。

二是充分挖掘和拓展客观性证据。要在审查过程中注意发现和挖掘可能存在的客观性证据，通过引导侦查和补充侦查活动，积极获取新的客观性证据，夯实客观性证据证明体系。

三是全面揭示每个客观性证据所蕴涵的信息。客观性证据形式上属于“哑巴证据”，是“沉默的证人”，既要通过技术鉴定作同一认定，也要注重运用经验法则做综合分析，挖掘客观性证据多角度的不同证明作用，在认识客观性证据本体意义上对案件事实的证明作用的同时，还要研读其潜在的证明案件事实其他方面的作用。如在现场较为隐秘部位的保险箱上提取到被告人血指纹（检出被害人 DNA），不仅仅证明了被告人到过现场，而且可以证明被告人是在被害人被侵害后接触的保险箱，此外，通过指纹遗留部位还可以证明被告人有获取财物的目的和行为。只有准确、全面地揭示血指纹的证明价值和信息，本案的行为才能得到准确认定。

四是必须科学解释和运用客观性证据，防止解释过度和解释不足。实践证明，“物证是确凿的证据。物证不会存在错误，物证不会作伪证，物证不会完全缺失，只有物证的解释可能存在错误”①，我们强调对物证的科学技术检验和解释过程进行公诉审查的同时，还要借助专业技术力量对检验和解释过程进行验证，防止客观性证据的解释错误，另外，更是要结合经验法则、逻辑法则对客观性证据的证明方向和内容进行分析判断，避免解释不足或解释过度，以致错误认定案件事实。例如在案例 2 唐某一案中，在死者外阴部检出犯罪嫌疑人的 DNA 信息，若仅此一项，只能证明两者曾经有过性接触，而不能证明被告人是接触被害人的最后人员，更不能扩大解释得出被告人杀害被害人的结论，要认定唐是凶手，必须结合其他证据来证明。又如，现场发现犯罪嫌疑人的随身物品，也只能说

---

① 参见刘静坤译，郝宏奎审定，［美］W. 杰瑞 · 奇泽姆、布伦特 · E. 特维著：《犯罪现场重建》，2010 年版，第 27 页。

明其到过现场，不能据此证实犯罪嫌疑人实施了犯罪，要认定犯罪嫌疑人实施犯罪，还必须借助其他方面的证据来认定。而如果我们对前述保险箱上血指纹，仅仅解读为被告人到过现场，那就不能完全揭示血指纹蕴含的大量信息，属于解释不足。

（三）客观性证据审查取得的成效

死刑案件客观性证据审查试行后，受到理论界的高度关注，实务界的积极肯定，最高人民检察院曹建明检察长、朱孝清副检察长批示给予高度肯定，并在2012年10月在浙江召开专门会议全国推广，认为客观性证据审查模式作为一种工作方法和工作理念，既体现了刑事诉讼制度的发展方向，顺应证据制度发展的潮流，又是实现精细化办案的有效途径，对提高公诉人的执法能力，强化诉讼监督的效果，维护当事人的合法权益，确保死刑案件质量都起到了积极的作用。近年来我省的探索实践，其成效表现如下：

1. 以客观性证据为核心的理念确立，挖掘和补强客观性证据的自觉性增强。

理念是行动的先导。改革试行以来，全省公诉人员对改革的认同感普遍形成，在办理死刑案件中，积极改变过于倚重被告人口供的审查思路，坚持以客观性证据为先导，注重客观性证据在定案中的关键作用，逐步养成以客观性证据证实案件关键事实、检验言词证据客观真实性的理念，承办人在审查中自觉补强客观性证据、补充完善证据体系的意识增强。例如，在试行阶段办结的326件案件中，公诉阶段共补充、补强的客观性证据100件，其中物证7件，书证43件，勘验、检查笔录4件，视听资料21件，电子数据7件，鉴定意见18件。

2. 公诉人审查和运用客观性证据的能力得到显著提升。

客观性证据审查要求公诉人认真细致地去发现、去挖掘客观性证据及其蕴涵的案件信息，能够促使承办人运用各种科学方法去解读、识别客观性证据，要求公诉人加强从言词证据中去发现、挖掘潜在的客观性证据，丰富证明体系。客观性证据审查模式更注重间接证据在定案证据体系中的运用，要求承办人在审查案件时必须全面细致地梳理分析在案证据，尤其是在无法完全依靠客观性证据定案的情况下，需要对证据体系进行更细致、全面的分析，在不断的实践中促进公诉人综合审查运用能力的提升。例如，2011 年宁波市人民检察院办理的韩某贩卖毒品一案，在审查中突出客观证据的挖掘和补正，较为成功地指导侦查人员进行针对客观性证据的补充侦查。通过补充手机通信清单查明其通信人员范围，确认其身份，通过机票确认其具备作案时间，通过款项往来、住宿登记等印证其贩毒行为，从而将证据不足不予逮捕、不移送起诉的韩某成功追诉，并判处死缓。衢州市人民检察院也按照客观性证据审查模式成功追诉了被告人刘某重大贩毒案件。该案由于侦查人员过于倚重但却不能突破口供，导致案件证据收集不足而未移送起诉。衢州市人民检察院在办理其他案件中发现线索，指导侦查人员对刘某涉嫌贩卖毒品一案深入查证，通过挖掘通信记录、短信等方式，强化书证等客观性证据的证明作用，在被告人否认的情况下，将一起重大贩毒案件交付审判，被告人被判处无期徒刑。

3. 审查模式改革推动了侦查理念和方式的转型。

有观点认为，在当前重人证、重口供的侦查模式没有转型之前，客观性证据审查模式缺乏现实意义。对此，我们的体会是，审查模式的改革可以积极引导和推动侦查理念和模式的转变，检警关系可以实现良性互动。各地在试行过程中，以介入侦查引导取证、个案退回补充侦查为点，以类案侦查规范、理念推动为面，点面结合，通过工作要求和理念的融合，推动了侦查机关从根本上、源头上重视客观性证据在证明体系中的核心价值作用，促进侦查理念和模式的转变。省公安厅专门邀请课题组负责人为全省百余名刑侦队长讲课，讲解审查模式改革的要求，并结合典型案件剖析传递我们改革举措的意义和方向，进一步统一了侦查人员的思想认识，客观上已经对侦查理念和办案模式产生了积极影响。各地还注重加强与侦查机关相互协作的制度建设，提升侦查机关收集客观性证据的主动性。例如绍兴市人民检察院联合法院、公安机关出台了《关于进一步加强客观性证据收集和审查工作的若干意见》，对客观性证据的收集、运用进行了明确的规范指导。杭州市人民检察院积极开展类案证据收集和固定规范研究，提出规范侦查和审查客观性证据的工作标准，推动改革的深化。

4. 改革的价值被正反两方面的典型案例所肯定。

从浙江省近年来纠正的张辉、张高平等10件错案的教训来看，毫无例外都存在客观性证据缺失或解释错误而导致错案的因素，如果按照客观性证据审查模式的理念和方法审查办理，此类错案完全可以得到有效避免和防止。而从客观性证据审查模式运用的实践效果来看，既有将争议案件运用客观性证据审查模式而成功审判的，也有在起诉环节发现侦查指控错误的，这些典型案件也证明了客观性证据审查模式的实践价值。具体如下：

一是运用客观性证据审查模式将被告人不如实供述案件成功指控。近年来，在重视客观性证据挖掘和运用的理念指导下，全省公诉人员积极审查和挖掘客观性证据，将一些争议较大的案件，通过成功补强客观性证据而顺利交付审判并得到法庭裁判采纳。例如案例18张某以推撞其妻落水的手段故意杀人案、案例15宁波韩某贩卖毒品案、案例16衢州刘某贩卖毒品案等大要案，这些案件都是依靠审查和挖掘客观性证据并组成证据锁链定案的成功经验。尤其是我们办理案例13杨某故意杀害父母双亲一案，该案处理中的认识分歧，更体现了客观性证据审查模式的作用和意义，最高人民法院认为现有证据不足以合理排除被告人杨见青提出的“其父先杀其母”、“无预谋动机杀人”辩解，不予核准。再审中，我们通过对本案的客观性证据进行深入分析、对比论证和阐述，指出被告人的辩解与被害人遗留在现场的尿液相矛盾，其辩解与案发前后被告人的活动轨迹相矛盾，以被告人在案发前后的客观性行为来充分证实杀人预备行为，从而有效驳斥被告人杨见青的辩解。重审后，一、二审法院均采纳了我院意见，再次判处杨见青死刑立即执行，后被最高人民法院核准死刑，产生了很好的法律效果和社会效果。

二是运用客观性证据审查模式，成功发现和纠正指控错误的17起案件。实践中，我们在运用客观性证据审查模式强化指控的同时，还运用以客观性证据为核心审查模式纠正4起一审错误判决的案件和13件侦查指控错误的案件。例如，李某某故意杀人案，除了被告人曾经做过有罪供述（后翻供）外，现场缺乏与被告人建立关联的证据，更无其他客观性证据相印证，且有罪供述“两人迎面相遇，而用棍棒击打被害人头部”与尸检反映被害人李某某后脑部损伤（损伤部位说明的打击点应为后脑部，与供述迎面相遇而加害的情形矛盾）的客观性证据相矛盾，结合案件存在的“过道横梁的打击痕”形成、作案动机等其他诸多不合情理问题，二审环节我们提出了撤销一审死刑判决意见，后侦查机关撤销了案件。

结语：展望——在探索中不断丰富完善审查模式

审查模式改革是我们在深入剖析近年来暴露的冤错案件的沉痛教训的基础上，探索防止冤错案件发生的制度保障措施。针对错案过于倚重口供等言词证据，对客观性证据的收集和证明价值的重视不足而导致冤错案件的根本原因，我们提出了从言词证据引导的审查模式转变到以客观性证据为核心的审查模式上来的工作新思路，从根本上加强确保死刑案件质量、防止错案发生的机制建设。从探索实践的价值来看，正如樊崇义教授等全国著名专家在专家论证会上所言：死刑案件审查模式改革方向正确，意义重大；方案设计合理，符合马克思主义的认识论和刑事诉讼认识规律；审查模式改革契合刑事诉讼法修改所确立的证据制度及证据法的发展方向；体现司法实践的现实需要和对检察工作机制的改革创新精神。但是，我们从办案实践出发、服务于办案的实用主义出发的基本定位，加之于理论水平和视野所限，对课题所涉及的诸多问题研究的高度和深度都不够，其中对一些可能影响改革实践效果的重大问题还缺乏细化的研究和探索，如对客观性证据的定义和范围还缺乏科学论证和划分，尚停留在客观性证据宏观层面予以粗略规制，对不同种类客观性证据的审查运用规则和效力尚未区分，理论体系和实践规则尚显粗疏等，都有待进一步探索和深化，对于存在的问题，我们将在实践探索的基础上，不断加强理论和实务研究，不断丰富和完善审查模式的制度设计和深化，也欢迎理论学者和实务部门专家的批评斧正！

死刑案件收集固定证据应当注意的若干问题①

——基于某地死刑案件的实证分析

范仲瑾*

侦查是刑事案件的第一个重要环节。侦查活动的进展，不仅影响着刑事案件的进程与方向，而且，通过证据，直接影响着案件的质量。恰如有学者所言，“侦查中所犯的错误，往往具有不可弥补性。许多实证研究指出，错误裁判最大的肇因乃错误侦查，再好的法官、再完美的审判制度，往往也挽救不了侦查方向偏差所造成的恶果。”② 其中，就死刑案件而言，证据的收集与固定无疑是提高死刑案件办案质量的前提和基础。因此，本文将主要讨论一个问题：在死刑案件的侦查取证活动中，存在哪些值得特别关注的问题和不足。

本文立足于河南省某地的具体案件及其侦查实践，但是，我相信，我们所发现的这些问题和现象，在其他地区也会不同程度地存在。

通过梳理2010年以来我院办理的近300起重特大案件，我们发现，近年来，在重特大案件中，公安机关的证据意识已经明显加强，在证据收集、固定保全方面也已经变得更加规范。但是，在个

① 本文系教育部人文社会科学重点研究基地项目“死刑案件的证据适用”（项目号：13JJD820018）的阶段性成果之一。

* 许昌市人民检察院副检察长，全国检察业务专家。

② 林钰雄：《刑事诉讼法（下册）》，中国人民大学出版社2005年版，第4页。

案中，在证据收集方面，依然暴露出一些带有共性的问题，值得特别注意。

一、要及时把侦查证据转化为诉讼证据

公安机关的侦查人员作为最先介入和了解案情的人员，他们通过走访群众、勘查现场、动用特别侦查手段，往往会获取大量有关案件的信息。这些信息量很大，也很杂乱。侦查人员根据这些信息，往往能够发现犯罪嫌疑人，并最终破获案件。但是，多数侦查人员更关心是否抓到了犯罪嫌疑人、犯罪嫌疑人是否已经供述，而不注意证据的转化，尤其是忽视了把自己知道的某些事实转化为诉讼证据，致使检察人员、审判人员在审查判断案件证据时，经常对证据存在疑问，甚至认为案件事实不清。在 2010 年以来我们办理的近 300 起案件中，大概有 50 余起案件存在此种情况，占整个案件数的 20%。

案例 1：付某某、付某杰抢劫案

2000 年 8 月份的一天晚上，付某某、付某杰二人持刀抢劫杀害一名出租车司机后潜逃，因缺少线索案件一直未破。2012 年 12 月，公安机关将潜逃外地多年的付某某抓获，根据付某某供述，抓获付某杰，二人对犯罪事实供认不讳，案件告破。

该案有充分证据证明付某某、付某杰二人抢劫致人死亡的事实，证据有二人相互印证的供述，在案发现场提取的滴落状血迹等物证，现场血迹系付某某所留的 DNA 鉴定等。但审查证据过程中，检察人员通过审查发现：为何 2000 年后该案一直悬而未破，而在 12 年后公安机关突然直接抓获了真正的犯罪，卷宗中没有相关证据，侦破案件的客观性证据得不到印证。

检察机关将此问题作为补充侦查的主要问题提出。侦查人员解释了他们侦查中获取的大量信息：现场附近群众听到二人逃跑时其中一人喊另一人名字“杰”，二人跑向现场南边的村庄；根据证人提供的线索，后来侦查机关开展侦查工作，在现场南边几个村子寻

找名字中有“杰”字的人，并在案发后离家出走的人，逐步锁定付某杰、付某某二人。为了不打草惊蛇，2012 年下半年，侦查人员在与付某某、付某杰家属正常接触中，悄悄提取了二人父亲吸烟的烟蒂并带回公安机关进行鉴定；通过 DNA 鉴定确定现场遗留滴落状血迹与付某某父亲具有遗传关系，遂确定付某某有重大嫌疑，将其抓获。后公安机关将上述情况通过证人证言、鉴定意见、提取笔录等证据形式予以完善，使案件顺利诉讼。

二、要将特有的“地方性知识”转化为诉讼证据

任何地方都有一些特定的“地方性知识”。这些知识对于当地人而言，是不言而喻的，不需要进一步的解释，但是，对于其他地方的人来说，却必须特别说明才行。例如，当地特有的风俗习惯、天气气候、地理风貌等。关于这些“地方性知识”的证据转化，往往会影响到其他办案机关，尤其是距离案发地较远的上级司法机关对案件事实的认识和理解。在司法实践中，因为公安机关侦查中忽视了这方面的证据转化或调取，而上级司法机关对这些当地的风俗等“地方性知识”并不了解，致使上级办案人员在事实认定上出现偏差，影响案件的顺利处理。

案例 2：李某某故意杀人案

1994 年 11 月 5 日中午，李某某与同村村民赵某某及其父亲参加本村一村民婚宴。期间因琐事李某某与赵某某父子发生争执，赵某某遂打砸了李某某的卤肉店，李某某见状，持刀将赵某某当场砍死。该案庭审中，辩护方提出被害人赵某某在争吵结束后打砸被告人李某某的店铺，有严重过错，应对被告人李某某从轻量刑至无期徒刑以下。被害人的诉讼代理人提出，引发本案的根本原因是李某某在酒桌上敬酒不成的情况下，对赵某某父子同时称呼“哥”，这种故意“乱辈分”的行为在当地农村风俗中被称为“日大户”，是一种严重的侮辱人的行为，李某某有重大过错在先。同时诉讼代理人还提供了当地十余名村民对此事的意见，均认为李某某故意挑衅

在先。法院经审理认定，本案李某某过错在先，依法判决李某某死缓，判决结果得到了群众的认同。

很显然，在本案中，如果没有对当地农村风俗的了解，有人可能会认为，叫一声“哥”有啥。但是，在当地农村风俗中，在红白喜事敬酒中，故意“乱辈儿”的称谓是一种对他人人格的极大侮辱，是一种丢面子的事儿。因此，如果不将这一点讲清楚，对被告人的极端行为就很难有一个合理的认识。

三、一些重要的现场证据必须及时加以固定保全

重要的现场证据既是证明犯罪事实的“重拳”，同时，又具有瞬间即逝的特点。例如，特定物证的痕迹、物理位置等。在我们办理的张某某等三人制造毒品案中，这一点表现得尤其明显。

案例3：张某某等制造毒品案

2010年5月份，公安机关接到群众举报，有人在襄城县一居民家中制造毒品“麻古”（俗称“摇头丸”，含甲基苯丙胺），公安人员及时赶赴现场，将张某等三人抓获。当时三人正在制造毒品，手上、衣服上都沾有毒品粉末，公安人员认为人赃俱获、铁证如山，遂将三人予以拘留。在戴手铐时，侦查人员觉得嫌疑人手上都是毒品，太脏，就勒令他们先去洗洗手再戴手铐。因为是现行犯，侦查人员在现场既没有拍照固定证据，也没有扣押提取各犯罪嫌疑人带有毒品的衣服，更没有对现场进行勘验，提取制毒成品及原材料，而是将制造的毒品原材料及成品混合在一起带走作为违禁品上交。

在随后的侦查讯问活动中，有着丰富的反侦查经验的三名犯罪嫌疑人均否认自己参与制造毒品，而声称自己是来串门的，在旁边观看，以为对方在制造假药（制毒设备为制药用的机器），对犯罪事实均不承认。对于扣押的毒品，因制成品和制毒原材料扣押时混在了一起，无法准确测量出制造毒品成品的数量及甲基苯丙胺的含量，而制造毒品犯罪要靠制造毒品数量及主要毒品含量来量刑。最

终，一起人赃俱获的制毒大案，因没有及时收集固定证据，直接导致案件定罪量刑困难，最终该案被降低审级在基层法院处理。

这是一起非常典型的案件。侦查人员在人赃俱获的情况下抓捕了三名现行犯，却因为麻痹大意、缺乏证据意识，致使该案几近流产。究其原因，还在于缺乏证据意识、法律意识。主动让制毒人员"洗手"，让制毒这一事实变得难以确定；将制毒原料与毒品成品混合在一起，致使该罪的定罪量刑难以顺利进行。因此，我们特别强调，对于一些重要的、容易灭失蜕变的现场证据，必须及时加以固定保全。

物证是一种非常特殊的证据，如果能够及时收集保全，其证明力往往具有较强的稳定性。因此，在一些案件中，我们特别强调，应利用进一步收集物证的方法，打破案件僵局。

案例4王某某故意杀人案是一起通过物证成功起诉的案件，而案例5强奸案致死案，则是一起通过否定实物证据而作出有利于被告人处理的案件。

案例4：王某某故意杀人案

2009年3月24日凌晨，河南省禹州市某村村民汪某某在家中被人打死。公安机关接到报案后迅速开展侦破工作。现场勘验发现，汪某某睡在自家大门门楼时被人打击头部而死亡，死者脑浆迸裂，被害人头部周围2、3米处有喷溅状血迹。经进一步深入排查，侦查人员发现王某某有重大作案嫌疑。

侦查人员依法传讯了王某某，王某某承认自己与被害人有矛盾，但案发当晚自己在家睡觉，自己平时穿一件绿色布衫，衣服没有洗过。

为获取王某某口供，突破案件，禹州市公安局采取多项措施：对王某某采取刑事拘留措施，在看守所内安排秘密力量开展工作；聘请专家对王某某进行测谎；从沈阳刑警学院聘请讯问方面专家对王某某进行讯问。经过近一个月的工作，测谎报告显示王某某对于"你是否打死了汪某某"这一问题没有通过测谎；秘密力量反映，王某某在看守所私下承认是他打死了被害人；但是，对于专家和侦查人员的多次讯问，王某某仍然否认自己作案。案件提请检察机关批准逮捕后，因关键证据王某某衣服上经 DNA 鉴定没有被害人 DNA，与现场周围大量喷溅状血迹相矛盾，检察机关没有批准逮捕，案件侦查无法进一步突破。

后公安机关多次与检察机关会商该案，检察机关经过充分研究论证，提出对此案侦查不能过多依赖证人证言、犯罪嫌疑人供述，应立足于物证取得突破。侦查机关对王某某的住处进行细致搜查，最终在王某某房屋内找到一件带有可疑斑迹的夹克，提取有可疑斑迹的手电筒。经过鉴定发现，在其夹克上发现被害人喷溅状血迹，在手电筒上发现被害人血迹，该案顺利告破。

案例 5：强奸致死案

2002 年 8 月，河南省许昌县一妇女李某在其家玉米田地内被人强奸而死亡，因现场没有有价值线索，案件一直悬而未破。2012 年 10 月，许昌县公安局整理未破案命案证据，将一批过去多年未侦破命案的物证检材统一进行 DNA 鉴定。11 月初，送检的一份阴道擦拭物检材中检验出的 DNA 分型，与 2012 年 7 月许昌市经济技术开发区公安分局破获的韩某某强奸一案中犯罪嫌疑人韩某某的 DNA 分型一致。经查，该份 DNA 鉴定检材来自 2002 年 8 月许昌县发生的一起强奸致人死亡案件中。许昌县公安局侦查人员对韩某某进行讯问，韩某某供述了自己强奸致人死亡的犯罪事实。公安机关认为该案事实清楚，遂向检察机关移送审查起诉。

检察人员审查该案证据发现：DNA 鉴定报告上显示检材来自 2002 年 8 月一起强奸案中名叫李某的被害人阴道擦拭物，而从卷宗中查找检材来源发现：该案的尸检报告是在 2008 年制作的，而非 2002 年案发后检验，尸体检验报告及 2002 年原始检验记录中均没有显示提取物证情况，公安机关侦查人员也无法说明该份物证的来源，导致物证来源不清，证据资格出现严重问题。除此以外该案证明韩某某强奸犯罪的证据只有其供述，致使犯罪事实无法认定。

五、要善于发现证据线索并转化为证据

每一起刑事案件都发生在特定的时空内，在该特定时空内（时间、地点、环境等）蕴含有大量证据线索，若及时分析发现这些线索，并注重调查落实，就能及时收集固定证据，否则就可能造成案件事实不清，例如，案例6王某某故意伤害案。

案例6：王某某故意伤害案

2004年3月的一天，凌晨2时许，王某某喊其叔叔、婶婶，称其母亲郭某某在十字街口摔倒在地，昏迷不醒。其叔叔、婶婶等人将郭某某送到医院后，郭某某因头部遭受钝性外力作用颅脑损伤抢救无效而死亡，公安机关介入侦查。

经公安机关侦查，其叔叔、婶婶反映：王某某平时酒后经常打骂其母亲，当天到现场时就发现郭某某不省人事，二人问王某某是否殴打其母亲时，王某某保持沉默。侦查人员讯问王某某，王某某称自己当晚喝酒喝多了，什么事情也记不清了。案件经两次退回公安机关补充侦查，公安机关无法找到更多证据证实王某某的犯罪行为。检察人员通过仔细审查卷宗勘验笔录发现，案发地点在该村十字街，现场一农户正在建楼房，现场附近均居住有村民。检察人员分析：按照农村习惯，建楼房时必定有人看场子；在农村夜深人静时若有打斗吵闹等异常响动，十字街附近居民必然会有人听到或看到。考虑到村民一般不愿意作证的现实问题，检察人员悄悄深入该村了解情况：从一村民处得知案发后王某某家人曾在村中阻止证人作证，并获知案发时在案发现场建房看场子村民的情况。通过做建房子村民的工作，其证实当晚听到王某某殴打其母亲，并证实当晚案发时还有一村民郭某在现场劝架。经多方工作，郭某证实当晚自己在现场劝架，并亲眼目睹王某某将其母亲打倒在地。通过获取该案直接关键性证据，该案顺利诉讼，被告人受到了应有的惩处。

该起案件，若仅停留在一般层次，不针对案情深入侦查，由于案件自身特殊情况，很难获得突破性关键证据。然而，通过对案发

现场、时间、环境的分析，我们很快就发现了证据线索，根据这些线索进一步查证，就获得了直接的证据。在一些疑难案件中，必须善于发现证据线索，并及时查证，才能保证案件的质量。

六、要注重及时收集量刑证据

定罪证据收集不到位，就容易出现冤假错案。量刑证据取证不到位，就会影响死刑适用的准确性，影响到司法效果。在司法实践中普遍存在重视收集定罪证据，忽视量刑证据的倾向，导致审判机关在一些案件在是否适用死刑上难以决断，案例7石某某故意杀人案就是一个典型案例。

案例7：石某某故意杀人案

2010年10月12日晚，陈某某在邻村村民石某某家喝酒后失踪，公安机关经侦查，确定系石某某作案，2010年10月17日石某某供述了作案的详细过程，侦查人员在石某某的带领下找到了陈某某被掩埋的尸体，找到了杀害被害人的刀子，案件告破。

石某某供述杀死被害人的原因是怀疑被害人与其妻子李某有不正当两性关系。石某某妻子李某于2010年10月份接受询问时先是否认与被害人有不正当两性关系，后在2011年1月又主动反映自己曾经在2010年7、8月份多次在被害人家中、附近宾馆等处与被害人发生不正当性关系，并有证人看到。该案中李某与被害人陈某某是否有不正当两性关系？为何李某证言前后不一？能否通过其他客观证据查明该量刑情节？遗憾的是，公安机关对案发原因没有及时查明便向检察机关移送审查起诉。在审查起诉过程中，被害人妻子陈某认为石某某杀害陈某某的原因是石某某曾经借陈某某2万元钱，为了赖账而酒后杀人，石某某与其妻子李某有串供嫌疑。检察机关要求公安机关补充侦查案发原因方面证据，因案发时间过长，石某某妻子李某证言中关于在宾馆发生性关系的证言因时间问题，宾馆住宿登记记录、宾馆监控录像因时间过长而没有保存，李某证言涉及的证人因时间长记不清是否看到陈某某与石某某妻子在宾馆开房，李某与陈某某的手机通话记录因时间过长无法提取。该案最终无法用确切证据证实案发原因，法院只好按照有利于被告人的原则作有利于被告人的判决。

该起案件是一起典型的因侦查人员对量刑证据取证不及时，导致证据灭失，并影响量刑的案件。石某某是因赖账而杀人，还是因被害人过错而杀人，关系到是否适用死刑的问题。公安机关在侦查初期发现证据存在矛盾之处而没有及时调查，导致随着时间流逝，一些证据流失，一些言词证据发生变化，致使影响量刑的证据无法准确取舍，影响了司法的效果。

民意与死刑的拮抗与调和①

——以药家鑫案、夏俊峰案、李昌奎案为分析样本

吴宏耀*　周媛媛**

目前，死刑判例的实证研究尚处于起步阶段。由于相关资料难以全面收集，很难对死刑案件进行深入探讨。对于一个死刑案件到底经历了怎样的流程，究竟哪些因素会影响死刑的适用这类问题，常常没有准确的数据，更谈不上理论与实务的研究。但是死刑判例研究又对我国死刑制度的研究至关重要，死刑判例不但涉及实体法与程序法等诸多法律上的问题，还涉及更多的国情民意等社会问题，因此如果能对死刑判例有深入的研究和把握，探索出某些内在的问题与规律，将有利于我们进一步分析死刑制度的现状与未来的走向，并且在对立法与司法进行相应的改革时会更加审慎。

因此，我们试图以典型的死刑案件为研究对象，以民意与死刑案件的关系为视角，采用实证研究的方法，重点对2011年的三个具有典型性的死刑案例进行分析。由于目前民意表达最主要的途径与平台就是互联网，因此以民意为研究视角的本文也以互联网作为主要的资料来源，几乎追踪关注了目标案例的所有相关报道，同时也注意尽可能收集一些法律文书来作为探讨法律问题时的基础性资料。前文提到死刑判例的资料很难收集，正是由于本文所选目标案

---

① 该文系中国政法大学青年教师学术创新团队“诉讼法学研究创新团队”课题的阶段性成果之一。

* 中国政法大学诉讼法学研究院教授。

** 北京市丰台区人民检察院检察官。

例的极高社会关注度才使得很多相关资料的收集成为可能。为了兼顾网络上主流媒体和普通网民的声音，我们主要以法制网、凤凰网、腾讯网和新浪博客的资料和数据为主要论据，同时以其他来源的资料为补充。

本文首先将介绍选取这三个典型案例的原因，介绍这三个案例的典型性与代表性。正是这些特点使得后文对民意与死刑判例的讨论具有更广泛的适用意义，同时也更能说明本文所引用的数据具有普遍的说服力。

然后本文会从法律层面和社会层面分别对三个案例进行分析，通过对不同层面、不同因素的分析，试图寻找出究竟是哪些因素使该案受到社会的广泛关注并最终影响了案件的判决结果。

接下来笔者试图探讨民意究竟是怎样产生的，又是基于什么基础和背景产生的这两个问题。对民意的产生，将追溯每一个案件中网络与媒体的介入过程，并考察随着案件进展来自网络的各种声音扮演了怎样的角色。而对于民意的基础和背景，仍从法律与社会两个层面进行考察，但不局限于个案，而是采取一个较为宏观的视角来看近年来法律与社会层面的各种影响民众情绪与态度的问题。

最后通过上述的分析，笔者希望明确以下问题：首先，民意在2011年的三个案件中集中爆发是必然的，还是综合了各种时机与偶然的巧合呢？其次，不可否认当前进行的司法改革中存在巨大的缺陷，对被害人及普通民众的忽略是导致民众对法院的不满情绪的原因之一，但民意更多地反映了社会问题，法院能否解决这些社会问题呢？最后，究竟宣泄的民意应当由谁来承担，究竟在民意与法律和民意与死刑判例之间，应当树立起一座怎样的桥梁呢？

一、判例的选择

2011年，药家鑫案、夏俊峰案与李昌奎案这三个死刑案件[①]进入公众视野，受到了全民关注并引发了法律工作人员、学者、媒体与民众关于死刑问题的大讨论。这三个案件时间上的集中程度之高，受到社会的关注度之大为历年所罕见。我们从以下几组数据即可看出这三个案件的社会关注度。在主流媒体法制网上，以“药家鑫”、“夏俊峰”、“李昌奎”为新闻标题检索词，分别会得到721项、70项和355项结果；而在以各界民众为主体的新浪微博上，“药家鑫”和“李昌奎”一度成为热门话题，以“药家鑫”为检索关键词会得到1999370条相关微博，[②] 而以“李昌奎”为检索关键词亦有197917条结果。[③] 在Google上，“药家鑫”这一检索关键词更是会得出24500000条结果，并且在Google网于2011年12月16日发布的“全球2011年热门搜索榜单——中国上升最快人物搜索榜”上“药家鑫”成为位列第七名的热门搜索；[④] 凤凰网针对药家鑫案与李昌奎案都制作了内容丰富的专题报道，腾讯网也对这三个案件分别制作了专题，对李昌奎案还制作了“云南‘赛家鑫’改死缓的疑问”和“李昌奎案再审是更大的恶?”两个专题，前后相隔仅半个月，足见媒体对该案流程的紧跟与关注。在各种网络媒体的关注与报道中，当事人的声音、网友的讨论、学者的

---

① 药家鑫案于2011年6月7日经最高人民法院核准并执行死刑；李昌奎于2011年9月29日经核准执行死刑；夏俊峰于2013年9月25日经核准执行死刑。

② http：//weibo. com/zt/s？ k = 5274&hasori = 1 #topic 于 2011 - 12 - 16 21:48访问。

③ http：//s. weibo. com/weibo/% 25E6% 259D% 258E% 25E6% 2598% 258C%25E5%25A5%258E 于 2011 - 12 - 16 22:52 访问。

④ http：//news. zynews. com/2011 - 12/16/content_ 1684801. htm 于2011 - 12 - 16 22:15 访问。

意见交织，有时甚至火药味十足。网络媒体之外的传统媒体上，几乎各地的新闻和评论节目都有对这三个案件的大量报道，央视也在药家鑫案和李昌奎案尚未有最后结果时就制作了专题的新闻节目以示关注……无论是在传统的纸媒、电视媒体还是新兴的网络媒体上，这三个案件都具有极高的社会关注度。

除了极高的社会关注度，这三个案件还非常有典型性与代表性，具体体现在以下几点：

三个案件的被告人均被定性为故意杀人罪并被判处死刑（尽管尚在死刑复核程序中的夏俊峰案定性尚有疑问，但在其一审和二审的判决书中均以故意杀人罪论处）。尽管我国死刑罪名中还有其他类型的犯罪，如一些危害国家安全公共安全类犯罪、某些财产犯罪和经济犯罪，但是一直以来适用死刑较多的都是传统的暴力犯罪，而其中故意杀人罪则是最为常见的可以被判处死刑的罪名。因此这三个判例均是以这一最典型的罪名被判处死刑，因为属于自然犯，民众对此的争论也最为热烈。

三个案件发生的地区并不局限于某地，而是几乎纵跨我国。夏俊峰案发生在东北地区的辽宁省沈阳市；药家鑫案发生于中部地区的陕西省西安市；而李昌奎案则发生于西南地区的云南省巧家县。这三个地区中既没有经济非常发达的超级大城市或东部沿海，也不算极为落后的边区，而是均处于一个各方面发展都适中的位置，因此当我们以这三个案件为基础进行讨论时，每一个问题都具有代表性，无论是法院的法律适用还是当事人的态度和民众的意向，都是具有普遍性的问题。

三个案件当事人情况也具有代表性，代表了许多社会因素。李昌奎案中被告人与被害人就是同村的邻里，都是较为贫穷的农村村民；而药家鑫案中被告人与被害人则一个是城里的驾驶私家车的大学生，另一个则是进城务工的农村妇女；夏俊峰案中，被告人是城市街头的小摊贩，被害人则是城管执法人员。这三个案件中的主体彼此之间的关系，几乎体现了现今中国社会中的所有矛盾，农村中的邻里矛盾，城市化过程中城市居民与进城务工人员的矛盾、贫富矛盾、官民矛盾等。

三个案件中亦有许多法律因素引人关注。尽管都是以故意杀人罪被判处死刑，但是在各自的实体法和程序法上，都显示出了不同的问题，从而引起了人们对现行法律制度的争论与思考。比如三个案件都涉及对被害人的赔偿问题；药家鑫案与李昌奎案在事实认定上基本不存在疑问，为求免死被告方都提出自首情节；李昌奎案将我国现行的审判监督程序引入争论中心，而夏俊峰案中一审二审中存在严重的程序问题，目前众人又关注死刑复核程序的不公开问题。因此对这三个案件的关注，对我国相关的司法制度改革也大有裨益。

最后亦是本文重心之一，即借此三个案件来重点探讨民意与死刑判例的关系，我们从这三个判例中可看出，民意并非呈现一边倒的趋势。尽管都是故意杀人，但是民众并非一味支持“杀人偿命”。在不同的案件中民众有不同的态度，而且当某些因素发生改变时民意也会随之动摇。接下来，本文就将以这三个典型案例为基础进行重点考察，究竟是哪些因素在影响着民意，民意究竟与这些死刑判例有着怎样的关系。

二、三起案件的法律分析

（一）均属于故意杀人罪案件

刑法学上，故意非法剥夺他人生命的行为，即故意杀人罪。三个案件中被告人的行为方式我们从判决书认定的事实中可见一斑：药家鑫案中，药家鑫在驾车途中撞倒被害人张妙后，下车查看，因担心张妙看到其车牌号后找麻烦，即拿出其背包中的一把尖刀，向张妙胸、腹、背等处连捅数刀，致张妙主动脉、上腔静脉破裂大出血当场死亡；夏俊峰案中，在城管执法队的办公室中，夏俊峰用随身携带的小刀刺扎被害人申凯胸背部两刀，刺扎被害人张旭东胸、腹、背部5刀，两人均因被刺破了心脏而导致失血性休克死亡，还有一人被刺成重伤；李昌奎案中，李昌奎对被害人王家飞实施强奸之后，用一把条锄打击王家飞头部致王当场倒地，后又提起王家红（王家飞弟弟，3 岁）的手脚将其头猛撞该房间门，之后用绳子分别将王家飞、王家红勒死。可见，三个被告的手段均可称得上恶劣残忍。其杀人行为和造成的死亡后果基本上不存在争议，对药家鑫和李昌奎认定为故意杀人罪是基本没有异议的。

而夏俊峰案之所以对定性有异议，是因为在主观上认定一个小摊贩在城管队员的办公室有杀人的故意有些牵强。且据被告人自己的供述，其在办公室是遭到了殴打，出于自卫才掏出随身携带的小刀乱捅一气，一旦能逃脱就立刻逃了出来，完全没有杀人的想法。对此主张，二审的辩护人主张其构成正当防卫，死刑复核的辩护人亦认为可能构成防卫过当。

（二）量刑情节

首先，自首情节在三个案件中都有所体现。夏俊峰案由于事实认定上仍有较大争议，尽管也提出其为自首归案，但是尚不是主要争议。而事实认定基本无争议的药家鑫案与李昌奎案，则均将自首作为请求免死的重要情节。药家鑫案中，药家鑫在肇事后第三天，在其父母陪同下到公安机关投案，如实供述了杀人事实，无疑构成自首。但是由于自首仅是酌定量刑情节，最终法院并没有因为自首而减轻刑罚；李昌奎案中，李昌奎也是在杀人后第四天到四川省某县的派出所投案的，尽管有人说因为其走投无路，但是这并不妨碍自首的认定。李昌奎的自首情节成为二审改判的重要原因之一。

其次，赔偿问题也在三个案件中凸显出来。由于“积极赔偿损失取得被害人谅解”是可以从宽处理的情节之一，而为贯彻宽严相济的刑事政策，各种从宽情节应当被依法予以考虑，[①] 所以在

---

① 见《最高人民法院关于进一步加强刑事审判工作的决定》第 27 条；以及《最高人民法院、最高人民检察院、公安部、司法部关于进一步严格依法办案确保办理死刑案件质量的意见》第 7 条。

这样的案件中，能否积极赔偿并获得被害人的谅解可能就成了被告获得从宽判决的唯一希望。三个案件中，被告人或其家属都表示了愿意对被害人家属进行赔偿，以期获得谅解，但是可惜的是，三个案件的被告人都不具备拿出高额赔偿金的经济条件，而被害方无论是否接受赔偿，也均未表示谅解，这也是三个案件最终均被判处死刑的原因之一。

3. 程序问题

严格从法律角度讲，药家鑫案和李昌奎案的程序中有不当之处，但是并无严重违反程序之处。例如，药家鑫案二审期间法院向旁听群众发放问卷，如李昌奎案云南高级人民法院自行在终审判决作出后不久即启动再审，均有不当，但是并非法律所严禁的违法行为。而夏俊峰案中，一审二审的问题也较多地集中在诸如没有证人出庭，证据收集不全面等问题，但这些问题并非该案独有，在司法实践中这些问题是普遍存在的。

综上对三个案例的法律层面的分析，可以看出，三个案例本身在法律意义上并不具有特殊性，甚至都是较为常见的案例。司法实践中的案情比这三个案例更复杂、离奇，手段比这三个案例更残忍、恶劣的案子不胜枚举，那么为什么法律意义并不突出的案例却会引起举世关注呢？我们再来关注这三个案例的社会因素。

三、三起死刑案件的法社会学分析

（一）贫富差距因素

在药家鑫案的前期网络宣传中，“富二代”“军二代”等字眼极为引人注目。即使客观比较当事人双方而不理会无根据的传言，双方的经济条件也是悬殊的。西安音乐学院的学生药家鑫肇事时驾驶的是红色的雪弗莱轿车，而被撞伤并被其用刀捅死的则是在学校附近打工卖麻辣烫的农村妇女张妙。药家鑫的家庭尽管并非传言中所谓的有背景的权贵，但是该事件之前其家经济条件也算不错。据药父介绍，他和妻子每月固定收入有六千元左右，[①] 而被害人张妙的家庭是普通的农民家庭，事发前一个月才刚跟着表哥到大学门口卖麻辣烫，每月七百元。即使没有任何外界的添补，原本这样事实的差距已经会让普通民众心里有些不适。再加上无处可考的谣言，网民的怒火就被点燃了。

首先是那句据传是药家鑫在后来解释为何要残忍杀害张妙时所说的“农村人难缠”，一下子使得城市化过程中城里人与农村的进城务工人员的矛盾凸显。尽管药家鑫的父亲始终不相信儿子会说出这样的话，但是这句话无疑是诸多导火索之一。

而被害人丈夫的民事代理人张显在网络上散布的各种无根据的谣言则进一步煽动起民愤。在法院一审判决尚未作出的阶段，作为代理人的张显，不断在网上发布微博，其中不断出现“法律是穷人的生命线”“死刑并不是针对穷人制定的”等突出强调贫富差异，并在一条微博中明确写道“马加爵穿着囚服说：这是一生最好的衣服，马加爵穷，家里没钱，执行死刑了。药家鑫有车有妞还有美容，一定要将这个军二代拉上绞刑架，不然小马同学太冤了！”[②]，并在同一天的微博中将药家鑫与“李刚门”事件对比，表示药家具有权贵背景。比起其他内容的大多只有两位数转发量的微博，所列举的这几条表明药家鑫家有钱有权的微博则都在差不多十分钟内被转发一百多条。由此可见这些内容对网民的影响。而一旦被传播出去，所谓的“富二代”“军二代”的标签，就永久地贴在了药家鑫身上。

事实上，并非没有反面的声音在澄清事实，告诉网民药家并非

---

① 参见《药家鑫父亲：不希望药家鑫案成为一种舆论维权模式》。http://news.ifeng.com/society/special/yaojiaxin/content-2/detail_2011_08/27/8721259_1.shtml 于2011-12-19 14:24访问。

② 参见张显的新浪微博 http://weibo.com/u/1050645044?page=35&pre_page=36&end_id=3392071773802473

权贵，只是城市中的普通家庭，但是，民众的“仇富”怒火已经被燃起，其他的客观陈述事实的话语在煽动性的语言面前实显苍白无力。因此该案中原本即存在的当事人之间的贫富差距被谣言无限放大到激发众怒的程度，当其他客观的声音被淹没后，无论是民意还是法律，就都难以期待一个理性的结果了。

（二）官民地位的悬殊

关于夏俊峰案，从一开始，民意就呈一边倒的态势。尽管一审二审判决中都没有认定小贩夏俊峰被城管殴打的事实，而直接以故意杀人罪判处死刑，但是从案件二审时被网络关注，到死刑复核阶段的持续关注，所有的民众都相信城管暴力执法小贩奋起反抗防卫时致人死亡的“事实”。民众这种坚信从何而来？在公开的信息材料中，有表明城管没有殴打夏的城管执法队成员的证言，也有表示在办公室遭到了殴打的夏俊峰自己的证言，但对于夏俊峰遭殴打的“事实”，民众不是根据证据认定，而是根据自己的生活经验与常识来推断，从而作出认定的。

城管执法的过程绝大多数民众都亲身经历过，小商小贩也就生活在每个人的身边。几乎所有在城市中的市民都见过这样的场景，城管执法的车追赶着四散逃跑的小贩，或者发生肢体冲突，经营器具散落一地或是被全部没收……因此有生活经验和常识的民众都知道当发生冲突时哪一方处于强势。尽管有媒体报道了夏案中被害的两名执法队员也是普通家庭，也因这一悲剧而陷入困境，但是在这一案件中，两名被害人却已经成为整个城管队伍的符号；尽管有人说城管队员也是弱势群体，远不是什么权力阶层，但是当与身陷囹圄等待最后的判决的小摊贩一对比，在民众眼中，被告人就成为只身对抗城管暴力执法的悲情英雄，成了弱势的城市边缘人群与高高在上的公权力对抗的典型。

（三）对法院的严重不信任

如果说药家鑫案是由于贫富差异激起“民愤”，夏俊峰案是因为官民地位引发“民情”，那么李昌奎案这一件发生在农村邻里间的纠纷最终导致故意杀人的案件，为什么会引发如此大的关注呢？

李昌奎案在媒体上公开并引起广泛关注正好是药家鑫案刚结束之时，网友对李昌奎案的案情显示出极大的愤慨，并将其称为“赛家鑫”，认为如此残忍的行为二审改判死缓令人难以接受。而当二审法院云南省高级人民法院正面回应舆论时，其言辞却引发了更大的争议。云南省高级人民法院以刑事政策为理由来解释判决，但是网民并不接受，而是不断猜测李昌奎与法院的各种关系。① 关系说毫无实据，就在云南省高级人民法院决定再审后，从前的赛锐案被发布到互联网上，于是法院陷入了“通过李昌奎案为赛锐案做铺垫做注脚”的阴谋说之中。② 事实上，一方面赛锐案已经于2009年11月审结，另一方面，近年来我国各地对某些较为严重的故意杀人案件一审判死缓或二审改判死缓的并不在少数，如2005年“北大学生安然八十余刀杀死同学”一案一审被判处死缓；再如2007年“原辽宁省人大代表侯建军驾车杀人”一案二审改判死缓等。③ 且不论这些案例是否有争议，但笔者仅为说明李昌奎案绝不是第一次这样处理，也不是所谓的“标杆”。之所以引发了网友如此强烈的怀疑，法院缺乏权威与公信力是主因。

民众仍旧是依据经验推断事实。生活中不管有无亲身体会，人们都有“打官司难”的概念，如何请律师、如何拉关系找法官几乎是所有人都明白的“潜规则”，因此当看到一个案件结果与自己的判断不符时，第一感觉就是“潜规则”作祟，即使没有任何“潜规则”的痕迹也会循迹附会。同样基于社会生活的经验，民众

---

① 参见《网络民意倒逼中国司法公正?! ——李昌奎案舆情观察》。http：//blog. sina. com. cn/s/blog_ 48dbe8570102dw30. html

② 参见《云南高院的阴谋终于大白于天下：李昌奎免死不是为赛锐免死作铺垫，而是作注脚》。http：//www. tianya. cn/publicforum/content/no110/1/171201. shtml

③ 这些案例被列举在“崔英杰故意杀人案”的辩护词中。转引自赵秉志主编：《死刑个案实证研究》，中国法制出版社2009年版，第317~319页。

不相信法院会依法保障平民的合法权益，就像前两个因素一样，当存在贫富、官民的差异时，民众在对富裕阶层和权力阶层表达愤慨的时候，也不相信法院会不受这些权贵阶层的影响。这种不信任又从另一方面促使人们更积极地发表自己可能并不成熟的想法，因为舆论的造势给了人们一种信心，认为自己的声音可以成为影响法院推动法院判决的力量。

综上对社会层面的因素分析我们可以看出，这些来自于每个人日常生活体验的因素正是影响民意的关键。也正是案件所具有的这些含义，吸引了各个阶层的关注，而且无疑在汹涌的呼声中，普通民众的声音占据了绝大多数。

四、民意在三起死刑案件中的作用与影响

前文已经分析了三个案件在法律和社会层面的不同因素，并得出社会因素其实是最主要的影响民意的因素。但是这些社会因素由来已久，而民意在今年的三个案件中集中爆发，究竟是必然还是偶然呢？具体到每一个案件中，民意是怎样一点点被点燃？而跳出案件来宏观地观察，这种民意又有哪些更深厚的背景？

（一）民意的产生

如果没有网络，这三个案件都将会是很普通的无人关注的案件。正是因为案情被公布在网上，之后各种信息才不断地揭露，争论甚嚣尘上。当我们追踪这些民意的源头与后来的起伏时，就会清楚地看到三个普通的刑事案件以及当事人的命运是怎样在民意的浪潮上颠簸跌宕。

（1）李昌奎案。

李昌奎案中凸显了网络上主流媒体和大型网站的力量。审视该案的流程，可以看出，案件从2009年5月16日发生，到2011年3月4日二审法院即云南省高级人民法院作出终审判决，该案都一直默默无闻。被害人家属得知二审被告被改判死缓后，在五六月份一直四处申诉，也包括在一些网站上发帖求助，有诸多网友表示同情

与愤慨，并将其称为“赛家鑫”，但是并没有引起较大的关注。而在7月3日一篇名为《云南一男子强奸杀害两人　终审因自首悔罪获免死》的报道首发于中国网，并在短时间内被转发于法制网、新华网、凤凰资讯、搜狐新闻、腾讯网、天涯社区等各大网络媒体，引发众人关注，该案一时间被推到了舆论的风口浪尖。值得关注的是7月5日腾讯网制作了对该案的专题报道，并发起了投票，这次投票的结果受到了广泛关注并被大量报道所引用。①

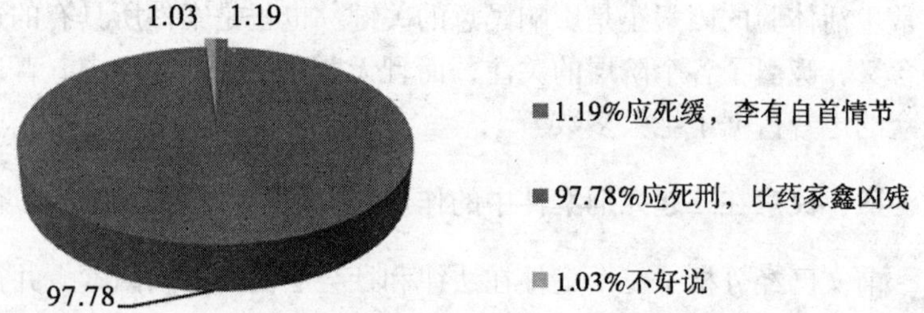

图1　腾讯网：怎么看李昌奎的死缓判决？

7月6日，云南省高级人民法院召开媒体通气会正面回应舆论质疑，表示二审判决是合法作出的，之后也几次对其判决作出解释，但是由于种种言论在网络的传播与网友的各种解读，喧嚣非但没有平息反而引起了更大争论，并且更集中地针对云南省高级人民法院，基于各种压力云南省高级人民法院迅速作出了《再审决定书》，通过审判监督程序来“纠正错误”。

对这样一个案件，民众反响如此之大，笔者认为原因之一可从那个“赛家鑫”的称号中窥得。6月7日药家鑫刚刚被执行死刑，当日央视就在午间新闻中播出，而在这期间药家鑫父亲和对方代理人的侵权官司还未开始，很多曾经在网上主张杀掉药家鑫这个“富二代”、“军二代”的网民可能正在认为自己的微薄之力促进了

① 腾讯网 今日话题《云南“赛家鑫”改死缓的疑问》。http://view.news.qq.com/zt2011/lichangkui/index.htm

正义的实现，正如对方代理人张显在微博中经常宣扬的那样，在这种“自己实现了正义”的激动中，又看到一个行为恶劣却被改判死缓的案件，药案中被广泛传播的“有背景”“有阴谋”等概念再次涌起，很多网民便又投身于李昌奎案的“维护正义的斗争”中，于是才有了“药家鑫死了李昌奎凭什么活着”[①]“李昌奎不死中国法律就死了”[②]这一类的呼声。试想如果不是在药家鑫案之后，李昌奎案是否会获得同样的关注与结果，似乎并没有确切的答案。但是可能性只存在于讨论中，事实上，从7月3日对李昌奎案的讨论升级开始，到8月22日再审在一天内当庭改判死刑，甚至到9月29日执行死刑，这短短的不到三个月的时间内，网络上是杀声一片，并最终将在半年前原以为已经逃过一死的李昌奎送上了刑场。

（2）夏俊峰案。

从案情本身来看，夏俊峰案的案情比李昌奎案要血腥得多。二死一伤的结果，被害人身中数刀，均是心脏破裂失血过多而死。可是对夏俊峰案，网络上却是一边倒的支持他同情他的声音。因为死者是城管，而他是小贩，所有人都相信，是城管殴打他才导致他防卫捅死城管的。前述的种种社会因素已经决定民众会对他抱以无限的宽容。夏俊峰案原本并没有太高的网络知名度，二审期间由滕彪律师担任辩护人之一，其辩护词被发布在网络上，其中还列举了许多城管与小商贩的冲突，使得这一案件逐渐为人所知。而北京2006年的崔英杰案，同样是小贩砍死城管的案件可能仍在大家心头，几年来城管与小商贩的矛盾并未消除，因此当这样的一个案件进入视野，人们也一如寻常地带着同情去关注。

夏案二审被维持原判后进入死刑复核程序，被告人家属也到北京来寻找律师帮助其进行死刑复核阶段的辩护，这期间网络关注度进一步提高。一方面其妻子申请了新浪微博，并经过名人宣传转发

---

① http：//news. sina. com. cn/c/2011－07－04/052622750734. shtml

② http：//www. tianya. cn/publicforum/content/law/1/315053. shtml

而几个小时内粉丝过万,[①] 另一方面她在微博上对帮助过她的好心人进行感谢，其中既有捐助几十元几百元的普通民众，也有高额捐助的名人，这些效应又进一步推动了大家对她的支持与帮助。[②] 另外也有名人在其博客中发起关于夏俊峰案的投票，不论设置是否科学，但至少表明了很多网民的态度：赞成对夏俊峰判处死刑立即执行的有 1%；判处死缓的有 9%；判处无期徒刑的有 5%；其他占 84%。[③]

另外在法律界，著名刑辩律师陈有西律师接受委托作为夏俊峰案的死刑复核阶段的辩护律师之一，并及时将其调查的工作和进度在网上予以公布，直到 2011 年 6 月 13 日负责最高人民法院死刑复核的合议庭表示复核期间不宜再将其他资料上网为止，其公开发布的各种申请文书以及调查笔录也吸引了诸多法律界人士和普通民众的关注。有人认为著名律师陈有西代理该案就说明法律界对这一案件极为重视，而更有普通民众根据律师公开的调查笔录等就认为夏俊峰可以免于一死，等等，各种看法仍然充斥网络，但仍然一直倾向于被告人这一方。

但是，必须看到这个案件获得一边倒民意支持的种种有利因素。首先当事人双方的地位悬殊有天然的令人同情之处；其次仅有地位悬殊不行，从案件二审期间就有比较有名的律师代理，并利用网络进行宣传；同时到死刑复核阶段还有各界人士在网络上相助，以及获得国内知名的刑辩律师的代理，这些都是汇聚在一起的有利因素，而且举国上下都在对城管制度进行反思的这一大背景也不容忽视。

---

① 《沈阳小贩夏俊峰的妻子张晶开围脖一个小时粉丝过万》。http：//www. tianya. cn/publicforum/content/funinfo/1/2632434. shtml

② 参见名为“沈阳张晶”的新浪微博。

③ 郑渊洁在其新浪博客中发起的投票：《对夏俊峰刑期的调查》。http://blog. sina. com. cn/s/blog_473abae601016v7n. html

(3) 药家鑫案。

李昌奎案中网络杀声一片，夏俊峰案中的民意却充满温情。而药家鑫案，这个2011年可称得上最受瞩目的案件，民意在其中扮演了最为复杂，也最让人纠结的角色。

与前两个案件不同的是，药家鑫案在一审阶段就引发了媒体的广泛关注。事实上案情本身就具有新闻吸引眼球的全部特征：大学生与农村妇女、交通肇事后杀人灭口，等等，在一审庭审结束后央视就播出了对该案的报道，其中专家的意见也在网上引起了极大争议。而张显担任被害人丈夫的民事代理人后，频繁地在其新浪微博上发布各种消息，如暗示药家鑫为“富二代”“军二代”，认为药家鑫家很有背景，存在幕后黑手。各种猜测一经放到网上即引起强烈反响，一时间所有人都认为药家鑫确实有背景，以至于在凤凰网所做的一个有453536人参与的调查中显示，有68.7%的网民认为“媒体是在为药家鑫开脱”。[①] 同时张显的“不要赔偿要抵命”的言论也有众多追随者，人们发起网络捐款，彻底断了当事人双方赔偿谅解的渠道。由于网友们坚信药家鑫家有关系有背景，始终担心二审改判，之后还担心死刑复核有变化。任何希望为药家鑫说情的言语都会招致一片骂声，包括有西安的五名教授联名上书呼吁免药家鑫死刑的事件也引发网络更多质疑。事实上当时有很多网民与张显一样，已经坚信自己的想法，而不再倾听别人的声音。在5月20日陕西省高级人民法院作出二审裁定维持原判的同一天，新浪微博上发起了有45840人参与的投票，以“药家鑫二审维持死刑判决，您如何看?”[②] 为题，结果如下：

---

① 参见《你如何看待药家鑫案》。http：//survey. news. ifeng. com/result. php? surveyId = 11353

② http：//weibo. com/1853949425/eACuzM3ahQ6. 于2011 - 12 - 16 22:52访问。

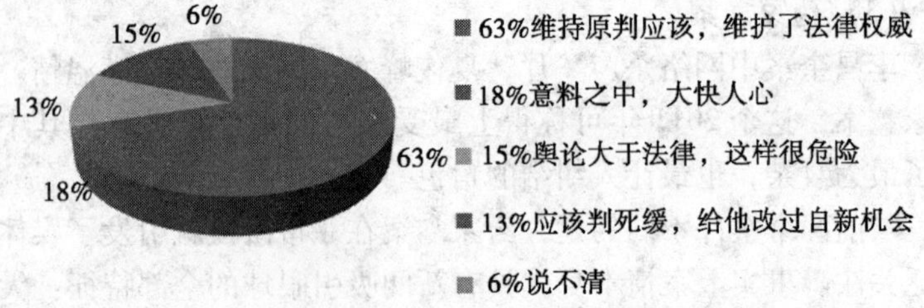

图2 新浪微博：药家鑫二审维持死刑判决，您如何看？

可见共有81%的网民赞同二审维持死刑判决，而在上文提到的，几乎同时由凤凰网发起的民意调查中，参与人数达到453536人，赞同对药家鑫判处死刑的比例则高达95.1%。[①] 在这种民意的浪潮下，5月20日法院作出二审裁定，6月7日西安市中级人民法院就宣告了最高人民法院核准死刑的裁定并对药家鑫实行了注射死刑。短短的十几天，药家鑫就被匆匆送上了刑场，至此，众多网民仍在庆祝"正义得到了实现"的时候，一直沉默的药家鑫父亲药庆卫终于开口，于8月4日起诉张显在微博、博客上捏造事实，恶意攻击和诽谤自己的名誉。这个时候一部分网民们开始动摇，因为之前大家坚信的事情被一件件证明是毫无根据的谣言和张显自己的推测。张显承认，他所发布的关于药家有背景等信息，有的是从微博后面评论里转帖来的，"没有时间核实"，一些出位的言论是为了监督法院，而这些内容却极大地干扰了药家鑫父母的正常生活。药庆卫的代理律师兰和也指出："他（张显）挑动的是穷人对富人的仇恨，老百姓对公权力机关的不信任。"[②]

随着药庆卫开始接受媒体的采访以及其侵权诉讼的进程，媒体

---

① 参见《你如何看待药家鑫案》。http：//survey. news. ifeng. com/result. php？ surveyId = 11353

② 参见《药家鑫案原告代理人张显称药家有背景等言论未经核实》。http：//news. ifeng. com/society/special/yaojiaxin/content – 2/detail _ 2011 _ 08/21/8564861_ 0. shtml？ _ from_ ralated

的态度也开始有所转变。有网友表达了对张显故意传播未经核实的信息的不满，也有媒体人公开发布道歉，为其根据未经核实的信息就力主判处药家鑫死刑等行为致歉。[①] 9月14日，药庆卫代理人兰和律师的博客上贴出一篇《史上关于药家鑫案最长的一篇报道：审判》的文章，[②] 从另一个角度，在药家鑫案已经终结之后，再重观整个事件，并关注了每一个当事人及亲属。对该文章同样有网友持怀疑态度，但更多的网民因该文章而冷静了下来。在随后的侵权案件进行中，尽管有当事人仍在网络上发表各种言论，但是很明显的是，关注的数量仍很多，但是发表各种冲动意见的网友已经大大减少，或许更多的人选择冷静地观望。

（二）背景及成因

1. 民间对近年来司法实践的不满情绪

近年来我国的司法实践一直在进行改革，尤其在刑事司法领域，因为问题严重所以改革也频繁，但是这些改革中，很多都忽视了民众的心理承受度。个案中当事人某一方的意见与普通民众的意见，实际上都在日积月累，直到有一天一个典型案件出来，就引爆积蓄已久的不满。

量刑程序之所以要进行改革，原因之一就是量刑的不公正已经极其严重，民众对于量刑结果的意见很大。经常有民众不解“为什么贪污的数目大的人不死，贪污数目小的人反而死了”之类。民众有这样的困惑，很大程度上是法律制度本身忽略民众造成的。民众对于案情的知晓目前几乎全部是通过媒体得知的。而媒体报道并不是全面准确的，媒体需要选择能给它带来关注度的事实，比如贪污的数字，比如杀人的残忍手法，等等，但是这些内容却只是法

① 参见《曾力主判处药家鑫死刑媒体人刊文向药家鑫父亲致歉》。http：//news. ifeng. com/society/special/yaojiaxin/content - 2/detail_ 2011_ 09/07/9002120_ 0. shtml? _ from_ ralated

② http：//blog. sina. com. cn/s/blog_ 6599c9500100wrcl. html

院在量刑时考虑的一部分内容。还有很多其他的量刑情节是民众所不知的。因此，就会出现民众根据某一个片面的事实来评价法院综合考量后得出的量刑。即使是量刑程序改革至今，对于被告人本人，对于参与诉讼的当事人可能因为量刑有了相对独立的调查、辩论阶段而比较清晰，但是却依然没有解决民众对量刑过程的知情问题。而我们的判决书又始终太过简略，对于案外人来说判决书没有丝毫的可读性，更不用说有什么说服力。因此人们对量刑的疑惑就会进一步诱发对法院的不信任，于是也才会有“药家鑫都死了，李昌奎为什么不死”这样的疑问。

刑事附带民事诉讼中的赔偿问题一直备受诟病。其赔偿额已经远远落后于时代，因此才逐渐促生了近年来的刑事和解等相应的尝试与改革。但是，且不说刑事和解难以解决的“拿钱买命”的正当性问题，就算承认刑事和解的正当性，这一制度在加害被害双方都非常贫穷的情形下，仍完全无法发挥作用。而三个案例中，各方几乎全都是普通家庭甚至是较为贫困的家庭，一方面被告方表示积极赔偿希望得到被害人家属的谅解，但是另一方面，其赔偿能力却显然难以达到。药家鑫案中被害妇女家庭同样困难，诉讼过程中，曾经有过赔偿和解的机会，家属也曾有过接受赔偿的意愿，但是后来被代理人一句“我们不要带血的钱”挡了回去，于是既断了被害人一方得到经济赔偿的途径，也断了药家鑫的生路。在李昌奎案再审过程中，法官曾经问李昌奎：“你愿意赔偿被害人吗?”李昌奎忙不迭地答道：“愿意、愿意。”法官继续问：“你拿什么赔?”李昌奎便沉默了。这种沉默仿佛是整个法律的沉默。然而此时，我们的制度本不应沉默。目前，我们的司法救助还远未形成制度，因此无法预测其发挥的作用，但是笔者认为，如果这些刑事案件的被害人能够得到一定的司法救助，同时允许被告人一方尽力赔偿，那么当双方对峙时，是否会略微平和宽容一些，少一些必须杀人偿命的戾气?

最后，我国的死刑政策是“少杀慎杀”，自从2007年死刑复核权收归最高人民法院后，无论最高人民法院还是地方上的法院都坚持这一政策，有一些较重大的命案最终也都被判处死缓（如前文提到的一些案件）。政策本身没有问题，判处死缓本身也无所谓对错，但是这些判决结果是否令当事人，尤其是被害人及家属满意呢？“少杀慎杀”的政策、废除死刑的趋势等理念有没有深入民间，争取民众的认可呢？许多命案被害人家属上访都是由于质疑量刑，要求抵命。或许法院在贯彻死刑政策时并不认为民间的声音会有什么大的影响，而这三个无一不受民意影响的案件确实为不考虑民意的政策执行态度敲了警钟。虽然我国的死刑数量仍不公开，但是从感觉上，死刑复核权收归最高人民法院后，实际判处死刑的人数应当是在减少的。这种减少是一种进步，但是如果忽视了当事人和普通民众的心理，就会埋下隐患。李昌奎案再审改判死刑之后凤凰网做的针对该案中的死刑政策的民意调查[①]可以显示出当今民众的态度。该份调查有139841人参与，结果如下：（截止到2011年12月20日22:35）

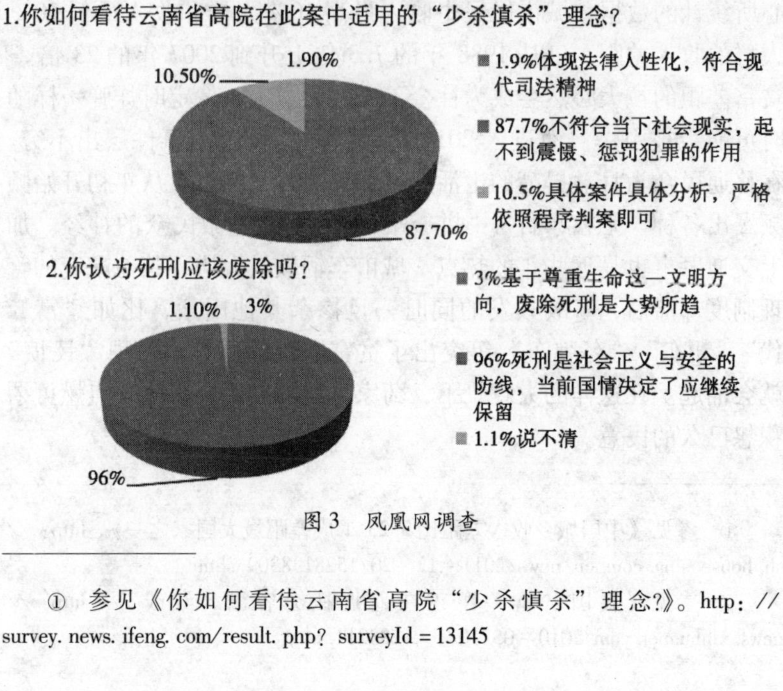

图3 凤凰网调查

① 参见《你如何看待云南省高院“少杀慎杀”理念?》。http://survey.news.ifeng.com/result.php?surveyId=13145

司法实践中的这些问题，有些正在改进，如通过量刑程序改革加强当事人的参与，通过加强判决说理提升说服力，等等。但有些问题，如何建立完善司法救助制度，如何调整死刑政策与民意的关系，等等，则是司法本身无法解决的。

2. 民间对各种社会矛盾不满情绪的集中宣泄

近十年来我国社会的贫富差距越来越大，根据中国社会科学院城市发展与环境研究所发布的《中国城市发展报告 No. 4——聚焦民生》显示，我国的城乡居民收入差距已经达到 3. 23∶1，在中西部省区这一比例甚至达到 4∶1 以上，而早在 2005 年，国际劳工组织的数据显示，绝大多数国家的城乡人均收入比都小于 1. 6，只有三个国家超过了 2，中国名列其中。而美、英等西方发达国家的城乡收入差距一般是在 1. 5 左右。[①] 城乡差距日益拉大，城市居民中的收入差距也同样悬殊，根据北京师范大学收入分配与贫困研究中心所统计的数据，城市居民中收入最高 10% 人群和收入最低 10% 人群的收入差距，已从 1988 年的 7. 3 倍上升到 2007 年的 23 倍。[②] 贫富差距的拉大必然会成为社会不安定因素，就像定时炸弹一样随时可能会被引爆。而进入 2011 年，各种“引爆”事件层出不穷。在普通民众为日益提高的生活成本郁闷之时，网络上从年初开始频频爆出各种“炫富事件”“拼爹事件”，不断刺激民众的神经。加上交通肇事也是近些年的热点。城市车辆数量大增，其他配套的管理制度却滞后，事故频发的同时一旦掺杂其他因素，比如“富二代”“飙车”“名牌车”等突出了贫富差距的标签，各种“民愤”就会涌起。在这样的大背景下，药家鑫案的发生，必然会点燃可谓积怨已久的民意。

---

① 参见《中国城乡收入差距比 3. 23∶1 成差距最大国家之一》。http：//sh. house. sina. com. cn/news/2011 - 12 - 20/1528138309. shtml

② 参见《我国贫富差距正在逼近社会容忍“红线”》。http：//news. xinhuanet. com/2010 - 05/10/c_ 1283211. htm

另外，民众对公权力机关的不信任在加剧。各种公共危机事件近年来也不断见诸媒体，各地都有暴力拆迁、暴力执法等的报道，而在事件发生后正常途径无法解决，往往是通过媒体报道后地方政府才出面的这种非正常解决途径又从反面促使人们选择在网络上发表诉求。政府办事效率低下，贪腐严重，这些都使得民众对政府的信任度日益下降。而由于这些公权力机关的玩忽职守，民众生活缺乏起码的安全保障，小到食品安全，大到医疗教育资源等，而年中动车事故的处理又进一步引发民众对政府的不满。在这种对公权力极度不信任不满意的情绪下，任何百姓对抗公权力的事件，民众一定会支持百姓一方，不管是否合法，民众会认为支持弱势一方是合情合理的。于是便有了夏俊峰案中民意一边倒的支持。同时，也有三个案件中民众对法院系统的极不信任。李昌奎案二审之后面对舆论压力，云南省高级人民法院一开始的回应并没有什么不当，如果可以有一个理性讨论的环境，可能还会有考察现有审判监督程序以及死刑政策等制度问题的积极意义，然而理性的声音淹没在网民不信任的呼声中，最终李昌奎被判了死刑，制度层面的大问题却没有得到任何改进。

有网友写道，为什么民意在药家鑫案和夏俊峰案中是截然不同的态度，原因都是普通百姓的恐惧。① 恐惧富裕阶层为富不仁，恐惧权力阶层滥用权力侵害百姓。当看到一个案例，民众会不自觉地将自己代入，代入到自认为弱势的那一方，然后感同身受。如果民众觉得自己出门被撞了之后还会被捅死，自己辛苦经营小摊还要屡遭殴打，民愤或是民情自然无比强烈。网络上当有人举出西方国家很多都废除死刑的例子时往往会遭致一片围攻，但是有网友的言论也不无道理，网友认为西方发达国家的社会保障完善，政府廉洁，百姓生活较为安逸，因此觉得社会待我不薄，那么一旦遭遇刑事案

① 参见《民意为何对药家鑫与夏俊峰持截然相反的意见》。http://www.dffy.com/fayanguancha/sd/201106/23611.html

件不判对方死刑，虽然认为是社会不公，但是也就不公这么一会儿，也就忍过去了。这种观点不论对错，都是最纯粹的民意所在所感。如上所述，我们的社会目前存在种种矛盾，当遇到刑事案件，没有知情没有参与，没有尊重没有赔偿，如果在这种情形下还不剥夺对方的生命，受害人一方不可能心平气和地接受这样的结果。

因此可以说，药家鑫、李昌奎被舆论的浪潮推往刑场，并非只因案情本身，民意中包含了更多对社会的不满与愤怒。

五、结论与思考

药家鑫、李昌奎已经被执行死刑，夏俊峰案经过最高人民法院二年多的复核，也在一片争议声中最终交付执行。经过时间的淘洗，网络与民众的热情已经远逝。此时，反观这三个案件当时的舆论纷争，在梳理了相关的各种报道之后，对本文开头提出的所希望解决的问题，笔者试图给出一些答案。

首先，这三个案件无疑都深受民意的影响。那么这样的结果是必然的还是偶然的？

前文已经分析，民意的产生有着深厚的社会背景，对于贫富差距、官民矛盾，民间可谓积怨已久。这种怨气迟早会借助某些契机爆发出来。这是必然性，而偶然性同样不容忽视。如果没有各种“炫富事件”“拼爹事件”“富二代飙车撞人事件”，药家鑫案可能不会如此引人注目；如果没有药家鑫那仿佛在舆论“监督”下被判处死刑的结果，李昌奎案可能也不会招致如此多的质疑与声讨；同样，夏俊峰案如果不是发生在现在这个对暴力执法如此痛恨敏感的时代，或许他的命运早已确定……再细致地追溯，如果没有某些人的猜测，如果没有某些人的言论，可能民意不致如此高涨……这些都是偶然，都是种种时机与巧合汇聚在一起。因此三个案件的进程，是必然与偶然的结合。那么讨论这个必然偶然的意义在哪里呢？意义就在于，在当前我国既没有判例法传统也没有遵循先例的技术，尤为重要的是，法院不具有独立审判的实质的情形下，如果以这三个案例的结果为“先例”，或者用备受争议的“标杆”一词，这种做法是非常危险的。李昌奎案后据悉掀起翻案风，诸多二审终审被改判死缓的案件又都纷纷申诉请求再审。当事人有这样的心情和愿望是可以理解的，但是司法却不应轻易反复。这三个案件无论是实体结果还是程序中都掺杂了过多的社会因素与国情民意，而且因为偶然和巧合汇集起来的内容太多，这样的案件可以用来分析，可以用来做警钟，却不可以用来做先例。

其次，法院真的解决了问题吗？

药家鑫被执行死刑，网民认为“正义得到了实现”，最终发现，死的不是一个飞扬跋扈无恶不作的“富二代”“军二代”，只是一个普通市民家的普通的年轻人。即使坚信“杀人偿命”的人们满意了这个结果，那么网民言论中所表达出的对特权阶级的痛恨，对城乡居民经济社会地位不平等的不满，这些激发民愤的深层次的问题，绝不是法院一个死刑判决所能解决的。上文的全部的分析就是为了说明，民意反映的更多是社会问题而不是法律问题。社会矛盾激发了民愤，激起了民情，让人们关注法院的判决，让人们希望法院能够解决问题，实现正义。这种希望无论从理论上还是实际上，都是空谈。法院永远无法凭借一纸判决就立竿见影地解决民意所反映的社会问题。

理论上，法官不是民众选出的，法院也不需对民意负责。而且法院作为中立方来审理案件，基本上是消极的被动的。这里的消极不是区分大陆法系与英美法系那种查明事实的消极，而是法院对于纠纷解决的消极。只有问题和纠纷找到法院，法院才能在纠纷范围内处理。法院不能自己主动寻找问题，解决问题，不能积极主动去寻找社会不公，只能坐等起诉。正是这种基本的理论使得李昌奎案中云南省高级人民法院自己启动审判监督的做法受到部分人士的质疑。而实际上，尽管在我国法院也是政府的组成部分，尽管法官没有独立性，法院也缺乏独立性，但是只要法院要履行审判的职能，就必须坚持坐等纠纷上门的态度。况且从另一个角度说，民众的情绪也是矛盾的，既希望法院能伸张正义，又不相信法院会秉公办事；既反对各种势力干扰法院办案，又希望自己的网络言论能起到名为“监督”实为“左右”法院判决的效果。

之所以讨论这一个问题，目的就在于让民众知道，不能希望法院通过判决来解决根深蒂固的社会问题。法院审判受到权贵的影响固然不公，但是受到民意的影响也是同样的不公。希望解决社会上的种种问题的诉求是正当的，也是必要的，可是如果这种诉求以一种非理性的方式提出，并诉诸一个错误的方向，则可能造成更大的社会问题。

那么最后一个问题就是，如果这些诉求法院不能解决，哪里可以解决呢？如果民意不可以直接通往法律，那么民意与法律之间究竟应当架起一座怎样的桥梁呢？

我们一直在讨论案例，讨论民意，讨论法律，讨论媒体……如果视野开阔到观察所有事件，我们会发现一个巨大的缺失——政府没有出现在任何情节中，但是如果说没有发挥任何作用，也是不可能的，每一个案件的处理背后都有当地政法委的影响，只是这种影响却无法拿出来讨论与评判。

我们说法院的判决不能无视民意，民意不能过多影响法院；我们说法院应当独立，民意必须被听取……这些平衡只有民意与法院是无法做到的。事实上本来就应当有一个主体在二者之间，一方面充分听取民意，一方面保护法院的独立，这样既能保证民众的声音受到重视，也能保证法院公正审理案件。而且我们也一遍一遍地强调，民意反映的更多是社会问题，原本也不应是说给法院听的。这个倾听民意、解决民生、保护法院独立的机构，本应是我们的政府。

民意为什么想让药家鑫死，让李昌奎死，作案手法残忍确是民愤大的原因之一，但除此之外，人们还气愤贫富差距，气愤权贵阶层，气愤权贵阶层可以操控法院，气愤法院不公；民意又为什么想让夏俊峰活，因为人们气愤那些暴力拆迁、暴力执法，人们气愤经济的增长却让人民的生活越发艰难，人们同情这些被城市的发展断了谋生之路的小民。这些气愤与同情可能并没有真凭实据，也可能与本案关联不大，但是社会生活的种种不公之处让人们坚信这些问题的存在。这些社会问题，正是我们的人民政府所应当全力去解决的，尽管并非一日之役，但是认真倾听，仔细对待，必然是解决的正道。

有人认为，单纯的民意不会影响法院的审判，因此这些所谓“民意审判”中必然存在政府机构迫于民意的压力，影响了法院。从现实来看这种推测也不无道理。但是，即使是政府机构站在了法院与民意中间，也应当如前所述，是倾听民意解决问题，同时保护法院不受过多影响，做一座能疏能挡的桥梁，而不是将从民意那里承受的压力直接转嫁给法院。如果像这些案件中体现出的，政府将法院推到与民意相对的风口浪尖，自身却默不作声、更不回应或解决民意所反映的问题，那么事件本身就存在政府的失职，今后这种失职也将会埋下法治与社会发展的重大隐患。

新　法　解　读

刑事庭前准备程序的解读与适用

张 华*

刑事诉讼法第182条第2款规定，在开庭以前，审判人员可以召集公诉人、当事人和辩护人、诉讼代理人，对回避、出庭证人名单、非法证据排除等与审判相关的问题，了解情况，听取意见。

此次刑事诉讼法的修正对庭前准备程序进行了完善，是建立在恢复案卷移送制度基础上的，应当说，有当事人参与的诉讼程序才是正当与完整的。笔者理解适用此款规定有两种方法可考虑：一种方法是庭前由法官召集当事人以外的公诉人、辩护人、诉讼代理人就与案件有关的证据了解情况，听取意见，但法官不应单独接待其中的一方，此可称为“庭前会议制度”，该做法在司法中已有实践，可进一步总结；另一方法就是直接开庭，作为庭审的预备阶段，有称“证据展示”，也有称“庭审准备程序”，立法肯定了此说。① 笔者主张庭审准备程序一说，并结合多年司法实践作一粗浅解读。

一、修正案完善庭前准备程序的意义

刑事诉讼法第182条第2款仅作了原则的规定，但其内容丰

---

* 上海市第二中级人民法院审判员、三级高级法官。

① 全国人大常委会副委员长王兆国2012年3月8日在第十一届全国人民代表大会第五次会议上所作关于《中华人民共和国刑事诉讼法修正案（草案）》说明中谈到：“根据审判工作实际，对第一审普通程序中的案卷移送制度、开庭前准备程序、与量刑有关的程序、中止审理的程序等作了补充完善。”

富，具体细则需要最高人民法院、最高人民检察院、公安部、国家安全部、司法部等职能部门细化。如果以立法为基础，各职能部门协同丰富庭审准备程序的实质内容，必将使刑事庭审程序有一个质的进步。具体如下：

1. 促使控辩双方积极、有效对抗。

1996 年刑事诉讼法的修改，是中国刑事诉讼法发展的一个里程碑，其将原来对证据的实质性审查改变为程序性审查，意在防止法官的先入为主和先定后审，从而使法官主要通过庭审对证据的审查判断来确认案件事实，强调庭审的作用和价值。然而，在司法实践中，由于控方仅移送主要证据复印件，且对主要证据的外延认识不一，往往“有选择性”地移送，同时，事实上辩护方庭前提供证据的权利，因种种原因常受到抑制，而控方的有罪证据又会使法官产生预断，不利于公正裁断。刑事诉讼法修正案在恢复案卷移送制度的同时，明确控方承担有罪的举证责任，且任何人不得强迫他人证实自己有罪，通过完善庭前准备程序、重要证人强制出庭等规定，强调控辩双方在庭前的准备工作，有助于强化公诉机关的举证意识和被告方的辩护意识。只有控辩双方积极举证、质证，才能在以后的庭审中有效开展对抗，进而推动庭审的实质化。

2. 辩方有效提供证据成为可能，确保法官兼听则明居中裁判。

刑事诉讼法修正案恢复案卷移送制度，同时建立相应配套措施，但此并非简单的重复，而意在使辩方在庭前全面阅卷，掌握有罪或无罪、罪重或罪轻的相关证据，及时发现控方证据材料和证据体系存在的问题，并且积极收集有利于辩方的证据材料。通过庭审准备程序，与控方平等交换，确保法官兼听则明，尽量避免法官在庭前接触控方案卷材料可能产生的偏见和不利于被告方的预断，从而做到居中裁判。实践中，曾有某法官在办理控方指控甲杀害乙的卷宗材料中发现端倪，而后，从侦查机关调取若干年前丙也承认杀害乙的证据材料，从而反映同一起案件有两个互不关联的当事人承认，而控方事先对此竟不知情。这虽是极端的个案，但也说明在主要证据复印件的条件下，存在着有意或无意疏忽部分证据的可能。

3. 保证庭审程序优质高效。

为确保庭审程序能够优质高效运行，庭审准备程序就显得非常重要。此次刑事诉讼法修正，规定重要证人强制出庭作证，完善了直接言词原则，而直接言词原则与直接审理原则相辅相成，如果无法实现直接审理，直接言词原则也难以落到实处。所以，对一部分复杂案件通过充分的事前准备，明确争议焦点，整理证据，法庭审理工作就能够围绕控辩双方存在争议的问题展开，实现集中、持续、高效审理，以提高诉讼效率。[①]

二、条文的解读与适用问题

1. 主体及相关人员。

刑事诉讼法第182条第2款规定的审判人员是指合议庭成员，包括依法履职的人民陪审员；相关人员是指公诉人和当事人、辩护人、诉讼代理人。其中包含着当事人、控辩双方和法庭等三角关系，由此也可看出，立法是支持庭前准备程序这一说法的。根据刑事诉讼法的规定，这里所说的当事人是指被害人、被告人、附带民事诉讼的原告人和被告人。辩护人是指律师；人民团体或者被告人所在单位推荐的人；被告人的监护人、亲友，但正在被执行刑罚或者依法剥夺、限制人身自由的人，不得担任辩护人。而此处的诉讼代理人是指公诉案件的被害人及其法定代理人或者近亲属、附带民事诉讼的当事人及其法定代理人委托代为参加诉讼的人。

2. 庭审准备程序的阶段。

笔者认为，根据刑事诉讼法第181条和第182条的规定，第一，庭审准备程序应当开始于人民法院对提起公诉的案件初步作程序性审查之后，发现有明确指控的涉嫌犯罪的事实和相应证据，决

---

① 参见罗国良：《优先保障法官内心确信 兼顾被告人权利保护——论刑事诉讼法的再修改》，载《法律适用》2012年第3期。

定开庭。第二，合议庭应当确定，即根据刑事诉讼法第 178 条规定，依法组成合议庭。因为，刑事诉讼法第 182 条第 2 款规定的回避问题必然涉及合议庭的成员。第三，开庭之前，辩护人、诉讼代理人必须到位，同时应遵守送达起诉书和传票、出庭通知书的时间限制。刑事诉讼法规定，起诉书副本应在开庭 10 日以前送达被告人及其辩护人；传票、出庭通知书应在开庭 3 日以前送达相关人员。

3. 案件范围。

笔者认为，对于适用庭审准备程序了解情况的案件，一般应指案情较为复杂且证据烦琐的案件。刑事诉讼法这次修正较好地进行了繁简分流，在规定庭前准备程序的同时，大大扩大了简易程序的适用范围，将 1996 年刑事诉讼法规定的适用简易程序审判的案件范围修改为基层人民法院管辖的“认罪”案件，即可能判处有期徒刑以下刑罚而被告人承认自己所犯罪行的案件。其中，对可能判处三年有期徒刑以下刑罚的，可以组成合议庭进行审判，也可以由审判员独任审判；对可能判处三年以上有期徒刑的，应当组成合议庭进行审判。同时，为强化制约和检察职能，修正案规定适用简易程序审判公诉案件，人民检察院都应当出庭。所以，适用简易程序的案件，包括还有一部分尽管不适用简易程序，但事实较清楚、证据简单，只是适用法律上有疑难的案件，均无须启动庭审准备程序，以了解情况。理论上，这部分案件约占案件总量的 90%。由于基层法院受理的案件绝大部分都可以适用简易程序，需要启动庭审准备程序的只在少数，不但不会提高诉讼成本，反而能理清烦琐审判事务，大大提高庭审质量，这一点是可以期盼的。

4. 程序启动。

对于刑事案件进入诉讼流程，启动庭审准备程序了解情况的，一般应当为审判人员，即合议庭的组成成员。此外，笔者认为，公诉人、当事人和辩护人、诉讼代理人经申请，法庭同意的，也可启动该准备程序。具体步骤为：

（1）根据最高人民法院《关于人民法院合议庭工作的若干规定》第5条第6项关于“按照权限对案件及其有关程序性事项作出裁判或者裁判意见”的规定，由主审法官初步审查后，依据指控事实和证据提出，审判长召集合议庭评议，以决定是否启动庭审准备程序。

（2）在最高人民法院尚未作补充司法解释之前，可以参照《关于中华人民共和国刑事诉讼法若干问题的解释》第125条至第129条中的相关规定执行，以下步骤不可缺失：公诉人、当事人和辩护人、诉讼代理人等全部到场，即应当查明被告人的基本信息以及是否收到起诉书等情况；公布案件来源及起诉的案由、合议庭组成人员和书记员、公诉人以及诉讼参与人名单；告知相关的诉讼权利；解决与审判相关的问题；庭前准备程序结束后宣布闭庭等。

5. 问题解决的范围。

根据刑事诉讼法规定，审判人员庭前了解情况、听取意见的范围是回避、出庭证人名单、非法证据排除等以及与审判相关的问题。

（1）关于回避。刑事诉讼中的回避，是指审判人员、检察人员、侦查人员与其所办的案件或者案件的当事人有某种特殊关系，因而不得参加该案件的审判、检察、侦查等活动的一项诉讼制度。刑事诉讼中的回避制度是保证刑事案件得以公正、正确处理的重要措施之一。回避程序有自行回避、申请回避和指令回避三种形式。对于申请回避，笔者认为，刑事诉讼法既然设置庭前准备程序，那么对于回避问题可以提前于此，具体而言：其一，宣布回避权时，应对当事人和法定代理人、辩护人、诉讼代理人逐一询问。辩护人、诉讼代理人有权申请回避是此次修正案增加的，对维护当事人的合法权益有切实的帮助。其二，当事人及诉讼参与人不知回避之含义时，审判长应以通俗明确的语言告之，即：如你认为上述人员与本案有利害关系或其他关系，可能影响本案公正审理的，可以提出理由要求更换。倘若老幼不知含义时，审判长应进一步说明，使之听懂。其三，对审判人员以及书记员、鉴定人、翻译人员提出申请回避，应中止庭前准备程序，报请院长决定，院长回避由院审判委员会决定，作出回避决定后，可即时宣布，亦可在下次庭审时宣布；对公诉人回避，应通知指派该公诉人出庭的人民检察院，由其检察长或该院检察委员会决定。其四，依照刑事诉讼法第 29 条规定提出回避申请的，审判长应要求申请人提出证明材料。其五，对被决定回避的人员，在恢复庭审前可申请复议一次；被驳回申请的当事人及法定代理人、辩护人、诉讼代理人亦可当庭申请复议一次；申请复议，合议庭应宣布休庭，待作出复议决定后，决定是否继续开庭。同意或驳回回避申请的决定及申请复议的决定，由审判长宣布，并说明理由。必要时，也可以由院长到庭宣布。其六，不属刑事诉讼法第 28 条、第 29 条规定法定情形的；由审判长当庭驳回并告知不得复议。其七，对共同犯罪案件，法庭应将各被告人同时传唤到庭，并逐一问明是否听清或听懂。

此外，根据刑事诉讼法和人民法院组织法的规定，法院审判组织除合议庭外，还有审判委员会（以下简称审委会）。对疑难、复杂、重大案件，由合议庭提请院长决定提交审委会讨论。由于审委会的决定是一个程序中终局性的，目前，部分法院也有试点审委会委员履职时回避工作，即要求递交审委会讨论案件的合议庭事先做好对审委会委员的回避工作。笔者认为，由于适用庭前准备程序的案件大多是疑难、复杂、重大的案件，往往最后都要由审委会讨论作终局决定，故相应的回避工作也可提请于此。这作为一种工作思路可以试行。

（2）关于出庭证人名单。这里的证人应当包括鉴定人。证人出庭作证是刑事诉讼的应有之义，是直接言词规则在立法上的落实。无论 1979 年刑事诉讼法还是 1996 年刑事诉讼法都有证人出庭作证的内容，2012 年修正后的刑事诉讼法进一步作了完善。直接言词原则又称口头审理原则，是指法庭审判活动的进行，须以当庭言词陈述的方式进行。其有两方面含义：一是言词推进审理。参加审判的各方应以言词陈述的方式从事审理、攻击、防御等各种诉讼行为。二是词举证、质证。在法庭上提出任何证据材料均应以言词陈述的方式进行，诉讼各方对证据调查也应以口头方式进行，如以口头方式询问证人、鉴定人、被害人等，并对实物证据发表意见。刑事诉讼法第187条规定，公诉人、当事人或者辩护人、诉讼代理人对证人证言有异议，且该证人证言对案件定罪量刑有重大影响，人民法院认为证人有必要出庭作证的，证人应当出庭作证。人民警察就其执行职务时目击的犯罪情况作为证人出庭作证，适用前款规定。公诉人、当事人或者辩护人、诉讼代理人对鉴定意见有异议，人民法院认为鉴定人有必要出庭的，鉴定人应当出庭作证。经人民法院通知，鉴定人拒不出庭作证的，鉴定意见不得作为定案的根据。同时，法律对证人保护问题作了规定。刑事诉讼法第192条规定，公诉人、当事人或者辩护人、诉讼代理人可以申请法庭通知有专门知识的人出庭，就鉴定人作出的鉴定意见提出意见。所以，笔者认为，在此阶段，公诉人、当事人或者辩护人、诉讼代理人可就证人、鉴定人是否需要出庭列出名单，并提出申请，包括诉讼相对方针对鉴定人的鉴定意见，通知有专门知识的人出庭。合议庭可以依法审查并作出是否需要出庭的裁决。若作出否决意见的，公诉人、当事人或者辩护人、诉讼代理人有异议的，至开庭前还可再予申请。

（3）关于非法证据排除。非法证据不排除，贻害无穷。佘祥林、赵作海案的教训仍在眼前，所以，此次修正案完善了非法证据排除及程序的规定，即非法言词证据绝对排除，非法实物证据裁量排除。刑事诉讼法第54条规定，采用刑讯逼供等非法方法收集的犯罪嫌疑人、被告人供述和采用暴力、威胁等非法方法收集的证人证言、被害人陈述，应当予以排除。收集物证、书证不符合法定程序，可能严重影响司法公正的，应当予以补正或者作出合理解释；不能补正或者作出合理解释的，对该证据应当予以排除。在侦查、审查起诉、审判时发现有应当排除的证据的，应当依法予以排除，不得作为起诉意见、起诉决定和判决依据。2010 年两高三部联合颁发《关于办理刑事案件非法证据排除若干问题的规定》（下称：《非法证据排除规定》），其中，第 4 条和第 5 条规定，进入刑事审判后，涉及非法证据排除问题的，可出现开庭审判前或开庭审理前、庭审中和法庭辩论结束前等阶段。此次刑事诉讼法修正后的第 54 条规定了非法证据的范围；第 55 条至第 58 条规定了非法证据排除的程序和控方承担证明责任及结果等。这实际是立法机关对司法实践中的执法意见的确认。所以，在庭前准备程序中，可要求控辩双方就指控证据的效力发表意见，法庭若认为可能存在刑事诉讼法第 54 条规定的以非法方法收集证据情形的，应当对证据收集的合法性进行法庭调查，具体可参照两高三部的《关于办理死刑案件审查判断证据若干问题的规定》（以下简称《办理死刑案件证据规定》）和《非法证据排除规定》办理。笔者认为，此问题如已发现，应尽可能在庭审准备程序中解决，不要拖延到实际开庭审理阶段。当然，实际庭审时发现的同样应当依法调查。

需要特别强调的是，刑事诉讼的控辩对抗，应当保持平衡。此次刑事诉讼法修正，意图改变实际司法中确实存在的个别偏向，所以，笔者认为，在庭前准备程序中，应当允许辩护人、诉讼代理人提供的证据进入该程序中进行审查。

（4）关于与审判相关的其他问题。具体是指与审判有关的，且必须在庭审前解决的问题。诸如审判管辖权。审判管辖是人民法院依法审理案件的前提，任何案件的审判必须以正当性程序作保障。管辖存在异议的，在解决职能管辖的基础上，庭前应先解决审判管辖问题。如果上级法院指定管辖的，审判长在此阶段应将指定管辖函当庭宣布，以保证庭审活动的合法性。又如翻译人员出庭问题。刑事诉讼法规定，各民族公民都有用本民族语言文字进行诉讼的权利。人民法院、人民检察院和公安机关对于不通晓当地通用的语言文字的诉讼参与人，应当为他们翻译。同样，对于聋哑人，也应当为他们翻译。庭审时，法庭应保证外国籍和我国少数民族的当事人、聋哑人获得翻译的权利，同时翻译人员应适格。我国是一个多民族的国家，虽然有些地区语言类似，但民族不同，不应草率了事。如哈萨克民族，即使懂得该语种的人员稀少，也不能委托维吾尔民族的翻译。再如指定辩护人。根据修正后的刑事诉讼法的规定，因经济困难等原因没有委托辩护人的，应由被告人本人或其近亲属向法律援助机构申请。人民法院应当通知法律援助指定的辩护人只限于未成年人和盲聋哑人（限制行为能力的人）及可能被判处无期徒刑或死刑的人，所以，应当确保上述人员要求指定辩护人的权利。对于因经济困难等原因而要求指定辩护人的，人民法院可引导其向法律援助机构申请，但应在送达起诉书时告知其相关权利，或在庭审准备程序中解决。此外，还有变更辩护人等问题也可在庭审准备程序中予以解决。

三、值得完善的若干问题

1. 将该条立法规定结合司法解释，规范操作程序。刑事诉讼法第 182 条第 2 款规定仅数十字，但其中蕴含了丰富的内容，涉及最高人民法院、最高人民检察院、公安部、国家安全部、司法部等职能部门，需要将各自的实施细则修改、协调并细化。不然，相互之间免不了会“打架”。同时，最高人民法院也应对 1996 年刑事诉讼法修订以来制定的司法解释进行整合，其中，包括执行刑事诉讼法的解释、办理死刑案件证据规定、非法证据排除规定、办理未成年人犯罪案件规定，等等。

2. 增强控辩对抗，着重解决证据效力问题。增强控辩对抗的目的是提高办案质量。这次刑事诉讼法大幅度修正，正是多年以来法律思想交锋、法治观念冲撞，以及公权与私权此消彼长，诉讼民主不断发展和司法改革向纵深推进的一项重要成果。但由于历史和现实的种种复杂原因，在我国，控辩双方地位平等、法院独立公正裁判的格局尚未完全形成，需要通过不断的努力才能获得有效的制度性保障。① 刑事诉讼法既已规定庭审准备程序，笔者认为，关键应当解决控辩双方平等提供证据的权利，同时在此阶段应只着重解决证据的效力问题，而不应作实体性裁断，至于证据的证明力应在正式庭审阶段解决，以增强控辩对抗，强化庭审中心意识，法庭应限制及慎用庭外补充调查权。

3. 适当延长至迟开庭的期限。刑事诉讼法第182条规定，起诉书至迟在开庭十日以前送达被告人及其辩护人；确定开庭后，至迟在开庭三日以前送达公诉人和相关诉讼参与人。其中，强调的都是“至迟”，所以，笔者认为，如遇案件需要适用庭审准备程序的，应当适当拉长其时间，以保证庭审准备工作的质量。

余论

刑事诉讼法规定的庭审准备程序只是整个刑事诉讼法修正案的一部分，属冰山一角，其他还有许多，仍然有待于在实践中慢慢“品味”、细细研读。

---

① 游伟：《学习新刑诉法要有观念机制跟进》，载《人民法院报》2012年3月24日，第2版。

刑事附条件不起诉的解读与适用

徐松青[*] 张 华[**]

刑事诉讼法修正案第一次确立未成年人刑事案件诉讼程序，这是立法对二十余年少年刑事司法实践的肯定，同时，第一次作出附条件不起诉的规定，即刑事诉讼法第271条至第273条。司法实务中，部分地方检察机关对此虽有试点，但作为一项制度在立法上予以确立，无论对检察机关还是人民法院来说，均是一个崭新的课题，面临着考验。笔者作一解读，以求教于同仁。

一、附条件不起诉的内涵

附条件不起诉是指对一些犯轻罪的未成年人，有悔罪表现，人民检察院决定暂不起诉，对其进行监督考察，根据其表现，再决定是否起诉的制度。刑事诉讼法第271条第1款规定，对于未成年人涉嫌刑法分则第四章、第五章、第六章规定的犯罪，可能判处一年有期徒刑以下刑罚，符合起诉条件，但有悔罪表现的，人民检察院可以作出附条件不起诉的决定。人民检察院在作附条件不起诉的决定以前，应当听取公安机关、被害人的意见。附条件不起诉制度是起诉便宜主义和功利主义刑罚观所强调的刑罚主要目的，即一般预防在未成年刑事诉讼程序中的体现及运用，是给犯轻罪的未成年人一次改过自新机会，避免执行刑罚对其造成不利的影响，客观上阻止了刑法短期自由刑的滥用，符合非监禁化的刑罚轻缓化趋势，有

---

* 上海市第二中级人民法院副院长、审委会委员、一级高级法官。
** 上海市第二中级人民法院审判员、三级高级法官。

利于使其接受教育，重新融入正常的社会生活。根据法律规定可以理解，附条件不起诉必须符合下列条件：

1. 从适用罪名看，涵盖未成年人涉足的大部分犯罪行为。由于未成年人这一群体的特殊性，其涉嫌的犯罪行为往往多发于刑法分则第四章“侵犯公民人身权利、民主权利罪”；第五章“侵犯财产罪”；第六章“妨害社会管理秩序罪”中规定的罪名，如发生在未成年人中常见的故意伤害、盗窃、抢劫、抢夺、寻衅滋事、聚众斗殴、敲诈勒索等罪名都在此列，立法虽然规定适用附条件不起诉的仅限于上述三章中的罪名，但已涵盖了司法实践中未成年人涉足的大部分犯罪行为。

2. 从规定刑期看，指可能判处一年有期徒刑以下的刑罚。刑事诉讼法修正案颁布后，有学者撰文认为，附条件不起诉制度中的刑期是法定刑，从刑法规定看仅有若干条文的法定刑在有期徒刑一年以下。笔者对此并不以为然。这里所说的是可能适用的刑罚，即实际裁判的宣告刑而不是法定刑，所以，如果考虑犯罪状态、未成年人在犯罪中一般为从属地位以及自首、立功等事后的量刑情节，依法从轻或减轻后，大部分犯罪案件的未成年人均可能被判处一年有期徒刑以下的刑罚，适用的案件数量是相当之大的。刑事诉讼法修正案讨论时，曾有意见提出，应将附条件不起诉范围扩大到三年有期徒刑。此意见没有被采纳，其理由是：如果扩大到有期徒刑三年，起诉的裁量权是否过大，是个有争议的问题，规定一个新的程序，还是循序渐进比较妥当，且根据刑法关于对未成年人犯罪应当从轻、减轻处罚的规定，未成年人经过依法减轻可能判处有期徒刑三年刑罚的，其犯罪原本所对应的刑罚可能会在有期徒刑七年以上，这么重的犯罪不起诉，也会引发社会争议。[①] 笔者认为，由于规定的是可能适用的刑罚，即宣告刑，基本涵盖了所有未成年人的

---

① 王尚新：《〈中华人民共和国刑事诉讼法〉修改要点导读》，载《刑事诉讼法修改前后条文对照表》，人民法院出版社 2012 年版，第 17 页。

轻罪案件，已一步到位，不存在循序渐进的问题。实践中，值得注意的是，刑事诉讼法修正案规定的虽然不是法定刑，但检察机关在判定是否一年以下有期徒刑时应当十分审慎，因为，大部分未成年人犯罪行为的情节基本都是较轻的，如果加上各种量刑情节，可能就会选择下一个档次适用刑罚，例如，对于采取轻微暴力劫财的少年案件，本身就有抢劫及寻衅滋事之强拿硬要等罪名之争，若考虑对未成年犯罪人处理“定轻罪不重罪，定轻刑不重刑”的原则，那么，许多案件都可能在一年有期徒刑以下判处。据不完全统计，上海某区法院少年庭2011年判处一年有期徒刑以下的刑罚占该院判决的未成年人犯罪案件总数的61.24%。我国刑事诉讼贯彻的是控审分离原则，同时，刑事诉讼法第12条规定，未经人民法院依法判决，对任何人都不得确定有罪。如果由检察机关任意判定，则其起诉裁量权过大，会有越俎代庖之嫌。

3. 符合起诉条件。这是指案件犯罪事实已查清，且证据确实、充分，符合刑事诉讼的起诉条件。依据刑事诉讼法第173条第1款和第2款规定，如果没有犯罪事实，或者具有刑事诉讼法第15条规定的情形之一[①]的，人民检察院应当作出不起诉的决定。如果其犯罪情节轻微，依照刑法规定不需要判处刑罚或者免除刑罚的，人民检察院可以作不起诉决定。当然，对于不符合法定起诉条件，即事实不清，证据不确实的疑罪案件，或作疑罪不起诉决定，或通过补充侦查方式解决，而不得适用附条件不起诉。

4. 未成年人具有悔罪表现。对此，可理解为认罪态度好，或

---

① 《刑事诉讼法》第15条规定：有下列情形之一的，不追究刑事责任，已经追究的，应当撤销案件，或者不起诉，或者终止审理，或者宣告无罪：（一）情节显著轻微、危害不大，不认为是犯罪的；（二）犯罪已过追诉时效期限的；（三）经特赦令免除刑罚的；（四）依照刑法告诉才处理的犯罪，没有告诉或者撤回告诉的；（五）犯罪嫌疑人、被告人死亡的；（六）其他法律规定免予追究刑事责任的。

向被害人赔礼道歉，积极赔偿，取得谅解等。只有在上述四项条件同时具备的情况下，人民检察院才能对未成年犯罪嫌疑人作出附条件不起诉的决定。

值得提出的是，检察机关在作附条件不起诉决定时，可把握几个例外：

（1）缺失监管条件的未成年犯罪嫌疑人，一般不能作为附条件不起诉的适用对象。因为附条件不起诉要设定一定的考验期限，根据犯罪嫌疑人的表现情况作最后决定。如监管条件不具备，则最后决定缺乏考察依据，附条件不起诉制度中刑罚应有的威慑作用也无从存在。

（2）共同犯罪中的未成年犯罪嫌疑人，一般不宜作为附条件不起诉的适用对象。因为共同犯罪中的被告人要对犯罪行为共同承担责任，对其中部分人适用附条件不起诉决定，会直接影响整个案件事实、证据的认定，给案件审理增加不小难度。

（3）有前科的未成年犯罪嫌疑人，一般不能作为附条件不起诉的适用对象。虽然《刑法修正案（八）》已明确规定对未成年人犯罪不构成累犯，这是立法考虑未成年人犯罪的特殊性而作出免除从重处罚的原则，即使涉嫌的犯罪较轻、法定刑较低，但其前科情况是客观存在的，也说明有一定的人身危险性，对其适用附条件不起诉决定不利于对未成年犯罪人进行改造和预防其继续犯罪。附条件不起诉制度的立法意图是针对偶犯、初犯，且涉嫌犯轻罪的未成年人而设置的①，所以，对有前科的未成年犯罪人应作为例外。

在规定权利的同时，必须设置一定的制约监督机制。附条件不起诉制度赋予了检察机关很大的自由裁量权，该项权力虽然对实现个案公正具有重要作用，但如果行使不当又会侵犯公民的基本权利，破坏国家法治，故而，对检察机关的附条件不起诉处罚的权力

---

① 马柳颖：《未成年人犯罪刑事处遇制度研究》，知识产权出版社 2009 年版，第 256～257 页。

作一定规制，并给予利益相关者一定救济渠道显得极为必要，也是理所当然的。法律为平衡各方的利益，规定了人民检察院在作附条件不起诉决定之前，还应听取公安机关和被害人的意见，充分了解案件情况和未成年人的个人情况，在此基础上判断对其适用附条件不起诉决定是否合适。有学者建议，检察机关在作附条件不起诉决定之前，可增设社会调查和心理干预环节。笔者认为是可行的，前者为个人情况调查，后者作感化和挽救，能给作附条件不起诉决定打下扎实基础。这在中央综治委预防青少年违法犯罪工作领导小组、最高人民法院、最高人民检察院、司法部、公安部、团中央联合制定的《关于进一步建立和完善办理未成年人刑事案件配套工作体系的若干意见》中就有相应规定，司法实践中，许多检察机关已在试行，并取得了良好的成效。

二、附条件不起诉决定的制约因素

根据刑事诉讼法第 271 条规定，公安机关、被害人以及法定代理人和未成年犯罪嫌疑人以及法定代理人三方意见等直接影响着检察机关附条件不起诉制度的实施。立法在规定上述被害人权利时，并未表述其法定代理人也包括在内。笔者认为，被害人系未成年人时，其诉讼权利自然由其法定代理人替代，那么，这里的“被害人”应作“被害人及其法定代理人”理解（以下所称被害人包括法定代理人）。这种制约因素具体表现如下：

其一，如前所述，人民检察院在作出附条件不起诉决定之前，应听取公安机关和被害人的意见。这是作附条件不起诉决定的前提条件，同时，如果对附条件不起诉决定有异议，立法又作了救济的规定，即依照刑事诉讼法第 175 条和第 176 条的规定，公安机关有权要求复议、提请复核；被害人可以经向检察机关申诉后向法院起诉、也可以直接向人民法院起诉。对此，人民检察院在依法作附条件不起诉决定前，应向公安机关、被害人发出书面征询函，依法审查并作出决定后，还应向公安机关、被害人等送达相应的决定书。

其二，未成年犯罪嫌疑人及其法定代理人具有一票否决权。刑事诉讼法第 271 条第 3 款规定，未成年犯罪嫌疑人及其法定代理人对人民检察院决定附条件不起诉有异议的，人民检察院应作出起诉决定。立法虽没规定事先要征得未成年犯罪嫌疑人及其法定代理人事先同意，但其一旦提出异议，即可否决。这实际是未成年犯罪嫌疑人及其法定代理人对检察机关是否作附条件不起诉决定具有主导权，这样规定是符合诉讼原理的。刑事诉讼强调控审分离，审判权是我国宪法赋予人民法院专属的权利。实践中，也确有部分未成年人涉嫌的行为不构成犯罪，或者犯罪情节轻微，依照刑法规定不需要判处刑罚或者可以免除处罚的情况，如果未成年犯罪嫌疑人或其法定代理人要求及时移送审判并为了获取无罪判决而提出异议，这是人权保障的需要，因为，检察机关的附条件不起诉决定是酌定的不起诉，而不是法定的不起诉，它毕竟是给当事人增加了一定的司法附随义务，对未成年犯罪嫌疑人的人身自由进行了限制，所以，检察机关确认符合起诉条件的，应当提起公诉，由人民法院对其是否构成犯罪以及如何定罪量刑作出裁判，其辩护权应当依法保障。

目前司法实践中，对于不起诉的监督虽有公安机关的复议、复核，被害人和犯罪嫌疑人的申诉，但主要是基于书面的事后的监督。而刑事诉讼法修正案规定的人民检察院在作附条件不起诉的决定以前，应当听取公安机关、被害人的意见，但由于法律没有对公安机关、被害人意见的效力作明文规定，因而该意见对于检察机关是否作附条件不起诉决定是没有约束力的。附条件不起诉制度是此次立法针对未成年人刑事案件建立的新制度，笔者认为，可对是否作附条件不起诉决定设立听证程序，即对于拟作附条件不起诉决定的案件，公安机关和被害人、犯罪嫌疑人及法定代理人提出异议的，可以进行听证。这一方面体现了听证程序的准司法性，即消极性和中立性，通过听证及评议可以形成一个客观公正的听证决议，防止附条件不起诉权的滥用；另一方面也体现了共同参与、尊重各方诉讼主体地位的原则，能够充分调动参与各方的积极性，发挥附条件不起诉听证应有效果。①

三、附条件不起诉的相关问题

1. 考察期间遗漏或再犯新罪之罪数。

刑事诉讼法第273条规定，被附条件不起诉的未成年犯罪嫌疑人，在考验期内实施新的犯罪或者发现决定附条件不起诉以前还有其他犯罪需要追诉的，人民检察院应当撤销附条件不起诉的决定，提起公诉。从上述规定可看出，此与刑法规定中缓刑、假释、监外执行期间发现犯新罪或遗漏罪的性质是完全不同的，后者只要对新发现的事实审理以后，审判人员依职权将缓刑、假释等考验期撤销，按刑法数罪并罚的原则处罚即可。其中，同种的事实构成一罪，不同种的事实构成数罪。而刑事诉讼法第273条的规定则不同，在附条件不起诉考察期间发现遗漏或再犯新罪的，尽管撤销考察期提起公诉，但笔者认为，按照刑事诉讼的控审分离原则，该前面被检察机关认定并作为附条件不起诉的以及新发现遗漏或再犯的事实，未经人民法院审判，其罪名是否成立仍然难以确定，其间先分析事实的罪数问题，则为时过早。司法实践中，不排除附条件不起诉决定撤销后，即使控方认为该事实清楚、证据确实，诉至法院经审理后，也存在不构成犯罪的情况，所以，只有通过刑事诉讼正当程序，才能最终确认是否同种的事实构成一罪，不同种的事实构成数罪。

值得探讨的问题是，附条件不起诉决定撤销，该审查起诉事实诉至法院，经审理不构成犯罪后，法律对该未成年人是否应该规定救济程序，因为，刑事诉讼法规定，未经人民法院依法判决，对任何人都不得确定有罪。笔者认为，附条件不起诉实际是对涉嫌犯罪的未成年人设置一定的负担，从检察视角而言是“有罪”的，是

① 马柳颖：《未成年人犯罪刑事处遇制度研究》，知识产权出版社2009年版，第247~248页。

其起诉裁量权的运用，半年至一年的考察期与刑罚中的缓刑考验期相类似，当其被法庭确定为无罪后，应给予一定的司法救济。

2. 附条件不起诉的法律性质。

刑事诉讼法第273条第2款规定，被附条件不起诉的未成年犯罪嫌疑人，在考验期内没有上述情形，考验期满的，人民法院应当作出不起诉的决定。这里不起诉决定的法律性质是否具有定罪效力值得探讨。我们知道，1996年刑事诉讼法修订之前，理论界和实务界一直有关于免予起诉存废之争。最终立法取消了免予起诉制度，同时，也考虑到应给检察机关保留适当的自由裁量权，将原来免诉的某些案件改为不起诉，即将1979年刑事诉讼法中“依照刑法规定不需要判处刑罚或者免除刑罚的，人民检察院可以免于起诉”改为现行的刑事诉讼法“对于犯罪情节轻微，依照刑法规定不需要判处刑罚或者免除刑罚的，人民检察院作出不予起诉决定”。这样，对一些犯罪比较轻的人，以非刑罚的方法处理，可能更有利于争取和挽救他们，促使他们改过自新，以缩小打击面，扩大教育面。不起诉决定具有实际终止诉讼的效力。法律为彻底禁绝“免予起诉”这种不经法院判决就给公民定罪的不正常做法，1996年刑事诉讼法修订时特别规定：未经人民法院依法判决，对任何人都不得确定有罪。此规定意义深远。① 刑事诉讼法第173条第2款的规定被称之为“酌定不起诉”，其与同法条中的“法定不起诉”有本质的区别，法定不起诉是控方的诉权自治，是依法作出的。1996年刑事诉讼法规定的是“依照刑法第15条规定的情形”，而2012年刑事诉讼法修正案除上述规定之外，还规定了“没有犯罪事实”。酌定不起诉则不同，立法规定了“犯罪情节较轻”，正因为如此，对于酌定不起诉，如果被不起诉人不服的，可在收到决定书七日之内向检察院申诉，同级或上级人民检察院经审查，不予起

① 崔敏：《中国刑事诉讼法的新发展——刑事诉讼法修改研讨的全面回顾》，中国人民公安大学出版社1996年版，第137页。

诉决定不当的，应当予以撤销，提起公诉。这从程序上保障了犯罪嫌疑人的合法权益，最终确定是否有罪的决定权还在人民法院。其实，当时废除了免予起诉制度，同时扩大了不起诉案件的范围，就为现今未成年人刑事案件诉讼程序中附条件不起诉制度的设置预留了空间。笔者认为，附条件不起诉制度的法律性质可以归入此中，即酌定的不起诉，与刑事诉讼法第266条第1款“对未成年人实行教育、感化、挽救的方针，坚持教育为主、惩罚为辅的原则”的主旨相契合。

3. 刑事诉讼法修正案实施后，人民法院对于判处一年有期徒刑以下的是否可建议撤回起诉？有观点认为，刑事诉讼特别程序中，附条件不起诉制度和暂缓判决是对“孪生兄弟”，如果起诉至法院的未成年人犯罪案件，法院审理后，认为可判处有期徒刑一年以下的，且有悔罪表现，作出暂缓判决，给予一定考察期，那么对于同样的情况可保持法律适用的平衡。这两者在司法实践中均试行过。但此次刑事诉讼法修正在这一问题上“厚此薄彼”，未对曾经试点过的人民法院“暂缓判决”予以确认，2013年刑事诉讼法修正案实施后，人民法院对于受理刑事案件中的未成年被告人实际可能判处一年以下有期徒刑刑罚的，可建议检察机关撤回起诉。不然会造成未成年犯罪人的同样事实，但在处罚上失衡。笔者认为，上述观点不无道理，但鉴于立法对于“暂缓判决”制度未予确认，且控方移送起诉案件中的情况各异，同时，刑事诉讼贯彻控审分离的原则，公诉案件无法“回流”，人民法院应当对控方诉权予以充分尊重，只需依法判决即可。

四、立法规制附条件不起诉制度后的预想

1. 人民法院收案数可能会有所减少。

根据司法经验，附条件不起诉规定无论从罪名，还是从刑罚适用上，基本涵盖了大多数的未成年人犯罪案件。对涉嫌犯轻罪的未成年人进行司法分流是法治的进步，同时，该制度的确立，确实会对少年审判带来一定的冲击，也会在一定程度上影响司法资源的配置。以上海为例，20 世纪 80 年代全市区县法院均成立少年审判庭，到 90 年代上海市高级人民法院对未成年人刑事案件实施指定管辖，其中不乏案源减少的原因。目前，上海在涉及少年刑事审判方面实行的是“1 +2 +5”（即一家高院、两家中院和五家基层法院相应的二审终审格局）的模式，基层法院层面仍然实施的是指定管辖。2013 年刑事诉讼法修正案实施后，法院受理少年犯罪公诉案件的数量可能会减少，这需要及时应对，是否调整政策值得进一步探讨。笔者认为，将一部分犯轻罪的未成年人司法分流后，公检法各家可以各司其职，切实将刑事诉讼法的未成年人刑事案件特别程序中的规定贯彻落实好，切实做到“教育为主、惩罚为辅”。

2. 少年犯罪自诉案件可能会有所增加。

当前，我国仍然处于矛盾凸显期，这在未成年人案件审判中也有反映，有些成年被害人不愿原谅犯罪错的少年，对其“不依不饶”；同时，也是为了落实双向保护的原则，保护未成年被害人利益的需要，少年犯罪自诉案件可能会有所增加。根据刑事诉讼法规定，案件被害人对附条件不起诉决定不服的，可以自收到决定书后七日之内向上一级人民检察院申诉，请求提起公诉。人民检察院应当将复查决定告知被害人。对人民检察院维持附条件不起诉决定的，被害人可以向人民法院起诉，被害人也可以不经申诉直接向人民法院起诉。此处的起诉，是刑事诉讼中的第三类自诉，范围要比第一二类自诉案件广得多，且不适用调解。如果被害人向人民检察院申诉，又向人民法院起诉的，人民法院在受理被害人起诉后，应当及时告知相关人民检察院，人民检察院应当终止复查。目前司法实践中，涉及未成年人的刑事自诉基本没有，估计附条件不起诉制度实施后会有所增加，这也需要人民法院及时应对；同时，人民法院受理案件后，人民检察院应当将有关案件材料移送人民法院，一定程度上这可以帮助被害人完成举证责任。

域 外 判 例

格雷戈尔案与美国当代死刑制度

石家慧*

美国联邦最高法院在20世纪围绕若干典型案例就死刑存废及其适用问题进行了探讨，其中三个经典判例更是塑造了美国现代死刑体系，这三个判例为：弗曼案（1972）①、格雷戈尔案（1976）②和麦克莱斯金案（1987）③。

在1972年弗曼案判决作出之后，死刑在美国得到广泛的公众支持。仅仅在该判决作出五个月后，即1972年11月，盖洛普民意调查显示死刑支持率高达57%，为当时史上最高纪录，比1972年3月（美国联邦最高法院作出弗曼案判决之前）的数据上升了7个百分点。在联邦最高法院处理格雷戈尔案时，当时65%的国家支持死刑。④

---

* 中国政法大学中欧法学院硕士研究生。该文写作得到吴宏耀教授指导，系中国政法大学青年教师学术创新团队“诉讼法学研究创新团队”课题组的阶段性成果之一。

① *Furman v. Georgia*，408 U. S. 238，92 S. Ct. 2726，33 L. Ed. 2d 346 (1972).

② *Gregg v. Georgia*，428 U. S. 153，96 S. Ct. 2909，49 L. Ed. 2d 859 (1976).（下文注释简称 Gregg）

③ *McCleskey v. Kemp*，481 U. S. 279，107 S. Ct. 1756，95 L. Ed. 2d 262 (1987).

④ 数据来源：Tom Goldstein，“Issue and Debate：Capital Punishment：Confusion Reigns as Law is In Limbo，” N. Y. Times，Dec. 10，1976，at 35 (citing Gallup polling).

更为甚者，在弗曼案判决作出一年内，数个州开始考虑如何恢复死刑，立法机关引入了若干个恢复死刑的议案。在判决的第二年，28 个州制定了新的死刑法规。[①] 截至 1976 年，该数字增为 35 个。

佐治亚州同样在弗曼案之后修改了自己的死刑法规，以使其符合弗曼案判决的要求。本案初审和上诉审就是根据新的佐治亚州死刑法规作出的。格雷戈尔（即初审被告人）及其辩护人向联邦最高法院申请了调卷令，新的佐治亚州死刑法规受到挑战。

一、案件情节和主要争议点

（一）案件事实以及初审和上诉审情况

1. 案件事实

申请人，特罗伊·格雷戈尔（Troy Gregg），以持枪抢劫罪和谋杀罪被起诉。根据佐治亚州死刑案件程序，审判分为定罪和量刑两个阶段。在定罪阶段的审判中，有证据证明，在 1973 年 11 月 1 日，申请人和一个旅伴，弗洛伊德·艾伦（Floyd Allen），在佛罗里达北部搭乘弗雷德·西蒙斯（Fred Simmons）和鲍勃·摩尔（Bob Moore）的顺风车。他们的车抛锚了，但是在西蒙斯用他带的部分现金购买另一辆车后，他们继续向北行进。他们在佛罗里达境内又搭载了另一名乘客，丹尼斯·韦佛（Dennis Weaver）。韦佛一直乘坐到亚特兰大境内，在晚上 11 点时离开。之后不久，其他四个人在高速路沿途停下休息。第二天早上，在附近的沟渠里发现了西蒙斯和摩尔的尸体。

在 11 月 23 日，韦佛在读了亚特兰大报纸上报道的枪击案后，联系了格温莱特县警察，并陈述了自己与被害人同行期间的相关信息，包括对车辆的描述。第二天下午，申请人格雷戈尔和艾伦在北

---

① 数据来源：Hugo Adam Bedau, *The Courts, the Constitution, and Capital Punishment* 93（1977）.

卡罗来纳州的阿什维尔地区被逮捕，当时二人正在西蒙斯的车内。在进行逮捕行为中的搜查时，在申请人衣袋中发现了一把25mm口径手枪，随后证明该枪就是用于杀害西蒙斯和摩尔的凶器。申请人在被告知米兰达警告[①]并签署了一份书面弃权声明书之后，他签署了一份供词，承认了枪击并抢劫西蒙斯和摩尔的罪行。他以自卫为由为其杀人行为辩护。第二天，申请人和艾伦被移交到佐治亚州的劳伦斯维尔，二人被带到枪击现场。艾伦在到达现场后立即重述了杀人事件。对于这些事件，艾伦的版本如下：在西蒙斯和摩尔离开车后，申请人说他意图抢劫。然后申请人拿出他的手枪握在手中，并为了准确地瞄准目标在车上埋伏好。当西蒙斯和摩尔出现在通往车的路堤上时，申请人开了三枪，两人倒在沟渠附近。申请人又在近距离向二人头部各开一枪。他抢劫了他们值钱的东西然后和艾伦驾车逃离。

法医鉴定人作证西蒙斯死于眼睛部位的枪伤，摩尔死于胸部和后脑的枪伤。该鉴定人进一步说明二人在脸上和头上都有数处青肿和擦伤，可能是由于跌落沟渠或沿着路堤被拖拽或推动而造成的。尽管艾伦未作证，一名警探重述了艾伦关于杀人行为的陈述的实质内容，并表明在艾伦做出该陈述后申请人直接承认了艾伦的描述是准确的。申请人为自己辩护。他确认了被警探描述的艾伦的证词的存在，但是否认了其真实性并表示从未承认过其准确性。他辩称他射杀西蒙斯和摩尔是出于恐惧和自卫，二人攻击了他和艾伦，其中一个拿着管子，另一个拿着刀子。

但是控方出示了一封格雷戈尔写给艾伦的信，在信中，格雷戈尔指示艾伦按照自卫说法作证。在质证阶段，笔记专家证明该信出自格雷戈尔之手。[②]

---

① *Miranda v. Arizona*, 384 U.S. 436, 86 S.Ct. 1602, 16 L.Ed.2d 694 (1966).

② Gregg, at 2919.

2. 初审和上诉审情况概述

申请人被指控犯有持枪抢劫罪和谋杀罪。

在初审定罪阶段，陪审团认定申请人犯有两项持枪抢劫罪和两项谋杀罪。

在初审量刑阶段，双方代理人进行的冗长的辩论主要集中在死刑在本案情节下的适当性问题以及定罪证据的证明效力问题。初审法官指示陪审团，每一项犯罪都可以判处死刑或是终身监禁。法官进一步告知陪审团，在决定恰当刑罚时，陪审团可以自由地考虑犯罪事实和由双方提交的减轻或加重情节。最终，法官指示陪审团"无权考虑（判处）死刑"除非一开始下列加重情节就被认为是超出合理怀疑：（1）犯有谋杀罪同时伴有两项其他可能判处死刑的重罪，即持枪抢劫（西蒙斯和摩尔）；（2）犯罪者犯有谋杀罪是以谋取公诉书中提到的钱财和汽车为目的；（3）谋杀罪行是残暴和肆无忌惮的，骇人听闻和非人道的。

陪审团确认了第（1）（2）种情节的存在，并呈交了判处每一项罪行死刑的裁决书。

佐治亚州最高法院维持了谋杀罪的定罪和死刑判决。法院在审查了庭审的文字记录和卷宗，包括证据，并根据佐治亚州法律的要求对类似案件中的证据和量刑进行了对比之后，得出如下结论：考虑到犯罪和被告人的性质，死刑判决并未含有偏见或任何其他随意性的因素，在类似案件中的应用并非过度或不合比例的。然而，基于如下原因，适用于持枪抢劫罪的死刑被取消：在佐治亚州，死刑极少适用于持枪抢劫；以及陪审团在认为持枪抢劫是谋杀罪的加重情节之后，错误地认为谋杀是持枪抢劫罪的加重情节。①

我们发布调卷令准许申请人的申请，调卷令将仅限于审查申请人提出的在本案中适用死刑是否是一种"残酷和异乎寻常"的惩罚（Cruel and Unusual Punishment），以及是否违反了宪法第八和第

① Gregg, at 2918－2920. 判例原文引注笔者予以省略。

十四修正案。①

（二）联邦最高法院对格雷戈尔案的主要争议点

大法官斯图尔特（Mr. Justice Stewart）撰写法院意见，大法官鲍威尔（Mr. Justice Powell）和大法官史蒂文斯（Mr. Justice Stevens）表示附和。

大法官怀特（Mr. Justice White）发表协同意见，首席大法官伯格（Mr. Chief Justice Burger）和大法官伦奎斯特（Mr. Justice Rehnquist）表示附和。

首席大法官伯格和大法官伦奎斯特发表声明协同法院判决。

大法官布莱克曼（Mr. Justice Blackmun）发表声明协同法院判决。

大法官布伦南（Mr. Justice Brennan）和大法官马歇尔（Mr. Justice Marshall）发表反对意见。

联邦最高法院最终判决格雷戈尔死刑所依据的法律体系并未违反宪法，维持了佐治亚州最高法院的判决。

联邦最高法院在判决中主要讨论了如下四个问题：

(1) 对于谋杀罪适用死刑是否违反了宪法第八和第十四修正案；

(2) 刑罚“过度”的判断标准；

(3) 在本案中，佐治亚州是否能够对申请人适用死刑；

(4) 死刑量刑陪审团自由裁量权的问题。

笔者将在下文中对此一一进行分析。

二、判决书中各位大法官的主要观点

（一）大法官斯图尔特撰写的法院意见

如前文所述，大法官斯图尔特代表大法官多数中的多数，撰写了本案判决书中的主导意见部分。

---

① Gregg, at. 1090.

该份法院意见论述了两个问题，即对于谋杀罪适用死刑是否违反了宪法第八和第十四修正案？以及在本案中，佐治亚州是否能够对申请人适用死刑？

1. 谋杀罪适用死刑是否违反了宪法第八和第十四修正案

大法官斯图尔特开宗明义，提出“我们首先论述基本的争论点，就是针对谋杀罪适用死刑的问题，是否在任何情况下，都是一种‘残酷和异乎寻常的刑罚’，必然违反了宪法第八和第十四修正案”。[①] 其在回答这个问题时按照如下步骤进行论述：

(1) 宪法第八修正案解释规则

大法官斯图尔特首先表述对宪法第八修正案应以一种“灵活的、动态的方式”[②] 进行解释，“不固守于已过时的东西，随着人道主义思想广泛地被公众接受，其含义也需要与时俱进”[③]。

从立法史角度讲，大法官斯图尔特考查了禁止残酷和异乎寻常的惩罚的历史渊源。1689 年英国《人权法案》首次出现，后被美国宪法起草者引入美国宪法。从各州为批准联邦宪法而召开的代表大会上的代表发言中可以看出，美国宪法起草者引入该表述重点关注的是禁止“酷刑”和其他“野蛮的”惩罚方式。举例来说，在马萨诸塞州代表大会上一位代表发言[④]，认为如果没有禁止残酷和异乎寻常的惩罚的条文，将会导致酷刑猖獗。

从关于宪法第八修正案的早期判例来看，联邦最高法院的重点

---

① Gregg, at 2922 (opinion of J. Stewart).

② Gregg, at 2924 (opinion of J. Stewart).

③ *Weems v. United States*, 217 U.S. See also *Furman v. Georgia*, 408 U.S., at 429 - 430, 92 S. Ct., at 2823 - 2824 (Powell, J., dissenting); *Trop v. Dulles*, 356 U.S. 86, 100 - 101, 78 S. Ct. 590, 597 - 598, 2 L. Ed. 2d 630 (1958) (plurality opinion).

④ 代表发言：“他们没有阻止发明极为残酷和闻所未闻的刑罚方式并将其应用于犯罪；而且对此没有宪法上的核查，拷问台和绞刑架可能是他们惩罚措施中最为温和的刑具之一。”(3 J. Elliot, Debates 111 (1863))

在于决定某种特定的执行方式是否过于残酷而不符合宪法要求。死刑本身的合宪性问题并不在法院考虑之列。用于评价的标准是是否具有"酷刑"或其他"野蛮的"方式的特点。[①] 联邦最高法院考查了威姆斯案[②]、特罗普案[③]以及鲁滨逊案[④]，提出宪法第八修正案的核心是人格尊严。

从这些先例中可以清晰地看出宪法第八修正案并非被看成是一个静止的概念。就像首席大法官伯格的一句经常被引用的话，"该修正案必须从正在不断演变的社会礼仪（decency）标准中获取意

---

① 参见 *Wilkerson v. Utah*, 99 U. S. 130, 136 (1879)（"可以断言的是，酷刑……和所有其他与之同样不必要的残酷刑罚是被那个修正案禁止的……"）; In re Kemmler, 136 U. S. 436, 447, 10 S. Ct. 930, 933, 34 L. Ed. 2d 519 (1890)（"当刑罚涉及酷刑或慢性死亡时，该刑罚就是残酷的……"）; Louisiana ex rel. *Francis v. Resweber*, 329 U. S. 459, 464, 67 S. Ct. 374, 376, 91 L. Ed. 422 (1947)（第二次电刑并未违反宪法第八修正案，因为首次执行失败是"不可预见的事故"并且"并未以施加不必要的痛苦为目的，也非在被计划好的执行中掺入不必要的痛苦"）。

② 在威姆斯案（*Weems v. United States*, 217 U. S.）中，联邦最高法院宣布了菲律宾对于伪造政府文件罪适用带枷监禁是合宪的。该刑罚包括至少12年监禁，带着镣铐，全天从事艰难和痛苦的劳役；丧失很多基本的公民权利；终身受到监视。

③ 在特罗普案（*Trop v. Dulles*, 356 U. S. 78 S. Ct. 2 L. Ed. 2d 630 (1958)）中，联邦最高法院审查了取消一名脱离部队围栏当了一天逃兵的士兵的国籍的合宪性问题。

④ 在鲁滨逊案（*Robinson v. California*, 370 U. S. 660, 82 S. Ct. 1417, 8 L. Ed. 2d 758 (1962)）中，联邦最高法院讨论了宪法第八修正案对犯罪与惩罚问题设立的实质性限制。法院认定将麻醉药品成瘾规定为犯罪的州的制定法违宪。实际上，对于仅仅成瘾的状态施加任何刑罚都是"残酷和异乎寻常的"。抽象地谈量刑的残酷性是毫无意义的："对于普通的感冒'罪行'判处即使一天的监禁，该刑罚也是残酷和非正常的。"

义，其标志了一个社会成熟的发展进程”[①]。

该标准不断地在弗曼案和格雷戈尔案中被提及，并作为一项重要的衡量标准。大法官斯图尔特在本案中将当时各州立法机关、陪审团行为以及加州公投结果作为该标准的体现，得出结论认为死刑为大多数人所接受，符合当时的社会礼仪标准，但同时承认了该标准随着时代的变化而不断演变，并不排除在将来的某时死刑会被认为违背了这种标准。

大法官斯图尔特在其观点中确立了惩罚符合宪法第八修正案的审查标准，即惩罚不能是“过度的”（excessive）。“当抽象的（在本案中，指死刑是否可以适用于谋杀罪）而非具体的（对于特定的被告人实施的特定的犯罪适用死刑的恰当性）刑罚方式被考虑时，对‘过度性’的考察分两方面：第一，刑罚不能涉及不必要和有意施加的痛苦[②]；第二，刑罚不能与罪行的严重程度极端的不合比例（disproportion）[③]。”[④]

2. 实体正当程序原则（Substantive Due Process）

实体正当程序原则，作为一项宪法原则，赋予法院如下权力：当法院认为制定法所采取的侵犯公民基本权利的措施试图达成的目标能够以更轻微的侵犯形式完成的话，法院可以认定该制定法无效。在本案中，如果长期监禁和死刑能够为社会提供同样的保护，

① *Trop v. Dulles*, Supra, 356 U. S. at 101, 78 S. Ct., at 598. See also Jackson v. Bishop, 404 F. 2d 571, 579 (CA 8 1968). *Cf. Robinson v. California*, supra, 370 U. S., at 666, 82 S. Ct., at 1420.

② *Furman v. Georgia*, supra, 408 U. S., at 392 – 393, 92 S. Ct., at 2805 – 2806 (Burger, C. J., dissenting). See *Wilkerson v. Utah*, 99 U. S., at 136; *Weems v. United States*, supra, 217 U. S., at 381, 30 S. Ct., at 554.

③ *Trop v. Dulles*, *supra*, 356 U. S., at 100, 78 S. Ct., at 597 (plurality opinion) (dictum); *Weems v. United States*, supra, 217 U. S., at 367, 30 S. Ct., at 549.

④ Gregg, at 2925 (opinion of J. Stewart).

那么死刑就丧失了存在基础。

司法审查经常涉及立法权和司法权之间的冲突。大法官斯图尔特在解释宪法第八修正案时请他的同僚们注意了司法权的限制。大法官斯图尔特首先肯定了立法机关作为民主机构具有的重要性，同时也提出其制定的法律同样可能违反宪法（本案中是指宪法第八修正案)。其在判决中重申了大法官弗兰克福特在丹尼斯案中的观点[①]，认为“在根据宪法措施评价一个被民主选举的立法机关选择确定的刑罚时，我们假定其是有效的。只要被选择的刑罚不是残酷不人道或是与所犯罪行不合比例的，我们就不能要求立法机关选择最轻的刑罚”[②]，以防止过多干涉民主立法，防止法院按照自己的偏好选择法律。

所以，在本案中，大法官斯图尔特仅仅论证了制定法存在违宪的可能性而拒绝援引该原则。

3. 从历史的角度分析谋杀罪适用死刑是否违反了宪法第八和第十四修正案

大法官斯图尔特考查了美国和英格兰的死刑史，得出的结论是美国和英格兰长期的做法就是谋杀罪适用死刑，对于所有已定罪的谋杀犯，普通法规则规定死刑作为绝对确定刑加以适用[③]。针对谋

---

① “法院不是代表机关。他们没有被设计成民主社会的恰当的反映者。他们的判决是最为明智的，因此在一个十分有限的范围内，是最为可靠的。他们基本的品质就是建立在独立基础上的公正。历史教导我们，当法院卷入时代的感情偏好并设定自己拥有在冲突性的政治、经济和社会压力问题上做出选择的重要责任时，司法独立是危险的。”（*Dennis v. United States*, 341 U. S. 494, 525, 71 S. Ct. 857, 875, 95 L. Ed. 1137（1951）(Frankfurter, J., concurring in affirmance of judgment)).

② Gregg, at 2926（opinion of J. Stewart).

③ *McGautha v. California*, 402 U. S. 183, 197 - 198, 91 S. Ct. 1454, 1462 - 1463, 28 L. Ed. 2d 711（1971）.

杀罪的死刑直到20世纪仍被美国大部分的州所使用。[①]

大法官斯图尔特还追溯了美国制宪者的意图。其认为"从宪法自身文本可以明显看出死刑的存在是为制宪者所接受的。在宪法第八修正案被批准的年代，死刑在各州都是一种普遍的制裁措施。美国大陆会议确实颁布法规，将死刑规定为针对被指定犯罪的刑罚手段"。[②]

通过同时期的宪法第五修正案[③]也可以看出制宪者对死刑的认可。

4. 从先例角度分析谋杀罪适用死刑是否违反了宪法第八和第十四修正案

大法官斯图尔特考查了美国仅两个世纪的判例，认为联邦最高法院在判例中重复认可死刑本身的合宪性。

在威尔克森案[④]中，联邦最高法院认为死刑适用于公共场合枪击罪行并不违宪。

在凯姆勒案[⑤]中，联邦最高法院反对电刑是"残酷和异乎寻常"的，重申："在宪法语境之下，死刑是不残酷的。它暗示有些事情是不人道和野蛮的，比仅仅剥夺人的生命更加恶劣。"

在弗朗西斯案[⑥]中，联邦最高法院再一次评论："与宪法保护

---

① See *Woodson v. North Carolina*, 428 U. S. 280, 289 - 292, 96 S. Ct. 2978, 2984 - 2985, 49 L. Ed. 2d 944.

② Gregg, at 2927 (opinion of J. Stewart).

③ 美国联邦宪法第五修正案："非经大陪审团的起诉报告或起诉书，任何人不得被判处死罪或是其他的不名誉罪……任何人不得因同一罪行而两次被置于危及生命或肢体的境地……不得不经正当法律程序而被剥夺生命，自由，或财产……"

④ *Wilkerson v. Utah*, 99 U. S. , at 134 - 135.

⑤ In re Kemmler, supra, 136 U. S. , at 447, 10 S. Ct. , at 933.

⑥ Louisiana ex rel. *Francis v. Resweber*, 329 U. S. , at 464, 67 S. Ct. , at 376.

被定罪的人的内容相抵触的残酷性是指刑罚方式与生俱来的残酷性，而不是在选用人道的剥夺生命的方法时涉及的必要痛苦。”

在特罗普案[①]中，首席大法官伯格，并其他三名大法官，写道：“基于道德基础和达成刑罚目标等，无论对死刑的反对观点为何……死刑的使用贯穿着我们的历史，并且在死刑仍广泛被接受的今天，我们很难说其符合了宪法上残酷性的概念。”

在弗曼案中，多数法官关注的也只是适用死刑程序正当性的问题，而非实际上施加的惩罚。[②]

5. 各州立法机关与陪审团对死刑所持态度

就此大法官斯图尔特认为，尽管关于道德和死刑的实用性的持续性的争论可以追溯到19世纪，但是现在依然表明美国社会在很大程度上仍然认为死刑是一种恰当的和必要的制裁措施。[③]

而社会态度最好的风向标就是立法机关和陪审团对于死刑的看法。

弗曼案之后，至少35个州的立法机关已经颁布了新的制定法，规定死刑至少是适用于那些导致其他人死亡的犯罪行为。并且在1974年，美国国会颁布了一项法令，规定导致他人死亡的劫机罪适用死刑。[④] 加利福尼亚公民公投引入了一项宪法修正案，允许死刑的存在，实际上否决了先前由加州最高法院在公民诉安德森案[⑤]中建立的规则，并且否认了死刑违反加州宪法的观点。[⑥]

---

① *Trop v. Dulles*, 356 U. S., at 99, 78 S. Ct., at 597.

② See concurring opinions of Mr. Justice Douglas, Mr. Justice Stewart, and Mr. Justice White, Id., at 240, 306, and 310, 92 S. Ct., at 2727, 2760, and 2763.

③ Gregg, at 2928 (opinion of J. Stewart).

④ Antihijacking Act of 1974, 49 U. S. C. ss 1472.

⑤ *People v. Anderson*, 6 Cal. 3d 628, 100 Cal. Rptr. 152, 493 P. 2d 880, cert.

⑥ 406 U. S. 958, 92 S. Ct. 2060, 32 L. Ed. 2d 344 (1972).

大法官斯图尔特还意识到陪审团的裁决同样是社会价值取向的重要反应。陪审团自弗曼案后作出的裁决和新的制定法是完全相合的。①

6. 在本案中佐治亚州是否能够对申请人适用死刑

尽管弗曼案裁决死刑本身并未违反宪法禁止残酷和异乎寻常的惩罚的规定，但是其确实承认在我们刑事司法体系下，死刑在类别上是区分于其他任何刑罚的。联邦最高法院对此采取的解决方式是对陪审团对死刑的自由裁量权加以限制，从程序上降低随意适用死刑的风险。

大法官斯图尔特就如何合理限制陪审团的自由裁量权进行了论证，提出了如下三条衡量标准：

（1）确保陪审团获得足够且准确的量刑信息

大法官斯图尔特认为就算专业的法官进行量刑都会十分需要被告人以及所犯罪行的准确信息，以期能够在刑事案件中采用一个合理的量刑，那么对于那些之前可能从未做过量刑决定的普通民众组成的陪审团来说，准确的量刑信息是合理决定被告人生或死的必不可少的前提条件。②

（2）审判程序一分为二

将审判程序分为定罪阶段和量刑阶段——即直到罪名确定之后再考虑量刑问题——的想法并非大法官斯图尔特所创，早有学者对此进行讨论。大法官斯图尔特在判决中十分推崇美国法学会主编的《模范刑法典》（the Model Penal Code），引用了起草者关于二分体

① 大法官斯图尔特在此处引用了大量关于被判死刑人数的各年的数据予以佐证。

② Gregg, at 2933 (opinion of J. Stewart).

系的论述[①]，并认为“当一人面临即将被剥夺生命的困境时，并当陪审团必须拥有对定罪不利但是与合理量刑有关的信息时，二分体系更加有可能确保消除弗曼案中阐述的宪法缺陷”[②]。

(3) 法官向陪审团提供关于定罪和量刑的恰当指导

此处大法官斯图尔特着重阐述了指导的标准问题，仍是以《模范刑法典》[③] 作为蓝本。尽管其认为这些标准“不可避免地多少有些宏观，它们确实对量刑主体提供了指导并且因此降低了那些简直可以被称为反复无常的或任意的量刑的可能性”[④]。

总的来说，大法官斯图尔特认为，弗曼案提出的不能以一种任意或反复无常的方式判处死刑的观点能够通过谨慎地起草一部用以确保量刑主体被给予足够的信息和指导的制定法的方法得以实现。作为一项一般命题，这些问题可以通过一个分开独立的程序体系得到最好的解决。在这个独立的程序中，量刑主体被告知与量刑相关的信息并被提供指导如何使用这些信息的标准。

大法官斯图尔特运用上述标准衡量了佐治亚州死刑量刑程序的合宪性问题。第一，佐治亚州新的死刑量刑规则列举了十种法定加重情节[⑤]，规定陪审团如果适用死刑，必须认定至少一种法定加重

---

① “（如果采用一体的程序）刑罚判决必须仅仅取决于所有与所述事项关联的证据中的一部分，比如之前被指控的犯罪记录，或由于与量刑相关而必须被接受的证据，尽管其可能会在单独考虑有罪或无罪时由于非相关性或偏见而被排除……显而易见的解决方式……是将程序一分为二，严格地遵守证据规则，直到和除非存在一个定罪判决，但是一旦罪行被确定，就公开与量刑相关的更进一步的信息纪录。在不涉及死刑的普通案件中，存在类似的程序；法院在量刑之前进行单独的调查。”（ALI, Model Penal Code s 201.6, Comment 5, pp. 74 – 75 (Tent. Draft No. 9, 1959)).

② Gregg, at 2934 (opinion of J. Stewart).

③ 《模范刑法典》中关于指导标准的规定参见附录1。

④ Gregg, at 2935 (opinion of J. Stewart).

⑤ 佐治亚州相关法律规定参见附录2。

情节的存在；第二，程序要求陪审团在作出量刑建议之前考虑犯罪情节和犯罪者，尽管一些陪审团的自由裁量依然存在，但是“这种自由裁量的行使被清晰和客观的标准规制以便能够无差别地适用”[①]；第三，作为一项重要的防止任意和反复无常的量刑的额外保障措施，佐治亚州制定法体系规定了所有死刑量刑自动上诉至州最高法院。州最高法院根据制定法的要求审查每一个死刑量刑案件，并决定判决是否受情绪和偏见的影响，证据是否支持陪审团认定的法定加重情节，和与相似案件所采用的刑罚比较量刑是否不合比例。[②]

总的来说，佐治亚州新的量刑程序法要求，列举陪审团对犯罪情节或被告人特点的认定是作为判处死刑的先决条件的。而且，为了进一步防止出现类似弗曼案的情况，佐治亚州最高法院将每一个死刑量刑都与处于类似情况的被告人所承受的刑罚相比较，以保证在特定案件中的死刑量刑不是不合比例的。大法官斯图尔特肯定了佐治亚州立法机关在制定新的死刑法规中所做出的诚挚的努力。其认为新的法规通过对陪审团量刑程序的规定，从而有效地限制了死刑适用上的随意性和歧视性。

综上所述，大法官斯图尔特得出结论，认为这些程序似乎已经满足了上述衡量标准，所以佐治亚州新的死刑法规是符合宪法第八和第十四修正案的。其基于上述论证，最后作出判决，对格雷戈尔施加死刑所依据的法律体系并未违反宪法。据此，佐治亚州最高法院的判决被维持。

但是，就目前的研究表明，制定一部真正能够克服随意性与歧视性的法律是十分困难的。种族与阶级的存在总会扭曲刑法程序与最终的后果。这是需要我们警醒的。

---

① *Coley v. State*, 231 Ga. 829, 834, 204 S. E. 2d 612, 615 (1974).

② s 27 –2537 (c) (Supp. 1975).

（二）大法官怀特撰写的意见

大法官怀特赞同了大法官斯图尔特的判决结果，但同时提出了自己保守的观点。首席大法官伯格和大法官伦奎斯特表示附和。

大法官怀特的重点在于衡量佐治亚州新的死刑法规是否满足了弗曼案的要求。

大法官怀特首先讨论了自由裁量权过度的问题。其肯定了陪审团、佐治亚州立法机关以及佐治亚州最高法院对于克服该问题所作出的努力。

然后大法官审查了佐治亚州检察官的自由裁量权的行使和滥用问题。其对于检察起诉体系拥有相当大的信心，认为在没有相反的证据之前，应该认定“被告人只能因为罪行没有足够严重才能通过公诉方的指控决定逃避死刑；或是因为证据不是足够有力”[①]。不过，大法官怀特的此份信心受到一些学者的攻击，这些学者认为佐治亚州法律体系中的检察机关保留了太多的随意性的自由裁量权。[②]

（三）大法官布伦南和大法官马歇尔的反对意见

二人的反对意见主要是回顾了他们在弗曼案中做出的详尽分析。大法官马歇尔运用了计量经济学的方法分析了大法官斯图尔特提出的处决的震慑效果。

二人依旧是彻底废除死刑的支持者。死刑废除主义者未能基于宪法第八修正案而完全废除死刑。这说明对于这些死刑废除主义者来说，若想在宪法上取得胜利，还有很长的一段路要走。

三、格雷戈尔案的意义及影响

从上述分析中可以看出，格雷戈尔案和弗曼案一脉相承。格雷

① Gregg, at 2949 (opinion of J. Stewart).

② Charles L. Black, Jr., *Capital Punishment: The Inevitability of Caprice and Mistake*, at 25－26 (1974).

戈尔案判决引用了大量的弗曼案中大法官的分析，并在一定程度上以之为标准确立本案中的观点。但是弗曼案并未回答为什么死刑本身并不违宪的问题。大法官斯图尔特在本案中作出了回答。

联邦最高法院在弗曼案中第一次直接面对如下诉求：即无论罪行的恶劣程度或量刑时遵循的程序，死刑都是违反宪法的残酷和非正常的刑罚。尽管弗曼案中涉及并讨论了这个问题，但是联邦最高法院并未解决该问题。四名大法官认为死刑本身并不违宪；[①] 两名大法官得出了相反的结论；[②] 三个大法官，尽管同意提交给法院的制定法无效，但是就死刑是否可以被采用采取了开放的态度。[③] 大法官斯图尔特在本案中旗帜鲜明地认为死刑并未不可避免地违反宪法。

大法官斯图尔特通过上述分析总结出如下结论：

（15）随意的死刑惩罚是违宪的；

（16）歧视性的死刑适用是违宪的；

（17）无视社会礼仪标准演变的死刑是违宪的；

（18）无视实体正当程序原则的死刑是违宪的；

（19）无视人类尊严的死刑是违宪的。

我们需要认识到，正是由于社会礼仪标准的演变，时至今日，在格雷戈尔案四十多年后的今天，来自学者以及国际上的压力，致使死刑在美国的地位从未如此岌岌可危。如果格雷戈尔案发生在现

---

① *Furman v. Georg*, *Supra*, 408 U. S., at 375, 92 S. Ct., at 2796 (Burger, C. J., dissenting); Id., at 405, 92 S. Ct., at 2812 (Blackmun, J., dissenting); Id., at 414, 92 S. Ct., at 2816 (Powell, J., dissenting); Id., at 465, 92 S. Ct., at 2842 (Rehnquist, J., dissenting).

② Id., at 257, 92 S. Ct., at 2736 (Brennan, J., concurring); Id., at 314, 92 S. Ct., at 2765 (Marshall, J., concurring).

③ Id., at 240, 92 S. Ct., at 2727 (Douglas, J., concurring); Id., at 306, 92 S. Ct., at 2760 (Stewart, J., concurring); Id., at 310, 92 S. Ct., at 2763 (White, J., concurring).

在，大法官斯图尔特的观点就可能发生改变。

大法官斯图尔特在判决书中明确写道，死刑是为了实现两个主要的社会目标，即报应和震慑。其在弗曼案的意见中就曾就此问题作出相关论述①。同样，其也认识到震慑效果的难测性及其合法性是个复杂的问题。在没有定论之前，大法官斯图尔特倾向于将这个问题留给各州立法机关解决。加上大法官马歇尔在本案中的反对意见，格雷戈尔案的判决充分体现了就刑罚目的合理性以及刑罚如何实现这些目的的争议。

大法官斯图尔特为死刑的合宪性进行了强有力的辩护，“当一条生命被犯罪者肆意地剥夺时，我们不能说死刑对于犯罪总是不合比例的。死刑是一种极端的刑罚手段，适用于最为极端的犯罪行为。我们认为，死刑不是不管犯罪情节、犯罪者特定以及作出死刑判决所遵循的程序而使用的刑罚方式”。② 但是该判决认定了以死刑作为绝对确定刑的法律是违宪的。

格雷戈尔案的判决在美国死刑发展史起到了举足轻重的作用，且具有很重要的学术研究价值。该判决导致了随后一系列的支持死刑的判决和立法。1976 年联邦最高法院作出的这份判决将美国的死刑适用率推向了一个新的高峰。

附录 1：

《模范刑法典》（ALI, Model Penal Code s 210.6（Proposed Official Draft 1962））就加重、减轻情节作出如下规定：

---

① “报应的本能是人本性的一部分，在刑事司法实施中规制这种本能能够实现促进法治社会稳定这一重要目标。如果人们开始认为有组织的社会不愿意或不能够对犯罪者施以他们‘应得的’刑罚，那么这就埋下了混乱的种子——自助、私自执法和私刑。” Furman v. Georgia, supra, 408 U.S., at 308, 92 S. Ct., at 2761（Stewart, J., concurring）.

② Gregg, at 2932（opinion of J. Stewart）.

(3) 加重情节。

(a) 所犯谋杀罪被判终身监禁。

(b) 被告人之前因另一项谋杀罪或一项涉及对人使用或威胁使用暴力的重罪而被定罪。

(c) 在实施谋杀行为时，被告人同样在实施另一项谋杀行为。

(d) 被告人明知会对很多人造成巨大的死亡风险。

(e) 当被告人参与或试图实施抢劫、强奸、使用武力或武力威胁强制性交，纵火或绑架等罪，或在实施或试图实施上述罪之后逃跑，或是上述行为的共犯，被告人犯有谋杀罪。

(f) 所犯谋杀罪是以躲避或妨碍合法的逮捕或以逃脱合法羁押为目的实施的。

(g) 所犯谋杀罪是以金钱收益为目的。

(h) 谋杀行为特别凶残，骇人听闻或残酷，明显的极度思想邪恶。

(4) 减轻情节。

(a) 被告人无严重犯罪前科。

(b) 被告人在精神或情绪极度不稳定的情况下实施谋杀行为。

(c) 受害者曾参与被告人的杀人行为或同意其杀人行为。

(d) 被告人实施谋杀行为时认为具有道德正当性，或符合减轻情节。

(e) 被告人是另一人实施的谋杀罪的共犯，并且其在杀人行为中参与度比较低。

(f) 被告人行为是在另一人的胁迫或控制之下进行的。

(g) 实施谋杀时，被告人由于精神疾病或缺陷或醉酒导致的其对于自身行为的犯罪（不法）性或其行为符合法律要求的鉴别能力受损。

(h) 在犯罪时被告人是青年。

附录2：

《佐治亚州法典》第27章第2534条第一款（1976增补）（Ga. Code s 27－2534. 1（Supp. 1976））：减轻和加重情节；死刑

（20）在任何情况下，死刑可以适用于劫机罪或叛国罪。

（21）在所有其他可能判处死刑的案件中，法官应考虑或是指示陪审团考虑任何减轻或是加重情节，不仅限于法律规定的和可能被证据证明的如下任何一种法定加重情节：

（22）犯有谋杀、强奸、持枪抢劫或是绑架罪，并且具有曾经实施可能判处死刑的重罪犯罪记录；或是犯有谋杀罪，并存在具有实质性的严重袭击罪的犯罪经历。

（23）罪犯在犯有谋杀、强奸、持枪抢劫或是绑架等罪行的同时，又涉嫌犯有另一项可能判处死刑的重罪，或是具有严重情节的殴打罪；或者犯谋杀罪时涉嫌夜盗罪或是一级纵火罪。

（24）罪犯在公共场合使用通常情况下可以给不止一人造成生命危险的武器或装置进行谋杀，持枪抢劫，或绑架，并且明知其行为会给不止一人造成生命危险。

（25）罪犯以获取金钱或是其他财产性利益为目的，为了自己或是他人犯有谋杀罪。

（26）在司法官员、前司法官员，或地区检察官、法务官、前地区检察官或前法务官任职期间，或因上述人员的职务行为而对其实施谋杀行为。

（27）罪犯促使或指挥他人实施谋杀行为，或作为他人的代理人或雇佣者实施谋杀行为。

（28）罪犯实施的谋杀、强奸、持枪抢劫，或是绑架行为具有强烈的侮辱性，或肆无忌惮、骇人听闻，或是非人道、对受害者实行酷刑、毁人心智，或是具有严重情节的殴打。

（29）针对正在执行公务的治安官、负责矫正工作的职员或是消防警的谋杀行为。

(30) 在治安官依法予以合法羁押期间，或者在合法限制其人身自由的场所，或者逃脱后实施的谋杀罪。

(31) 在合法限制其人身自由的场所，为了避免、扰乱或防止对自己或他人依法实施逮捕或羁押而实施的谋杀行为。

瑞普案与禁止对未成年人适用死刑

李 梦*

直到2005年初，美国仍拒绝废除允许判处未成年犯罪人死刑的法律。当时，除了美国和因内战而处于无政府状态的索马里，世界上所有其他国家都已禁止判处犯罪时未满18岁时的人死刑。

2005年3月1日，美国联邦最高法院对瑞普诉西蒙斯（Roper v. Simmons）① 案作出判决：处死犯罪时不足18岁的犯罪人违反了宪法第八修正案中残酷和异乎寻常惩罚的禁令（the prohibition of cruel and unusual punishments）。这一判决不仅废除了美国对未成年犯罪人的死刑，而且改变了联邦最高法院关于宪法第八修正案的法律理论，有深远的影响。

一、背景与争点

（一）案件事实

1993年9月8日，时年17岁的本案被告人克里斯托弗·西蒙斯（Christopher Simmons）与他的朋友一起谋杀了雪莉·布鲁克（Shirley Crook）。

几乎没有疑问的是，西蒙斯是该案的煽动者。在犯罪之前，他说他想要实施一场谋杀，并用冷酷无情的词语谈起他的计划。他向

* 中国政法大学中欧法学院硕士研究生。该文写作得到吴宏耀教授指导，系中国政法大学青年教师学术创新团队“诉讼法学研究创新团队”课题组的阶段性成果之一。

① *Roper v. Simmons*, 543 U. S. 551（2005）.

他的两个朋友——当时15岁的查尔斯·本杰明（Charles Benjamin）和16岁约翰·特斯默（John Tessmer）——提出了这样的建议：破门而入，捆绑受害者，然后把他从桥上扔下。西蒙斯向他的朋友们保证他们可以“逃避惩罚”，因为他们是未成年人。

这三个人在案发当天约凌晨两点会面，但特斯默先行离开了（此后控方曾控告特斯默犯了共谋罪，但为了换取他对西蒙斯不利的证词而放弃了此项控告）。西蒙斯和本杰明通过一扇开着的窗户，打开后门锁，进入了受害者雪莉·布鲁克的家。随后西蒙斯打开了走廊灯，这惊醒了布鲁克太太，她高声喊道：“谁在那儿?”作为回应，西蒙斯进入了布鲁克太太的卧室并认出了她，他们两人曾卷入同一场交通事故。西蒙斯后来承认这坚定了他谋杀她的决心。

两个行凶者用布基胶带封住了布鲁克的眼睛和嘴，绑住了她的手，将她放进她的小型货车，并驱车前往一个州立公园。随后他们加强了捆绑，用毛巾包着她的头，迫使她走到横跨梅勒梅克河的铁路高架桥上。他们用电线将她的手和脚绑在一起，用布基胶带包裹住她的整个脸，从桥上把她扔下去，使她在桥下的河水里淹死。

9月9日的下午，被害人的丈夫史蒂文·克鲁克（Steven Crook）回到家中，发现他的卧室里一片狼藉，并随后报告他的妻子失踪。同一个下午，渔民从河里发现了受害者的遗体。与此同时，西蒙斯正在吹嘘该杀戮，告诉朋友们他杀了一个女人，“因为那个婊子看到了我的脸。”

9月10日，在收到西蒙斯涉及此案的情报之后，警方在他就读的高中逮捕了他，并将他带到位于密苏里州芬顿的警察局。警察向西蒙斯宣读了他的米兰达权利。西蒙斯放弃了拥有一名律师的权利并同意回答问题。经过不到两个小时的审讯，西蒙斯承认了谋杀，并同意在犯罪现场进行一场录像重演。这后来成为控方在初审中依靠的主要证据之一。

（二）诉讼过程

1994年6月，西蒙斯接受了初审[①]。在定罪阶段，控方毫不费力地证实了他犯有一级谋杀罪。随后的量刑听证也很简短，只花费了陪审团大约两个小时的时间。在总结阶段，西蒙斯的年龄获得了注意，之前法官曾指示陪审团说他们能在减轻处罚时考虑该年龄。辩护律师争论说西蒙斯的年轻有重大意义，强调依据很多州的法律，处于西蒙斯年龄的青少年不能喝酒、担任陪审员甚至看某些电影，因为“立法机关明智地决定，处于一定年龄的人不能足够负责任。”作为反驳，检察官给与如下回应：“十七岁。那不是可怕的吗？那不会吓到你吗？减轻吗？我主张恰恰相反。正相反。”陪审团在认定控方已证明了提交给它的三个加重刑罚的因素后，建议判处死刑。主审法官接受了该建议，判处西蒙斯死刑。

在接下来大约10年的时间里，西蒙斯都居住在密苏里州的死刑牢房，他的新律师一再试图在州和联邦法院中推翻其定罪和死刑判决。

在上诉中，新律师的中心主张如下：由于西蒙斯的初审律师没有在量刑听证中出示与他背景相关的证据，西蒙斯获得了无效的援助。然而，上诉法院拒绝了西蒙斯的主张，认为对无效的检验，仅仅是检验依据主流的职业准则来判断初审律师是否曾不合理地行动，而非是否采用了某一特定的诉讼策略。[②] 下级联邦法院也拒绝了西蒙斯的主张。类似的，2001年10月，美国联邦最高法院拒绝了复核的请求。[③] 经过了8年的定罪后诉讼之后，复核程序似乎已

---

① *State v. Simmons*, 944 S. W. 2d 165（Mo. Apr 29, 1997）（NO. 77269）, rehearing overruled（May 27, 1997）.

② *State v. Simmons*, 944 S. W. 2d 165, 169（en banc）, cert. denied, 522 U. S. 953, 118 S. Ct. 376, 139 L. Ed. 2d 293（1997）.

③ *Simmons v. Bowersox*, 235 F. 3d 1124, 1127（CA8）, cert. denied, 534 U. S. 924, 122 S. Ct. 280, 151 L. Ed. 2d 206（2001）.

经穷尽，州将西蒙斯的处死安排在2002年的5月1日。

在距离那个处死日期只有几周之时，西蒙斯当时的律师向密苏里州州长提交了一份谋求减刑的冗长申请。这份申请强调了揭示西蒙斯在成长过程中遭受虐待和痛苦的证据，同时力劝州长考虑西蒙斯在犯罪时是未成年的状态。鉴于斯坦福案①，西蒙斯之前的律师并没有论证说年龄使他免于死刑处罚，但是此时的律师争论说法律地形已经改变，未成年死刑已经变得违反宪法。然而，直到2002年4月24日，州长还没有行动。那一天，在既没有西蒙斯或州的请求，也没有给出解释的情况下，密苏里州法院下令将处死西蒙斯的日期推迟到2002年6月5日。

2002年5月2日，西蒙斯向密苏里最高法院提出了新的人身保护令申请，声称由于他犯罪时是未成年人，所以他的死刑判决是违宪的。5月28日，密苏里州最高法院暂停了6月5日的行刑日期，这暗示着该院有些法官怀疑对未成年人的处死是否符合宪法第八修正案。当时，美国联邦最高法院很快要判决阿特金斯案②，该案的主要问题是处死智力迟钝（mentally retarded）的犯罪人是否违宪。6月22日，美国联邦最高法院以六比三对阿特金斯案作出判决：对智力迟钝犯罪人的死刑是不合法的。鉴于此案，密苏里州最高法院对处死西蒙斯的暂停得以继续，他的律师提出了附加辩护，争论说根据密苏里州宪法和宪法第八修正案，处死未成年人是非法的。

2003年8月，密苏里州最高法院改变了西蒙斯的死刑判决，并宣称：在斯坦福案之后，“一个反对处死未成年犯罪人的国家共识已经发展起来，这可以由以下事实证明：现在有18个州禁止判

---

① *Stanford v. Kentucky*, 492 U. S. 361, 109 S. Ct. 2969, 106 L. Ed. 2d 306 (1989).

② *Atkins v. Virginia*, 536 U. S. 304, 122 S. Ct. 2242, 153 L. Ed. 2d 335 (2002).

处未成年人死刑，其他12个州完全禁止死刑，没有州在斯坦福案之后将其低于18岁的处死年龄标准变得更低，5个州从斯坦福案后已经通过立法或判例法提高或建立了18岁的最低年龄标准，并且，在最近的十年间，对未成年人判处死刑已经成为真正异乎寻常的事情。"①

密苏里州最高法院的这一判决，无视美国联邦最高法院之前的判例——斯坦福案，招致了很多批评。密苏里州总检察长耶利米·尼克松（Jeremiah Nixon）指出"美国联邦最高法院是联邦法律的最终裁决者"，表明他会要求联邦最高法院复核这一判决。尼克松履行了他的承诺。2004年1月26日，联邦最高法院宣布其将会听审瑞普诉西蒙斯案，为重新考虑是否允许判处未成年人死刑做好准备。2005年3月1日，联邦最高法院以五比四的投票结果作出判决：处死犯罪时未成年的犯罪人违宪。

二、大法官意见

本案中，大法官肯尼迪（Justice Kennedy）发表了联邦最高法院意见，得出结论说处死犯罪时未成年的犯罪人违反了第八修正案，大法官史蒂文斯（Justice Stevens）、大法官苏特（Justice Souter）、大法官金斯伯格（Justice Ginsburg）和大法官布雷耶（Justice Breyer）加入。大法官史蒂文斯提出了附和判决的意见，大法官金斯伯格加入。由于本案的多数意见抛弃了斯坦福案中大法官斯卡利亚（Justice Scalia）意见所包含的基本前提，大法官斯卡利亚提出了异议意见，首席大法官伦奎斯特（Justice Rehnquist）和大法官托马斯（Justice Thomas）加入。大法官奥康纳（Justice O'Connor）同样对判决持异议，但她反对大法官斯卡利亚意见中的主要方面，赞成大法官肯尼迪所采用方法的很多地方，因此独立撰写了异议意见。

---

① *State ex rel. Simmons v. Roper*, 112 S. W. 3d 397（2003）（en banc）.

(一) 多数意见及附和意见

在本案的多数意见中，大法官肯尼迪主要讨论了三方面的问题。

1. 国家共识的客观证据

大法官肯尼迪指出，在本案中，证明存在反对未成年人死刑的国家共识的证据与阿特金斯案中足以证明存在反对智力迟钝者死刑的国家共识的证据是类似的，在某些方面是相同的。当阿特金斯案判决时，30个州禁止对智力迟钝者的死刑。这个数字包括12个已经完全放弃了死刑的州，以及18个保留死刑但将智力迟钝者从其范围排除的州。通过一个类似的计算，在本案中，30个州禁止未成年人死刑，包括12个完全拒绝了死刑的州和18个维持死刑但通过明示规定或司法解释将未成年人排除在适用死刑范围外的州。阿特金斯案强调，即使20个州没有正式的禁令，处死智力迟钝者的实践是罕见的。自彭里案[①]后，只有5个州处决了已知智商低于70的犯罪人。同样在目前的案件中，即使在20个州没有正式禁止处死未成年人，但实践中是罕见的。自斯坦福案后，6个州处死了犯罪时是未成年人的犯罪人。在过去的十年里，只有3个州曾这么做过。

大法官肯尼迪承认，阿特金斯案和本案中关于共识的证据至少存在一个差异：前者令人印象深刻的是废除对智力迟钝者死刑的速度，而本案中废除未成年人死刑的速度则相对缓慢。对此，他指出，正如在阿特金斯案中所指出的那样，考虑到各州自彭里案起已经废除了对智力迟钝者的死刑，“与其说是这些州的数量是重大的，不如说变化方向的一致性是重大的。”自斯坦福案后已经废除了对未成年人犯罪人死刑的州的数量的确小于自彭里案之后废除对智力迟钝者死刑的州；然而，自斯坦福案以来，没有一个先前禁止

---

① *Penry v. Lynaugh*, 492 U.S. 302, 109 S. Ct. 2934, 106 L. Ed. 2d 256 (1989).

未成年人死刑的州重新恢复它。因此，本案与阿特金斯案在废除速度上的所有区别，但这一区别被变化方向上的一致所抵消。

2. 联邦最高法院对成比例性的独立判断的作用

大法官肯尼迪指出，因为死刑是最严厉的惩罚，宪法第八修正案以特殊的力量适用于它。死刑必须被限制在那些犯了“一个狭窄类别的最严重犯罪”的犯罪者，其极端的罪责让他们“最应当被处死”。然而，下列三个 18 岁以下的未成年人和成年人之间的普遍差异表明未成年犯罪人不能可靠地被归类在最严重的犯罪人中。

首先，人们通常在未成年人身上能发现“缺乏成熟和未完全发育的责任感……这些品质往往导致冲动的、欠考虑的行为和决定。”

其次，相比于成年人，在面对负面影响或外界压力（包括来自同辈的压力）时，未成年人更加脆弱，或更容易受到影响。

最后，未成年人的品质并非像成年人那样，已经充分发育成形。未成年人的人格特质更加短暂，有更少的固定性。

大法官肯尼迪对阿拉巴马州等法庭之友的简报——这些简报描述了多个未成年人犯下的残忍罪行，目的是为了说服法院坚持个案考察而非采用分类规则——做出这样的回应：未成年人和成年人之间的差异是如此显著，以至于不能冒险允许一名未成年人被判处死刑，而不顾其不充足的罪责。他从禁止精神病医生诊断任何 18 岁以下的病人患有反社会人格障碍的规定，推论说控方应避免要求陪审员给出过分严重的谴责——即一名未成年犯罪人应受到死刑处罚。

3. 国际规则和外国法的影响

大法官肯尼迪指出，如下突出的事实证实了死刑对未成年人是不成比例的惩罚：美国是世界上唯一继续将死刑作为官方制裁施加给未成年人的国家。而至少在联邦最高法院作出特罗普案[①]判决时，就已经参考其他国家的法律以及国际权威观点来指导对宪法第八修正案残酷和异乎寻常惩罚条款的理解。

就国际条约而言，正如被告和一些法庭之友所强调的那样，除美国和索马里之外，所有其他国家都已经批准了《联合国儿童权利公约》第 37 条，明确禁止对 18 岁以下未成年人犯下的罪行判处死刑。就外国法而言，大法官肯尼迪特别参考了英国法律。由于美国和英国的特殊历史联系，而宪法第八修正案也起源于英国的一个类似条款，英国的经验在此具有特殊的相关性。目前，英国已经完全废除了死刑。但在此几十年前，它就认识到未成年人死刑不成比例的本质，将这种死刑当成一个独立事项废除。1930 年，一个官方委员会建议将处死的最低年龄提高到 21 岁。议会随后颁布了 1933 年《儿童和未成年人法案》，阻止了对任何判刑时不满 18 岁的人的处死。1948 年，议会通过了《刑事司法法案》，禁止对任何犯罪时不满 18 岁的人判处死刑。

大法官肯尼迪评论道："国际社会的意见，虽然对我们的结果不是支配性的，但的确为我们自己的结论提供了受推崇的和重要的确认。"

在大法官史蒂文斯提出、大法官金斯伯格加入的附和意见中，这一点获得了强调：宪法修正案的含义并非在起草时固定，我们对宪法的理解的确随着时间的推移而变化。

（二）大法官斯卡利亚提出的异议意见

大法官斯卡利亚提出的、首席大法官伦奎斯特和大法官托马斯加入的异议意见对多数意见提出了如下反对观点：

1. 判断国家共识的方法

大法官斯卡利亚指出，如果低于 50% 的死刑州的观点能构成

---

① *Trop v. Dulles*, 356 U. S. 86, 100 – 101, 78 S. Ct. 590, 2 L. Ed. 2d 630 (1958).

一个国家共识，语言将失去意义。他认为联邦最高法院之前的判例要求对被挑战的实践存在“压倒性的反对”，相比之下，在仍然保留死刑的州中，仅有42%的州的同意废除未成年人死刑，不足以显示一个国家的共识。与多数意见不同，大法官斯卡利亚认为，在判断是否存在反对未成年犯罪人死刑的国家共识时，那些完全废除死刑的州不应被计算在内。因为：“在废除死刑时，那12个州没有考虑联邦最高法院提出的、对于我们今天面临的问题起决定作用的因素——年轻人较低的罪责、固有的鲁莽、缺乏做出经过深思熟虑的判断的能力，等等。”

除了认为缺乏足够比例表明存在国家共识，大法官斯卡利亚还指出本案中各州立法变化的不足：在阿特金斯案中，自从彭里案之后，16个州禁止处死智力迟钝的个人；本案中，自斯坦福案后，只存在4个州的立法发生变化。此外，大法官斯卡利亚还指出，自从联邦最高法院判决斯坦福案后，实践中对相关年龄组的处死是否曾减少也是不清楚的。

总之，在大法官斯卡利亚看来，这些数据决不能支持联邦最高法院今天对国家共识的认定。

2. 联邦最高法院夺取了道德裁判者的角色

大法官斯卡利亚指出，对人民意志做出反应是立法机关的职能，而“联邦最高法院唯一的合法功能是识别美国人民道德上的共识。”本案中，“联邦最高法院查看了科学和社会学的研究，挑出并选择了那些支持它立场的研究。它从未解释为什么那些特别的研究在方法论上是可靠的；没有任何一个研究曾成为证据的一部分或者在一个对抗程序中接受过考验。”在他看来，这些研究最多能推论说，通常，或在大多数案件中，低于18岁的人不能对他们的行为承担道德责任。而本案中，克里斯托弗·西蒙斯在谋杀雪莉·布鲁克时距离18岁生日只有7个月，并在受害人还活着、处于清醒状态的时候将她从桥上扔下。大法官斯卡利亚还引用了斯坦福案的意见：“这样做是荒谬的：认为一个人必须足够成熟能够认真驾驶、负责任地饮酒或明智地投票，才能足够成熟能理解谋杀他人是极度错误的……”他批评了多数意见对陪审团的不信任，指出其忽视了如下证据：西蒙斯通过向他的朋友保证因为他们是未成年人“能逃脱惩罚”而怂恿朋友们加入犯罪。

3. 国际规则及外国法律的地位

大法官斯卡利亚指出，在本案中，美国自己公民的观点与今日的判决没有本质关联，相反，其他国家和所谓的国际共同体的观点占据了中心舞台。联邦最高法院多数意见中的基本前提——美国法应该与世界其他国家的法律相一致——应该被立即终止。大法官斯卡利亚用美国宗教立法、堕胎法学等例子，表明联邦最高法院自己并不相信美国法应该与世界其他国家的法律相一致这一前提。他还特别批评了多数意见对英国法的参考，指出经过独立战争后数个世纪的发展，英国已经成为一个在法律、政治和社会文化方面与美国相当不同的国家。

大法官斯卡利亚批评道：“联邦最高法院应该要么公开表示它愿意鉴于外国人的意见重新考虑这些问题，要么停止提出外国人的意见作为其判决的推理基础的一部分。当外国法与某人自己的观点一致时引用它，当不一致时就忽略它，这不是符合逻辑的判决，而是诡辩。”

4. 遵循先例原则

大法官斯卡利亚指出，密苏里州最高法院改变西蒙斯死刑的判决公然蔑视了联邦最高法院的判例——斯坦福案，他坚持认为“否决其判例中的一个是联邦最高法院独有的特权”，即使在“司法信条的变化”已经“显著地破坏了”我们之前判决的理论依据的地方，依然如此。然而，今天，联邦最高法院无声地赞成了一个州法院作出的、公然拒绝有控制力先例的判决。这不符合遵循先例原则。

（三）大法官奥康纳提出的异议意见

首先，大法官奥康纳明确表示她同意大部分联邦最高法院对指导宪法第八修正案法律理论的一般原则的描述，该修正案不仅禁止本质上是“野蛮的”惩罚，也禁止那些与所犯的罪行相比“过度”的刑罚。但是，大法官奥康纳指出，否决联邦最高法院的判例仍然是联邦最高法院独有的特权，宪法第八修正案对此规则没有提供例外。密苏里州最高法院改变西蒙斯死刑的判决违反了这一规则。

大法官奥康纳也注意到，至少有 7 个州的现行法规将能判处死刑的最低年龄设定为 16 或 17 岁，其中有 5 个州的死刑牢房中拥有至少 1 名未成年犯罪人（如果将被上诉方计算在内有 6 个），而且它们中的 4 个曾在过去的 15 年间处死过至少 1 名不足 18 岁的犯罪人，合计起来，目前在 12 个不同的州中共有超过 70 名的未成年犯罪人被关押在死刑牢房（如果包括被上诉方共有 13 个）。她认为，这一证据表明公众对可以判处 17 岁谋杀犯死刑的持续的支持。同时，本案中立法机构缓慢的变化速度对暂缓认定存在反对未成年犯罪人死刑的国家共识提供了部分支持。

接下来，大法官奥康纳指出，联邦最高法院的成比例论证没有成功地支持它的分类规则：第一，联邦最高法院没有举出什么样的证据来支持它的宽泛的结论；第二，它没有证明在 17 岁的人与年轻的“成年人”在成熟度上的区别是如此普遍、如此重大，足以使一条反对前者死刑的、有着明确界线的预防规则变得正当。在大法官奥康纳看来，宪法第八修正案的考虑不能是一个基于年龄的专断规则，而必须坚持陪审团对每个被告人的个案处理。

最后，大法官奥康纳转向联邦最高法院对外国和国际法的讨论。她陈述道：“因为我不相信反对未成年人死刑的真正国家共识已经发展起来，而且因为不相信联邦最高法院的道德成比例性论证使绝对的、基于年龄的宪法规则正当，我不能赋予联邦最高法院所描述的国际共识这样的确认。”但是，她同时明确表示反对大法官斯卡利亚认为外国法和国际法在此处不占一席之地的观点，指出在近半个世纪的历程中，联邦最高法院一贯地宣称外国法和国际法与它对进化着的社会礼仪的评定有关。

三、案件影响

西蒙斯案产生了多方面的影响，它既让以西蒙斯为代表的一批未成年犯罪人免遭处死，也改变了联邦最高法院关于宪法第八修正案的法学理论，为“在美国以司法手段废除死刑提供了蓝图。”①

（一）对当事人及未成年犯罪人的影响

作为这一判决的直接后果，西蒙斯被改判为无假释的终身监禁，他对此表示出了“永久的感谢”。与之成为鲜明对比的是，受害者雪莉·布鲁克的姐姐感受到了极大的痛苦，她告诉记者她的心被这个判决“撕碎了”。②

和西蒙斯一样，因这个判决免受处死的还有全美国犯罪时16岁和17岁的犯罪人。据统计，共有71名未成年谋杀犯的刑罚由死刑减为终身监禁，西蒙斯案对这些案件的当事人及其亲友产生了重大的影响。

（二）对国际规则和外国法的参考

西蒙斯案在美国国会中引发了限制联邦最高法院用外国权威确定联邦宪法含义的努力。虽然这些努力最终没有成功，但反映了保守主义者对联邦最高法院适用国际规则和外国法的强烈反对。

对于这一问题的学术讨论在西蒙斯案后也更加激烈，辩论的中心问题之一是：联邦最高法院是将国际规则和外国实践看作有说服力的渊源，还是仅仅将其视作有趣味、但没有影响力的渊源。同样引发学者争论的是，即使假定联邦最高法院给予了国际规则和外国法一定程度的影响力，这些非本国的渊源是否以及如何支持了联邦最高法院对联邦宪法的解读。

---

① Jordan Steiker, *United States: Roper v. Simmons*, 4 Int’l J. Con. L. 171 (2006).

② *Convicted Teen Murderer, Once Sentenced to Die, Grateful for Life in Prision*, LONDON FREE PRESS, Mar. 21, 2005, at D6.

此外，由于西蒙斯案的多数意见提及了《联合国儿童权利公约》第37条[①]，根据这一条文，对于在不足18岁时犯下罪行的未成年人，不仅不能判处死刑，而且不能判处无假释可能的终身监禁。西蒙斯案可能提供成为认定对未成年犯罪人判处的无假释终身监禁违反宪法第八修正案的基础。对此，阿拉巴马州的一个非盈利机构已经有所行动，挑战对犯罪时13、14岁的未成年人判处无假释的终身监禁。[②]

（三）通过司法手段废除死刑的前景

通过废除未成年犯罪人的死刑，西蒙斯案代表了又一个联邦最高法院做出的、旨在消除适用死刑过程中的过度性的重要举措。然而，它的意义不仅限于此。着眼未来，西蒙斯案还可能成为今后通过司法手段废除更多情形中死刑的模板。

西蒙斯案强调，哪怕在40%的州还没有废除某种情况下的死刑时，宪法第八修正案也能禁止它。这一意见同样确认，当立法授权的权衡赞成认定存在反对死刑的社会共识时，那么州不能，或几乎不能使用死刑。西蒙斯案还确认联邦最高法院的独立判断对判决死刑是否成比例是重要的。正如乔丹·斯迪克（Jordan Steiker）教授所指出的那样，西蒙斯案为“在美国以司法手段废除死刑提供了蓝图。”当然，这一蓝图能否成为现实，还留待时间检验。

---

① 《联合国儿童权利公约》第37条：缔约国应确保：A任何儿童不受酷刑或其他形式的残忍、不人道或有辱人格的待遇或处罚。对未满18岁的人所犯罪行不得判以死刑或无释放可能的无期徒刑；

……

② Adam Liptak, *Lifers as Teenagers, Now Seeking Second Chance*, N. Y. TIMES, Oct. 17, 2007, at 1.

韦德案与美国的辨认制度

周媛媛*

辨认在刑事诉讼中适用广泛，历史悠久，但是其不确定性也一直备受诟病。一方面无论是警察、法官还是陪审员，大多倾向于相信证人对被告信誓旦旦的指认；另一方面，进行辨认时，诸多内外部的环境因素都很容易影响辨认结果，使之具有极大的不确定性，因此也极易导致无辜者被定罪。可以说辨认是一个既常见又危险的程序，而对辨认制度的关注和系统研究在半个世纪前才开始，且远没有使这一制度达到成熟完善的程度。美国联邦最高法院在 1967 年的韦德案①中第一次对辨认展开讨论，因此该案对辨认制度在美国的发展有着深远的影响。

一、韦德案的基本案情

1964 年 9 月 21 日，得克萨斯州的一家银行遭到抢劫。一名面颊两侧缠着细胶带的男子走进银行，用枪指着当时在场的女出纳和副总裁，要他们把银行的现金塞进一个枕套中。之后该名男子就和等在银行外的一辆偷来的车中的同伙一起驾车逃跑了。1965 年 3 月 23 日检方做出了一份针对韦德和另外两名合谋抢劫银行的同伙的指控，指控他们抢劫银行。4 月 2 日韦德被逮捕，4 月 26 日为他指定了辩护律师。15 天后，一名 FBI 探员在没有通知韦德律师的情况下，在当地地区法院的一个法庭中组织进行了一场列队辨认，

* 北京市丰台区人民检察院检察官。

① United States v. Wade, 388 U. S. 218 (1967).

安排那两名银行雇员对一组由韦德和其他五六名囚犯组成的列队进行辨认。列队中的每个人都模仿抢劫犯的装束缠着胶带，并且按照要求每个人都像抢劫犯那样，说了“把钱放到袋子里”一类的话。两名银行雇员都指认队列中的韦德就是那个抢劫银行的人。法庭上，在对两名雇员进行主询问的阶段，当被问道“那名抢劫犯是否在法庭上”时，他们都指认韦德就是那名抢劫犯，但是控方并没有提到先前进行过辨认，还是辩方律师在对两名证人交叉询问时问出了先前列队辨认的情况。

韦德的律师申请作出无罪判决，或者排除银行雇员的当庭指认。辩方律师认为，先前进行的列队辨认由于没有通知辩方律师，且在没有辩方律师在场的情况下进行，侵犯了被告宪法第五修正案不被强迫自证其罪的特权和第六修正案获得律师帮助的特权。该动议被否决，韦德被定罪。后来第五巡回上诉法院推翻了有罪判决，要求排除当庭指认这一证据来对该案进行重新审理。该上诉法院认为，尽管列队辨认没有侵犯韦德的宪法第五修正案特权，但是，“列队辨认在没有通知辩方已经指定的律师的情况下进行，就是对被告宪法第六修正案权利的侵犯”[①]。联邦最高法院推翻了上诉法院的判决，要求上诉法院重新作出判决，并将案件发回地区法院，要求地区法院进行进一步的审理。

二、韦德案的争议点与联邦最高法院的判决理由

申诉方，即原辩方认为，控方在指控后审判前强制被告进行列队辨认，而且没有通知辩方的律师，没有律师在场，这一行为侵犯了被告人宪法第五修正案不被强迫自证其罪的特权和宪法第六修正案获得律师帮助的特权。

1. 辨认与反对强迫自证其罪特权

针对第一个争议点，联邦最高法院驳回了申诉人（即辩方）

---

① 358 F. 2d 557，560.

的请求，即联邦最高法院认为强迫被告人参加辨认并没有侵犯被告人不被强迫自证其罪的特权。为了论证这一点，法院回顾了之前的两个案件。在施曼伯案[①]中，控方不顾嫌疑人的反对，提取其血样来分析酒精含量；在霍尔特案[②]中，为查明一件衬衫是否属于被告人，要求他穿上来看衬衫是否合身。这两个案件法院认为都没有侵犯被告人不被强迫自证其罪的特权，因为这一特权“保护的仅仅是被指控人不得被强迫作出不利于自己的证词，或者向控方提供任何证言性或是交流性的证据……”[③]“在刑事法庭上，禁止强迫一个人做不利于他自己的证人，只是禁止使用身体上或精神上的强迫方法来从他那里获取交流性的证言，当他的肢体可能是一种实质性的证据时，并不排除将他的肢体作为证据。”[④]

因此，在审前强迫被告人接受证人的观察，包括强迫被告人说一些抢劫犯所说的特定语句，都只是将被告人的身体特征以及声音特征用做一种实质性的证据，以供辨识，并非要他承认自己的罪行。法院将要求参加审前辨认与要求提供指纹、照片、身体尺码，提供字迹或声音以供辨认，出庭，受审，做出某一种姿势，行走或是做一种特殊的手势等看成是一样的，都不属于要求自证其罪的范围。

2. 辨认与律师帮助权

第二个争议点联邦最高法院则支持申诉人的观点，即认为审前辨认既没有通知辩方律师，也没有在律师在场的条件下进行属于对被告人宪法第六修正案特权的侵犯。

法院在论证这一结论时，回顾了律师帮助权的设置目的，适用范围以及判断是否存在这一权利的方法。法院提到，对抗制的根本

---

① *Schmerber v. State of California*, 384 U. S. 757.

② *Holt v. United States*, 218 U. S. 245.

③ *Schmerber v. State of California*, 384 U. S. 757, 761.

④ 218 U. S. , at 252 – 253, 31 S. Ct. at 6.

就在于要保障被告能够与控方进行有效的对抗，尤其是在可能决定被告命运的审前程序中，因为审前程序，尤其是审前讯问的阶段非常容易侵犯嫌疑人的权利，而且如果审前程序中不保障有效对抗的话，法庭上的对抗将流于形式，审判就会仅仅成为一种对侦查的确认，这正是对抗制诉讼所要极力避免的。因此鲍维尔案[①]提出，要使（所有刑事被指控人都能有律师帮助其进行有效辩护）这一保障不致落空，从传讯到出庭受审之间的这一阶段可能是刑事诉讼中一个“最关键的阶段……”在这一期间被指控人“急需律师的指引……”[②] 之后几个里程碑式的案件都逐步将律师帮助权从庭审阶段向前延伸，目的就在于“保障被指控人在被指控的各个阶段都不必独自面对控方，无论是正式的还是非正式的，也无论在庭上还是在庭外，只要律师的缺席可能减损被指控人获得公平审判的权利，就应当保障律师的在场权。”[③] 而这种“只要律师的缺席可能减损被指控人获得公平审判的权利”的阶段，就属于“关键阶段”，在这些关键阶段要保障辩方能与控方有效对质，就必须保障被告的律师帮助权。

因此接下来的问题就是，审前进行列队辨认，是否属于这样一种“关键阶段”？联邦最高法院认为“这要求我们仔细分析在这些特殊的对质阶段是否有可能造成对被指控人的权利潜在的实质的偏

---

① *Powell v. State of Alabama* at 69, 53 S. Ct. at 64.

② 同上。

③ 这些判例包括 *Powell v. State of Alabama*, 287 U. S. 45, 53 S. Ct. 55, 77 L. Ed. 158; *Hamilton v. State of Alabama*, 368 U. S. 52, 82 S. Ct. 157, 7 L. Ed. 2d 114; *White v. State of Maryland*, 373 U. S. 59, 83 S. Ct. 1050, 10 L. Ed. 2d 193; *Escobedo v. State of Illinois*, 378 U. S. 478, 84 S. Ct. 1758, 12 L. Ed. 2d 977; *Massiah v. United States*, 377 U. S. 201, 84 S. Ct. 1199, 12 L. Ed. 2d 246, 同时参见 *Avery v. State of Alabama*, 308 U. S. 444, 446, 60 S. Ct. 321, 322, 84 L. Ed. 377.

见，以及律师能否帮助防止这些偏见”。①

控方认为，这次列队辨认仅仅是准备控方证据过程中的一个准备工作，与其他大量的准备工作，诸如系统的或是科学的分析被指控人的指纹、血样、衣物、毛发等没有不同。然而法院并不这样认为。因为对这些内容的提取和分析，现在已经有了一套比较客观准确的科学方法，不易受到主观的影响，更重要的是上述这些准备工作所得出的结论，辩方可以通过对控方的专家证人交叉询问的方式来审查其过程及结果的可信性，但是辨认却与此大不相同。

首先，辨认具有非常大的不确定性。有诸多因素导致了这种不确定性，而且很多是不可避免的。从证人自身来说，观察犯罪人的机会，记忆力的有限，尤其当证人是被害人时主观上报复性的动机等都会影响辨认的准确性；从外部来说，安排辨认的警察所传达出的有意无意的暗示，如警察的态度神情，辨认时的物理环境，被辨认人员之间的相似程度等，也都会影响辨认的可信度。而联邦最高法院认为，这种来自侦查人员的不当暗示是造成辨认的极大不确定性的主因。

其次，审前辨认的结果往往决定着法庭辨认的结果。通常在辨认之后，证人头脑中原本可能已经不甚清晰的“犯罪人”的形象就会被由他自己指认出的“嫌疑人”的形象所替代。因此法庭上的辨认通常不过是审前辨认结果的一个确认。前面已经说过，在法庭上，法官或陪审团都倾向于相信证人的指认，一句斩钉截铁的“就是他”会极大地影响事实审理者的心证。由此可见，如果审前

---

① *United States v. Wade*, 388 U. S. 218, at 227.

王兆鹏教授在其著作《美国刑事诉讼法》中认为这两个标准构成了对“关键阶段”的两个判断要件。参见王兆鹏：《美国刑事诉讼法》，元照出版公司 2007 年版，第 446 页。

值得注意的是，这一“关键阶段”标准并非仅是辨认程序中判断律师帮助的标准，而且是附属于宪法的律师帮助权开始的标准。但并不是唯一的标准，这一点后文亦有论述。

辨认存在着会影响辨认结果的不当暗示，受到这种影响的证人所做的辨认很可能就带有实质性的偏见，继而在法庭上的辨认也会是这种有实质性偏见的辨认。

只有审前辨认时辩方律师在场，才有可能帮助防止这些偏见，或者说防止对被指控人的不利益。如果辩方律师在审前辨认时不知情，不在场，不了解审前辨认的进行情况，也不知道不当暗示的存在，那么关于这一辨认结果，律师根本无法在法庭上对证人进行实质有效的交叉询问，实际上也就剥夺了被告人与不利于自己的证人进行有效对质的权利。尤其是这种辨认结论又为陪审团所乐于相信，就极易侵犯被告人获得公正审判的权利。① 由此可判断，审前辨认正是属于急需律师帮助权的“关键阶段”。

因此法院认为，在审前辨认阶段，应当通知辩方律师并在其律师在场的情况下进行，而且律师在场并不会影响该程序的正常进行。“在我们看来，律师很少能阻碍合法的执法行为。相反，可能还会辅助法律执行机构防止控方的辨认性证据被污染。这并不会帮助有罪的人逃脱定罪，只会帮助确保将正确的人诉诸审判。”② 所以在本案中，控方在没有通知辩方律师，没有辩方律师在场的情况下要求被告人参加列队辨认，是侵犯其宪法第六修正案的获得律师帮助权的。

3. 辨认与正当程序

在确定了控方的审前辨认侵犯了被告人的宪法第六修正案特权后，接下来就面临着正当程序的问题。由于审前辨认的辨认结果是

---

① 从法院的论证中可以看出，法院将律师帮助权的根本目的或者说判断标准定义为保障被告人的获得公平审判的权利。因此律师帮助权并不仅仅是保障宪法第五修正案特权。也因此尽管本案被告的宪法第五修正案特权没有被侵犯，并不说明其宪法第六修正案特权就不被侵犯。一个阶段是否享有宪法第六修正案特权，唯一要看的就是这一阶段是否属于保障其获得公平审判权利的关键阶段。

② *United States v. Wade*, 388 U. S. 218 (1967).

通过侵犯被告宪法第六修正案特权的方式得来的，所以这一证据被排除是毫无疑问的。然而这一证据是否排除根本就不是本案的争议点。

本案的特殊之处就在于，这样一份非法证据并没有被控方使用。控方在其举证过程中，压根没有提到这一次审前辨认，而仅仅是让控方证人当庭进行指认。在辩方律师对控方证人交叉询问的时候才问出了这一次审前辨认。因此双方争议的焦点在于，法庭上控方证人作出的辨认是否应该排除的问题。

通常情况下，在第一次辨认后，证人脑海中对“犯罪人”的形象就会被自己指认出来的“嫌疑人”的形象所取代，因此在法庭上指认出的“罪犯”可能不是真正犯罪的人，而是先前被自己指认出的那个嫌疑人。但是这并不绝对。有很多情况下，证人对犯罪人极为熟悉。比如证人与犯罪人是亲戚，或先前就认识，或者在犯罪过程中证人有足够的时机去观察记忆犯罪人，这些都可以保证法庭辨认的准确性。

基于这样的可能性，法院认为必须区分，法庭上证人作出的辨认，究竟是基于审前辨认所留下的印象，还是基于犯罪发生时以及法庭上对被告人的观察。换句话说，也就是需要确定，这份法庭辨认的证据，究竟是一份被先前的非法证据所“污染的证据”，还是一份具有“独立来源”的证据。如果是前者自然应当排除，而后者则不必。同时法院也明确，这一证明责任必须由控方来承担，并且要达到“清楚且有说服力”的证明标准。

法院认为只有查明了这一问题，本案才能得以解决，因此判决推翻了上诉法院作出的，推翻原判的规定，而将本案发回地区法院，要求地区法院在进行了单独审查这份证据是否有独立来源的听审之后再决定本案的判决。

三、后韦德时代辩护制度的发展

韦德案的发生并最终到达联邦最高法院，正是在美国刑事诉讼革命轰轰烈烈进行的20世纪60年代中期，沃伦法院通过一系列经典判例使得对公民宪法权利的关注达到高潮。由于本文开篇即提到的辨认这一程序的特殊性，即适用广泛又备受质疑，且韦德案中的辨认涉及对两项宪法权利是否受到侵犯进行的审查判断，因此这一份判决受到极大的关注，也有诸多质疑。韦德案的判决本身即充满争议，法庭判决意见的每一部分都有大法官持反对意见。无论是法庭意见和反对意见很多都反映甚至是影响了辨认制度后来的发展，同时近年来辨认制度也越来越多地受到心理学、行为学等相关学科发展的影响，以下分述之。

1. 法庭意见的影响

韦德案确立了两个关于辨认的最重要的规则，一是强迫被指控人参加辨认并不侵犯其不被强迫自证其罪的特权，二是审前辨认应当有辩方的律师在场，必须保障被指控人的律师帮助权。之后，又有一系列涉及辨认的案件进入最高法院的视野。科比（Kirby）案限缩了辨认获得律师帮助的阶段范围；阿什（Ash）案则讨论了相片辨认律师帮助权的问题；后来的布哥斯（Biggers）案与布拉斯韦特（Brathwaite）案进一步确立了判断辨认可靠性的标准。通过这些案件，联邦最高法院从不同方面，逐步完善着从韦德案就开始确立的辨认制度。①

在联邦最高法院的判决意见中，法院认为立法机关，执法机关如警察机关等本来也都可以努力消除辨认中存在的种种缺陷。然而正是由于“国会和联邦机构都没能提出适当的解决方法”，法院才

---

① *Kirby v. Illinois* 406 U. S. 682（1972）; *United States v. Ash* 413 U. S. 300（1973）; *Wardon v. Biggers* 409 U. S. 188（1972）; *Manson v. Brathwaite* 432 U. S. 98（1977）.

作出了这一略显无奈的判决。[①] 这里的潜台词就是：辨认尽管有本身的不确定性，但是对于刑事案件的侦查依然有重要作用，甚至是不可或缺的，如果排除辨认证据可能成本过高，因此立法和行政机构应当尽力完善辨认制度从而避免因为程序违法而使得证据被排除。从那之后无论是联邦还是各州的立法机关和执法机关，都在努力确立一套自己的辨认规则，力图在提高辨认的准确性的同时保证程序的合法性。联邦司法部根据多年的实践与研究成果，颁布了一份关于收集目击证人证据的指导手册，里面包含了对从接到报案到进行初步侦查到询问证人到组织照片或列队辨认一系列程序的指导。[②] 这份基于研究报告作出的指导手册既规范联邦执法人员，也为各州确立自己的规则提供借鉴。各州也逐步将关于目击证人辨认的内容写入了执法规程或是立法中。

2. 反对意见的影响

对于韦德案的法庭意见，每一部分都有大法官持反对意见。一些有力的反对意见也从另一面影响了辨认制度后来的发展。

（1）对律师帮助权的质疑。

法院认为没有律师在场的审前辨认侵犯了被指控人的获得律师帮助权，侵犯了其宪法第六修正案特权，这种审前辨认的证据属于应当予以排除的非法证据。对这一点的论证与实践，怀特大法官都提出了异议。从论证上看，怀特大法官认为，尽管法院也承认辨认的不确定性由很多因素造成的，而法院却武断地将这一责任主要归

---

① "Legislative or other regulations, such as those of local police departments, which eliminate the risks of abuse and unintentional suggestion at lineup proceedings and the impediments to meaningful confrontation at trial may also remove the basis for regarding the stage as critical. FN30 But neither Congress nor the ＊＊1939 federal authorities have seen fit to provide a solution." *United States v. Wade*, 388 U. S. 218 , at 239.

② U. S. Department of Justice *Eyewitness Evidence: A Guide for Law Enforcement*.

结于警察的不当暗示。然后以这一没有足够证据支持的推断作为前提，论证在审前辨认阶段被指控人律师帮助权的必要性。事实上很多的错误辨认并非警察的不当暗示造成的，而且没有证据表明律师在场就可以有效地防止不当暗示。如果认为有一个在场的观察者就可以防止不当暗示的发生的话，那么录音录像也完全可以发挥同样的作用。因此，怀特大法官认为法院的这种论证是站不住脚的。而从实践的层面上，很多时候及时辨认对控方辩方都有好处。对控方（一般这时只是侦查人员）可以通过及时的辨认来确定所抓获的人是不是嫌犯，而辩方如果被误抓，也可以通过及时的辨认被排除嫌疑，重获自由。而如果要求辨认一定要在律师在场的情况下进行，必然会造成一定程度的拖延，[①] 这对于真正的被告人没有什么影响，但是却会影响被误抓的无辜者的权利。怀特大法官认为审前辨认一律要求律师在场是不合理的，既影响警察的工作效率，也会影响嫌疑人的权利。

怀特大法官对论证提出的质疑并不充分。他认为律师在场并不能有效防止不当暗示，因此这种措施是不合理的，但这其实混淆了“律师在场”和“证据排除”两个不同手段的不同目的。从法院的理由中可以看出，要确保律师在场是为了确保律师进行有效辩护，而排除没有律师在场而得到的辨认证据才是真正为了防止不当暗示的手段——后者正是非法证据排除的震慑效果。

对于怀特大法官指出的这一判决在实践上的问题，也就是在审前阶段要求辨认时一律有律师在场是否略显宽泛，科比（Kirby）案[②]做出了答案。这一问题实际上就是律师帮助权应当始于何时的

---

① 怀特大法官认为法院过分关注警察的负面影响，而他进一步的观点，即认为如果有辩方律师参与，反而会阻碍辨认，影响辨认的可信度这一点则有些过分关注律师的负面影响。详细的分析参见 Joshua Dressler，Alan C. Michaels：*Understanding Criminal Procedure* 4th ed. pp. 567，568.

② *Kirby v. Illinois* 406 U. S. 682（1972）.

问题。科比案中，联邦最高法院认为，不应将韦德案中的律师帮助权扩大到指控前面对面的对质中，在提出正式指控之前的警察行为并不能适用宪法第六修正案特权。因为只有两造对质才赋予被指控人律师帮助权，如果没有正式的指控，两造对抗程序还没有开始，那么之前警察和检察官只是在就各种可能性进行调查、取证，而非采取与被指控人绝对对立的立场，所以在这种指控前的阶段并不存在律师帮助权。

对宪法的解释有两种方式，一种是探究立宪者的本意，另一种是严格依照宪法文本解释。韦德案中的方法无疑是前者，认为宪法第六修正案的意图就在于只要可能影响到被指控人获得公平审判的阶段都应当保证其律师帮助权，所以律师帮助不应被限制在正式指控之后。而科比案认为律师帮助权只应在提出正式指控之后，更多是根据宪法第六修正案文本的开头“In all criminal prosecutions, the accused shall enjoy the right……”将 prosecution 解释为正式指控（及之后）。[①] 当然这只是判决中的理由，实际上这种对律师帮助权的限缩，与伯格法院渐趋保守的立场和社会犯罪率上升、犯罪控制压力增大是密不可分的。这种将律师帮助权限缩在正式指控后，在实践中主要也是为了解决怀特大法官在韦德案反对意见中提到的问题，即警察刚开始怀疑或是刚抓到一个嫌疑人时，可以及时请证人来确认的情况。有意思的是，尽管怀特大法官在韦德案中提出了反对，但是由于韦德案是生效的，他认为科比案的判决就是不符合先例的，因此在科比案中怀特大法官依然持反对意见。

---

① 王兆鹏教授在其著作《美国刑事诉讼法》中认为律师帮助权的开始时间的判断存在三个标准，即“关键阶段”标准，（参见参见王兆鹏：《美国刑事诉讼法》，元照出版公司 2007 年版，第 446 页。）“形事控诉”标准和“如同审判之对质”标准。“形事控诉”标准即由科比案确立。“如同审判之对质”标准在阿什案（United States v. Ash 413 U. S. 300（1973））中得以确立。参见王兆鹏：《美国刑事诉讼法》，元照出版公司 2007 年版，第 446 ~ 448 页。

不管存在怎样的质疑，科比案的判决生效，进一步明确了辨认的律师在场权规则，在提出正式指控后进行的审前辨认中，必须有辩方的律师在场。

(2) 对正当程序的问题的质疑。

发表了反对意见的布莱克大法官和怀特大法官都质疑案件最终的处理结果。法庭意见要求控方应当以“清楚且令人信服的”证据证明，控方证人的当庭辨认有“独立来源”，而非违法审前辨认的被污染的结果，否则就要排除这一法庭辨认。反对意见都认为法院的这种要求给控方施加了过多的负担，是不切实际，无法操作的。布莱克大法官在反对意见中写道：“证人怎么能够证明他的思维活动，并在到底是不受先前辨认的影响而做出的当庭指认还是由于先前辨认的印象而做出的当庭指认之间划出明确的界限呢？控方又能提供哪些‘清楚而令人信服的’证据来证明哪些特殊事件的记忆导致了当庭辨认的结果？当法官不得不求助心理学家来探寻证人的潜意识活动时，审判又得拖延多久呢？”[①]

这其实是辨认证据的证据能力与其可靠性的问题，因为如果是源于先前的辨认，尤其是先前违法的可能存在不当暗示的辨认，那么法庭辨认无疑也是不可靠的，就应当排除；而如果是有着“独立来源”的当庭辨认，即证人有着观察犯罪人的机会等可靠性的基础，那么法庭辨认就是可以信赖的。这是基于韦德案的特殊情况提出的问题，因为韦德案中违法辨认和要求排除的并不是同一份证据。而把这个问题推演到一般情况中，就是，如果程序违法，辨认结果是否一律排除呢？是否需要考虑辨认的可靠性？换句话说，这种排除是否是一个“本身违法的排除规则”（a per se rule of exclusion）[②] 呢？

---

① *United States v. Wade*, 388 U. S. 218, at 248.

② 即一旦确定程序违法，则不问可靠性而强制排除。

布拉斯韦特案[①]明确了这一问题，即辨认结果并不是一个可以根据“本身违法的排除规则”排除的证据，也就是说程序上的违法性并不是唯一决定证据能力的因素。如果有其他的因素证明这一辨认结果是可靠的，那么即使程序违法，也不必然排除。因此，本案中就将辨认的可信赖性作为了决定其证据能力的关键，进而提出了判断辨认证据的可信赖性的标准，即所谓的曼森检验（Manson Test）[②]，要求综合考虑以下五个方面的情形，如果都可以达到一定的确定程度，则这一次的辨认就是可信的。

这五个方面包括：犯罪发生时辨认人有无观看行为人之机会；辨认人于案发时注意行为人之程度为何；辨认人先前对行为人特征描述之准确度如何；辨认时辨认人的确定程度如何；犯罪发生时与辨认时相距时间的长短。

至此，关于辨认的规则就成为：在正式指控后进行辨认时必须有辩方律师在场，否则就会因为侵犯其宪法第六修正案特权使得该证据被排除；审前辨认如果存在其他的不必要的暗示[③]，则该审前辨认也应排除，且不得在法庭上进行辨认，除非控方可以根据曼森检验（Manson Test）证明法庭辨认的可靠性。然而实践中，法院很少判定警察组织的辨认违反了正当程序，因此一般审前和当庭的辨认都会被允许。[④]

3. 现代科学的影响与近年来的发展

近年来辨认制度再次受到关注，主要是由于 DNA 技术的广泛运用，为许多过去曾经因为错误辨认而被定罪的被告人洗清了冤

---

① *Manson v. Brathwaite* 432 U. S. 98（1977）.

② 有时也称为 Biggers – Brathwaite 规则。

③ 关于不必要暗示的讨论主要体现在 *Stovall v. Denno*，388 U. S. 293（1967）。

④ Joshua Dressler，Alan C. Michaels：*Understanding Criminal Procedure* 4th ed. P570.

屈。人们开始重视如何提高辨认准确性的问题，而不仅仅满足于上文中曼森检验所提供的简单而笼统的对可靠性的判断标准。司法、立法和行政层面都开始更多地依赖于科学，尤其是心理学和人类行为学等学科的发展，对辨认制度的进一步改革起到了巨大的推动作用。

联邦司法部以及各州的立法、执法机构都致力于完善自己的辨认规则。上文中联邦司法部自1999年颁布了收集目击证人证据的指导手册后，又在2003年颁布了对于执法人员收集目击证人证据的训练指导手册。① 各州也在不断探寻，新泽西州是最早开始对辨认制度进行改革的，没有写入立法中，而是由检察部门颁布了指导手册；伊利诺伊州则最早将目击证人的辨认写入了州立法中，并且还规定了试点研究项目等内容。在各州的司法实践上也与联邦最高法院的思路有不同之处。有的州仍然认为如果辨认中存在不必要的暗示，对这一辨认的排除就应当是自动的，而不考虑辨认的可靠性。②

人们试图从科学的角度来进一步提升辨认的可靠性，很多科学研究成果都体现在了上述的立法、执法部门的规则中。如有学者建议警察机关在进行列队辨认和照片辨认时应遵循以下规则：（1）警方必须告知目击证人嫌犯有可能不在列队或是照片序列中；（2）嫌疑人不能在陈列中过于突出；（3）为了防止有意或无意的倾向，辨认应当由不知晓嫌犯特征的警员组织进行；（4）当目击证人辨认出嫌犯后，应当在其他信息污染他的判断之前询问他对自

---

① Nat'l Inst. Of Justice, U. S. Dep't of Justice, *Eyewitness Evidence: A Trainer's Manual for Law Enforcement* (2003)

② 参见 *Commonwealth v. Johnson*, 650 N. E. 2d 1257 (Mass. 1995); People v. Adams, 423 N. E. 2d 379 (N. Y. 1981).

己辨认的确信程度。① 近年来，为了提高辨认准确度，又进一步提出应当一个接一个地出示接受辨认的人或照片，而不是以前的同时出示（Sequentially, not simultaneously），以及应当双盲进行（double – blind administration）。在伊利诺伊州进行的试点试验正是针对这两个问题的研究。② 尽管该试验结果备受质疑，但是在双盲的情况下一个接一个出示被辨认目标的方式显然已经成为目前的改革趋势。

结语

本文以韦德案为中心，回顾了美国辨认制度近半个世纪以来通过几个重要判例得到的发展。我们可以看出，对这一制度的规范，起于美国的刑事诉讼革命时期，强调保障被告人的律师帮助权，保障正当程序，到近二三十年逐渐强调以更科学的方式和手段来保障证人辨认的准确性，从单纯关注外部的警察行为，到开始关注证人本身的记忆规律，在司法、立法和行政各方面不断地调整警方组织辨认的规则要求。但是无论怎样改革，这一制度的目的始终没有偏离其初衷，即在韦德案中反复强调的，保障被告人获得公平审判的权利。

---

① Gary L. Well & Eric P. Seelau, Eyewitness Identification: Psychological Research and Legal Policy on Lineups, 1 Psychol. Pub. Pol' y & L. 765 (1995). 转引自 Joshua Dressler, Alan C. Michaels: *Understanding Criminal Procedure* 4th ed. P563. Fn25.

② Sheri H. Mecklenburg, Program Director: REPORT TO THE LEGISLATURE OF THE STATE OF ILLINOIS: THE ILLINOIS PILOT PROGRAM ON SEQUENTIAL DOUBLE – BLIND INDENTIFICATION PROCEDURES.

调 研 报 告

新刑事诉讼法实施状况调研报告（2013年上半年）

张元元[*] 张蓉蓉[**]

引言

2012年3月14日，第十一届全国人民代表大会第五次会议通过了关于修改《中华人民共和国刑事诉讼法》的决定。2013年1月1日，新刑事诉讼法正式实施。

刑事诉讼法的修改是中国刑事诉讼制度发展中具有里程碑意义的一件大事。新法出台之后，法律界既充满期待，也有所担忧。期待的是立法进步，担忧的是实施效果。“徒法不足以自行。”一部法律能否实现其立法本意，关键在于“执行”，刑事诉讼法也不例外。新法能否真正落实，不仅关系着法律本身的前途命运，更关系着中国法治的长远发展。

迄今，新刑事诉讼法的实施已有半年。我们通过网络、媒体、律师亲历、与司法实务部门交流、走访当事人等方式收集信息和实例，总结新制度、新规定的实施情况，并在此基础上形成了新刑事诉讼法实施状况的调研报告。本调查报告分三个部分：第一部分是刑事诉讼制度的新发展及其实施情况；第二部分是刑事辩护与辩护律师的诉讼权利；第三部分是冤假错案的形成与纠正。

---

* 中国政法大学刑事诉讼法学2012级硕士研究生。
** 中国政法大学刑事诉讼法学2013级硕士研究生。

第一部分　刑事诉讼制度的新发展及其实施情况

新刑事诉讼法设置了不少的新制度和规则，如非法证据排除规则、庭前会议、证人出庭、羁押必要性审查制度等，这些都是本次修法的亮点。

一、法律援助制度

（一）法律规定变化

新刑事诉讼法极大地推动了我国刑事法律援助制度的发展。具体表现如下：一是刑事法律援助的时间提前，即从审判阶段提前到侦查阶段。二是应当指定辩护的案件范围明显扩大，在现有三类案件（可能判处死刑的案件、未成年人犯罪案件、被告人是盲、聋、哑人的案件）基础上，进一步涵盖了可能判处无期徒刑的案件、限制精神病人涉嫌犯罪的案件以及依法不负刑事责任的精神病人的强制医疗程序等。三是可以指定辩护的案件范围进一步扩大，涵盖了自诉案件，即无论是公诉案件还是自诉案件，只要犯罪嫌疑人、被告人因经济困难或其他原因没有聘请辩护人，都可以申请法律援助。四是在援助机制上，明确了法律援助机构的责任，即对于符合法定援助条件的案件，“法律援助机构应当指派律师为其提供辩护”，而不是由法院自行指定。

同时，为了贯彻实施新刑事诉讼法关于法律援助工作的规定，最高人民法院、最高人民检察院、公安部、司法部联合发布了新的《关于刑事诉讼法律援助工作的规定》。

（二）实施情况

1. 浙江省江阴市七项措施强化新刑事诉讼法实施后法律援助工作

江阴市司法局采取七措并举加强新刑事诉讼法实施后各项法律

援助配套工作。例如，从22名法律援助骨干律师中挑选5名业务更精通、责任心更强的律师，具体负责办理侦查阶段、审查起诉阶段的刑事法律援助案件。

2. 杭州市上城区司法局半年来办理刑事法律援助案件数量同比增167.5%

2013年上半年，杭州市上城区司法局共办理刑事法律援助案件107件。其中公安侦查阶段20件，检察起诉阶段21件，法院审判阶段66件；涉及未成年人34人，聋哑人15人，外国人4人，妇女12人，其他42人。2012年同期办理刑事法律援助案件数为40件，与去年同期相比增长167.5%。

同时，该区还采取一系列做法提高法律援助的质量。上城区司法局法律援助中心通过电话、会谈等方式多次与区公安分局、区检察院、区法院沟通刑事法律援助衔接工作，中心还成立了区看守所工作站，定期组织律师到工作站开展法律咨询、接待和法律援助初审等工作，为在押人员提供便捷的法律援助与法律服务。

（三）存在的问题

1. 刑事法律援助中指定辩护的质量有待提高

刑事法律援助的律师由法律援助机构指派，被法律援助的人并没有选择权，法律也没有为提供法律援助的律师设定一定的资格，因此其法律援助的质量可能会出现参差不齐的状况。一些案件法律援助的律师只是做表面文章，有些律师可能根本没办过多少刑事案件，但是也会被指定来承担法律援助的工作。

2. 因缺乏必要的精神激励机制，律师参与刑事法律援助的积极性有待提高

律师参与法律援助的积极性不高，一方面是由于缺乏充分的物质保障。辩护律师代理法律援助案件所获得的资助来自国家财政拨款，一个案件所获得的补助很少甚至没有，而且民间慈善对于法律援助的资助很少，社会关注度不高。另一方面律师本身也应当提高对法律援助事业的热情，提高责任感和公益意识。

3. 援助指定机制的不透明，让法律援助成为某些律师的专利

刑事法律援助的指定是以行政命令的方式作出的。因此，指定谁、不指定谁，基本上就是法律援助机构说了算。这种指定方式产生了两方面的负面影响：第一，某些律师与法律援助机构形成了一种共生关系，排斥了其他律师参与办理刑事法律援助案件的可能性和积极性；第二，经常被指定的辩护律师往往不会提供尽职尽责的有效辩护。

二、证据制度

（一）非法证据排除规则

1. 法律规定变化

新刑事诉讼法第54条至第58条确立了非法证据排除规则。第54条规定了非法言词证据排除规则和非法实物证据排除规则，第55条规定了检察院对侦查机关的非法取证行为进行监督，第56条规定了在审判阶段启动非法证据排除的方式，第57条规定了非法证据排除规则中的举证责任以及检察机关对证据合法性的证明方式。

2. 实施情况

（1）国内非法证据排除第一案

2010年7月，时任宁波市东钱湖区建设局局长助理的章某某被宁波市鄞州区人民检察院指控受贿7.6万元，在2011年7月11日的一审判决书中，鄞州区人民法院援引“两高三部”《关于办理刑事案件排除非法证据若干问题的规定》，认为公诉方提交的证据不足以证明其在审判前获取被告人有罪供述的合法性，从而将其提交的被告人自我有罪供述予以排除，不作为定案根据。最终法院只认定6000元，判章某某犯受贿罪，免于刑事处罚。一审宣判后，鄞州区人民检察院提起抗诉。章某某也随后向宁波市中级人民法院提起无罪上诉。

该案是国内非法证据排除第一案。但本案在二审出现了大逆

转。2012 年 7 月 18 日二审宣判，二审法院在肯定一审法院审判逻辑的同时，话锋一转，认为二审中出现的情况使得二审法院不能认定非法证据，断然否定了一审法院的判决结果。

（2）新刑事诉讼法实施后“非法证据排除”第一案

2011 年 8 月 1 日，廖某因涉嫌参与谢军被杀一案，在“清网行动”中落网。在一审中，法院以“故意杀人罪”判处廖某 12 年有期徒刑。一审时，廖某曾提出自己是屈打成招。其辩护人北京盈科律师事务所律师李君临提出，采用刑讯逼供取得的供述属非法言词证据，应依法予以排除。对此，检察机关提供了“反证”，医院的健康检查表、看守所的体检表证明廖某没有伤情；公安机关、检察机关出具公函，称没有刑讯逼供。在廖某出具“身上有伤”的线索后，公安机关称头部的伤是廖某自己撞墙形成的，手上的伤也是挣扯手铐形成的。

二审中，法官详细分析了案情，认为廖兵虽不能证明公安机关刑讯逼供，但提供了伤情和线索；而公安、检察机关的“反证”疑点重重，按修改后的刑事诉讼法要求，应该启动“非法证据排除”程序。最终法院对廖某的“有罪供述”不予采信，即不认定廖某“举刀杀人”，但认定廖某有参与杀人预谋及到现场参与追撵的情节，故由“12 年”改判为“8 年”。2013 年 3 月 28 日二审宣判，该案打响了新刑事诉讼法实施后非法证据排除的“第一枪”。

（3）张氏叔侄案中的非法证据排除

浙江省高级人民法院再审张氏叔侄强奸案时，正式启动了非法证据排除程序。这一程序在重大命案中的适用，被法学界认为具有风向标意义。2013 年 3 月 26 日，案件再审，浙江省高级人民法院宣布张辉、张高平无罪，这起 10 年前的冤案才最终尘埃落定。判决书中提到：“本案不能排除公安机关存在以非法方法收集证据的情形，张辉、张高平的有罪供述、指认现场笔录等证据，依法应予排除，不能作为定案依据。”“侦查机关使用张辉的同监犯袁某某采用类似的方法协助公安机关获取张辉的有罪供述，同时又以该同监犯的证言作为证据，直接导致了本起冤案。经再审庭审查明，本案中存在从同监犯获取及印证原审被告人有罪供述等侦查程序和行为不规范、不合法的情形。再审法庭已依法适用非法证据排除规则，对上述证据等予以排除，不能作为定案依据。”

3. 存在的问题

(1) 程序难启动

很多案件中辩护律师会提出被告人遭到了刑讯逼供，并申请启动非法证据排除，但真正启动该程序的案例是很少的。其原因主要在于举证困难。来自审判一线的法官举例，比如嫌疑人说在侦查机关作的口供，是屈打成招，手被打伤了，一查确实是受伤了，但怎么受伤的，又举不出相关的材料和线索，这就很难排除，法官不能只听一面之词。在审讯和拘留阶段，犯罪嫌疑人处于绝对的弱势，很难取得和保存刑讯逼供的相关证据。法官判断时心里虽然怀疑有刑讯逼供的可能，但还是要靠证据说话。

(2) 启动后很少被排除

即使在法庭上进行了非法证据排除程序，最终被排除的案例也是很少的。原因在于法律缺乏对非法证据得以排除的程序性保障，比如律师向法院、检察院申请调取证据基本没有结果，侦查人员基本不会出庭说明情况、证人很少出庭、讯问过程的全程录像很难实现。

(3) 因缺乏“毒树之果”观念，排除证据的范围非常有限

即便法庭决定排除非法证据，也往往仅限于某一份具体的供述，至于后续取得的其他供述，则往往不予排除。于是，在个案中往往会出现这样的局面：当排除某项供述不影响定罪量刑时，法院往往会更容易作出排除的决定；一旦影响到定罪量刑，法院基本上不会排除。

(二) 证人保护及出庭作证制度

1. 法律规定变化

新刑事诉讼法在证人作证上，一方面加大了对证人的保护力度，另一方面对证人、鉴定人、警察出庭作证作了更加严格的

规定。

新刑事诉讼法第62条规定了对证人的保护措施，第63条规定了对证人履行作证义务进行经济补偿。第187条规定了证人出庭作证、警察出庭作证以及鉴定人出庭作证的情况，第188条规定了强制证人出庭作证的情形和手段。

2. 实施情况

新刑事诉讼法对于强制证人出庭作证的规定引起了比较热烈的讨论，证人保护和补偿措施能否落到实处、强制证人出庭作证对查明案件事实的效果、对拒绝作证的证人进行拘留所带来的影响，这些问题都是备受质疑的。

对于警察出庭作证，也是备受关注。除了第187条规定的警察作为目击证人出庭作证，第57条规定了在非法证据排除的调查过程中，侦查人员需要对证据收集的合法性出庭说明情况。全国各地都出现了警察出庭作证的案件，广州首例警察出庭作证的案件是警察对其目击的犯罪嫌疑人盗窃过程出庭作证，上海首例警察出庭作证的案件是抓获非法持有毒品的犯罪嫌疑人的民警作为目击证人出庭作证，四川首例警察出庭作证案件是警察出庭讲述犯罪嫌疑人的到案经过。

3. 存在的问题

（1）证人出庭作证情况仍不容乐观

新刑事诉讼法虽然加大了证人保护的力度，并且增加规定法院可以强制证人出庭作证，但实践中证人出庭作证率并没有明显提高，大多数案件仍然是证人不出庭作证。

（2）警察出庭作证大多针对实体性事实，而非程序性事实

目前出现的警察出庭作证的案例，大多数针对的是实体性事实，一般是警察作为目击证人出庭作证。刑事诉讼法修改的重点，在于强调警察针对程序性事实出庭作证的义务，比如警察实施搜查、扣押、勘验、检查、辨认等活动时的情况，以便当庭核实侦查笔录的真实性与合法性。

（3）辩护律师对于出庭证人的询问与质证尚缺乏必要的技能性准备

在证人出庭作证的案件中，如何对证人展开交叉询问与质证，多数辩护律师尚缺乏必要的技能性训练与准备，从而在某种程度上削弱了证人出庭的意义。

三、审前程序

（一）羁押必要性审查制度

1. 法律规定变化

新刑事诉讼法第 93 条规定，犯罪嫌疑人、被告人被逮捕后，人民检察院仍应当对羁押的必要性进行审查。对不需要继续羁押的，应当建议予以释放或者变更强制措施。有关机关应当在十日以内将处理情况通知人民检察院。

2. 实施情况

（1）河南省人民检察院：羁押必要性审查成共识

早在 2011 年，河南省人民检察院通过调研，发现看守所人满为患，有的不该逮捕，不该羁押，真正能够到监狱服刑的不到 20%。新刑事诉讼法实施之后加大了对羁押必要性的审查力度，如今检察机关逮捕质量明显提高，捕后轻刑判决率明显下降。据统计，河南全省检察机关捕后轻刑判决率从 2009 年的 36% 下降到 2012 年的 20%。

新刑事诉讼法实施后，针对侦监工作中的难题，江西省侦监部门起草了《关于建立轻微刑事案件不捕直诉机制的指导意见》和《关于建立审查逮捕社会危险性证明和双向说理工作机制的意见》两个规范性文件，迅速开展社会危害性和羁押必要性审查。

（2）新刑事诉讼法实施后苏州检方首次变更在押人员强制措施

2 月 20 日，苏州吴江区人民检察院对一名在押嫌疑人启动了羁押必要性审查程序，经严格审查后认为已无继续羁押的必要，于

2月21日向有关部门发出了变更犯罪嫌疑人徐某某强制措施的检察建议。当天，徐某某被取保候审走出看守所。据了解，这是在新刑事诉讼法实施后，苏州检方首次启动羁押必要性审查程序，变更在押人员强制措施。

3. 存在的问题：程序启动存在困难

北京市人民检察院第一分院办理的张某敲诈勒索案，尚权律师事务所律师常铮、巩志芳经会见和阅卷，认为本案犯罪嫌疑人张某的行为依法不构成犯罪，并向办案机关递交了书面意见。其后，该案退回公安机关补充侦查。在该案补侦后，再次进入审查起诉阶段时，为维护犯罪嫌疑人的合法权益，两位律师于2013年6月17日分别向市检一分院和北京市第一看守所驻所检察室寄交了《羁押必要性审查申请书》。但是，相关机关未就“是否启动羁押必要性审查程序”、“审查结果”等问题答复律师。

《人民检察院刑事诉讼法规则》规定犯罪嫌疑人、被告人及其法定代理人、近亲属或者辩护人可以申请人民检察院进行羁押必要性审查，申请时需要说明不需要继续羁押的理由并提供相关证据或材料。但法律并没有赋予该申请强制性，即是否进行羁押必要性审查、多久给申请人答复等都由检察院来决定，如果检察院迟迟不启动，又不给申请人答复，法律也没有赋予申请人救济的途径。

（二）同步录音录像制度

1. 法律规定变化

新刑事诉讼法第121条规定，侦查人员在讯问犯罪嫌疑人的时候，可以对讯问过程进行录音或者录像；对于可能判处无期徒刑、死刑的案件或者其他重大犯罪案件，应当对讯问过程进行录音或者录像。录音或者录像应当全程进行，保持完整性。

2. 实施情况

（1）四川省检察机关规范全程同步录音录像工作

4月初，四川省规范全程同步录音录像工作专项活动全面展开：成都市人民检察院出台《关于在侦查阶段开展全面规范全程同步录音录像工作专项活动的实施意见》，并成立领导小组，明确人员、目标、责任，进行整改检查；达州市人民检察院结合自身实际情况，开展了同步录音录像设备检查与维护、操作流程规范梳理、建制及人员安排与落实等自查自纠，进一步推进了同步录音录像工作的有序开展。

（2）安徽祁门县人民检察院细化规定同步录音录像

今年以来，安徽省祁门县人民检察院制定《祁门县人民检察院关于讯问职务犯罪嫌疑人全程同步录音录像操作细则》，对同步录音录像工作进行流程细化，同时由检察技术部门指派专人承担同步录音录像工作，杜绝办案过程中侦查人员自审自录等违规情形，提高同步录音录像的证据效力。此外还要求技术人员录制开始前应当仔细检查、调试设备，密切关注设备运行情况，及时解决出现的故障。祁门县人民检察院今年上半年查办贪污贿赂案件 6 件 7 人，开展同步录音录像 48 次，全程制作同步录音录像光碟 96 张，时长 5422 分钟，取得了较好的法律效果和社会效果。

3. 存在的问题

法律并没有强制所有案件在讯问时进行同步录音、录像，只对可能判处无期徒刑、死刑的案件或者其他重大犯罪案件要求全程录音、录像。在侦查阶段要对犯罪嫌疑人可能判处的刑罚作出判断，侦查人员并不是法官，其判断的准确性存在质疑，而且由侦查人员来决定就赋予了侦查人员很大的自由裁量权。而且根据法条的表述，录音与录像是选择关系，这就更需要各个地方对这一规定予以细化。目前有一些地区出台了规范全程录音录像的细则，但各地规定仍不统一，还有一些地区没有出台相关的细则。

四、审判程序

（一）庭前会议

1. 法律规定变化

新刑事诉讼法第 182 条确立了庭前会议制度，在开庭以前，审判人员可以召集公诉人、当事人和辩护人、诉讼代理人，对回避、出庭证人名单、非法证据排除等与审判相关的问题，了解情况，听取意见。

2. 实施情况

2013 年 1 月 10 日，安徽省铜陵市铜官山区人民法院刑庭法官针对该院即将开庭审理的 9 名被告寻衅滋事、聚众斗殴、妨害公务一案主持召开铜陵市首个“庭前会议”。这是新刑事诉讼法实施后首个庭前会议。

原铁道部部长刘志军受贿案，庭审仅三个半小时，但庭审之前进行了一天的庭前会议。根据对刘志军的辩护律师钱列阳的采访，了解到庭前会议当天刘志军在场，其中把大量的没有争议的证据，以多媒体的方式展现给刘志军本人，这些证据得到了他的认可。这样，在正式开庭的时候，证据的展示过程就非常简化了。如果没有“庭前会议”展示证据，那么这个案件至少要开庭两天。有此“庭前会议”，开庭时只剩下指控主要犯罪的证据和有不同意见的证据留在开庭时处理，而对于没有争议的证据在正式开庭时很快简化过去了。而且本次庭前会议刘志军本人参加了，因此在庭前会议中处理的不仅仅是程序问题，还包括实体部分。

3. 存在的问题

（1）公开透明度不够

近期的刘志军案，三个半小时的庭审，一天的庭前会议，其中很多在庭前会议中控辩双方没有异议的证据在庭审中的展示就十分简化了。但庭前会议没有外人旁听，也没有媒体，有人质疑说这是关门办案，躲避舆论监督。

钱列阳表示，在最高人民法院的司法解释中说得很明白，“庭前会议”就是为了提高正式开庭的质量和效率，但以后庭前会议确实可以做得更透明、更公开一些。

（2）关于非法证据是否予以排除，法官在庭审中不表态

2012 年底，最高人民法院出台了新刑事诉讼法的配套司法解

释，其中明确了非法证据排除的具体程序，但实践中，非法证据排除程序的启动并不乐观。

2013 年 2 月，在内蒙古鄂尔多斯市中级人民法院，某案件上诉人的辩护律师在庭前提交了非法证据排除申请，上诉人也当庭提出案件在侦查过程中有刑讯逼供的行为，但是法官拒绝对有关非法证据的问题当庭表态，甚至开完庭都没有表态。

（二）死刑复核程序

1. 法律规定变化

新刑事诉讼法对死刑复核程序未作太大修改，仅是增加了死刑复核阶段，承办法官听取律师意见及最高人民检察院对死刑复核程序介入的规定。

刑事诉讼法第 240 条规定，最高人民法院复核死刑案件，应当讯问被告人，辩护律师提出要求的，应当听取辩护律师的意见。在复核死刑案件过程中，最高人民检察院可以向最高人民法院提出意见。最高人民法院应当将死刑复核结果通报最高人民检察院。

2. 实施情况

（1）承办法官能够认真听取律师意见

据办理死刑复核案件的律师反映，只要能约见到法官，法官都会认真听取律师意见。据最高人民法院的法官介绍，律师提交的书面意见，承办法官都会认真对待。

（2）最高人民法院收回死刑核准权后首次开庭复核死刑案件

杨某某 2011 年 10 月 5 日涉嫌抢劫罪被逮捕，于今年 1 月份被河北省高级人民法院终审维持了死刑判决，并上报最高人民法院核准。2013 年 6 月 17 日下午，最高人民法院在河北省黄骅市中级人民法院开庭，就被告人杨方振被二审判处死刑一案进行复核，庭审中有新证人出庭作证，陈述其所了解到的杨某某被刑讯逼供的情况。这是自 2007 年 1 月 1 日最高人民法院收回死刑核准权以来，首次参照二审的庭审程序开庭。由于还有证人未到庭，最高人民法院法官决定等传到其他证人后，再择日开庭。

本次死刑复核阶段之所以会开庭审理，主要在于辩护律师向最高人民法院提交律师意见书中提出了此案的多个疑点，包括提出有证人可以证明被告人受到刑讯逼供、报案人的几次证言前后矛盾、其他证据之间存在相互矛盾之处，等等。

3. 存在的问题

（1）辩护律师对于程序进程缺乏最基本的知情权

辩护律师在死刑复核阶段介入后，无法知道承办法官的电话和姓名，找不到案件在最高人民法院哪个庭的情况，这样书面的辩护意见就不知邮寄给谁，律师也就很难了解案件进展到了什么程度。即使辩护律师知道承办法官，约见法官也存在一定的困难。

死刑复核的结果一般不告诉律师，司法文书一般也不送达给律师。比如，广东丁律师尚未约见到法官，家属已获会见死刑犯的通知，但律师询问复核结果却被告知尚无结果。但也有死刑复核庭，如刑五庭表示，如果律师主动索要文书，可以给律师一份复印件。

（2）辩护职能受限、很难发挥应有的作用

在死刑复核阶段，辩护律师除了提供书面辩护意见外，其他辩护职能，如阅卷权、调查取证权等权利很难行使。而且其书面意见是否能起到作用存在质疑，司法文书中一般没有辩护律师的名字，也不体现律师辩护意见。

例如，最高人民法院办理的河南赵某贩卖毒品死刑复核案，2013年2月，尚权律师事务所律师王耀刚、巩志芳在死刑复核阶段介入辩护。2013年4月9日，律师与承办法官当面沟通意见。律师提出由于现在掌握的案卷材料不够全面希望能够阅卷，但是被婉言拒绝。2013年6月17日，律师联系承办法官，法官称案件结果已经出来了，但是经向领导请示，结果不能告诉律师，并建议律师可以向河南省高级人民法院询问结果。

五、特别程序

（一）未成年人刑事诉讼程序

1. 法律规定变化

新刑事诉讼法在特别程序中增加了未成年人刑事诉讼程序一章，规定了社会调查制度、分别关押制度、附条件不起诉制度、犯罪记录封存制度，提高了对未成年人权益的保护力度。

2. 实施情况

（1）鄞州法院积极配合当地看守所对未成年人实行分别羁押管教

鄞州法院通过与鄞州公安分局、看守所协调沟通，实现对被拘留、逮捕和执行刑罚的未成年人与成年人分别关押、分别管理、分别教育。

鄞州法院积极督促看守所增设两个未成年人单独关押监室，实现对全部未成年人分别关押，并协助看守所对在押未成年人逐个建立包括性格特点、家庭情况、社会交往、成长经历等信息档案，制定未成年人羁押表现评定鉴定表，作为法院量刑时的参考依据。

（2）重庆首例附条件不起诉案件

为最大限度地教育挽救失足少年，重庆市长寿区人民检察院 1 月 4 日对未成年犯罪嫌疑人杨某作出附条件不起诉决定，条件是其必须按期汇报情况和参加足够的社会公益活动。这是新刑事诉讼法实施以来重庆首例附条件不起诉。

（3）北京市朝阳区人民检察院实现涉罪未成年人社会调查全覆盖

2012 年底，朝阳区人民检察院制定出台了《未成年人社会调查工作办法》，并实现了对涉罪未成年人社会调查全覆盖。2013 年上半年，该院针对 93 名涉罪未成年人全部开展了社会调查，共对 19 名未成年人作出不批捕决定，对 17 名未成年人作出不起诉处理，2 人作出附条件不起诉决定。其中，多名涉罪未成年人后来在检察官的帮扶下考上了理想大学。针对外来涉罪未成年人，朝阳区人民检察院采取委托异地调查、电话调查等方式确保调查开展。

3. 未成年人的权利保护问题

2013 年 2 月 20 日，李某某等 5 人因涉嫌在 2 月 17 日晚将一女子带至某宾馆后强奸，被海淀警方控制。7 月 8 日，海淀人民检察院以李某某等人涉嫌强奸罪向法院提起公诉。7 月 22 日，李某某案在海淀法院召开庭前会议。整个过程中，双方主要就管辖权异议、回避、侦查阶段证据发表意见，李某某的律师还提出了非法证据排除并坚持要做无罪辩护。

从立案时起，李某某等 5 人涉嫌强奸一案就受到了社会的广泛关注，并由此引发了关于未成年人权利保护问题的相关讨论。

(1) 未成年犯罪嫌疑人在刑事诉讼中的权利保护问题

刑事诉讼法规定了对审判时被告人不满 18 周岁的案件不公开审理，同时还规定了全面调查原则、附条件不起诉、犯罪记录封存制度等对未成年人进行保护。

《未成年人保护法》规定公安机关、人民检察院、人民法院办理未成年人犯罪案件和涉及未成年人权益保护案件，应当照顾未成年人的身心发展特点，尊重他们的人格尊严，保障他们的合法权益。对未成年人犯罪案件，新闻报道、影视节目、公开出版物、网络等不得披露该未成年人的姓名、住所、照片、图像以及可能推断出该未成年人的资料。

(2) 未成年犯罪嫌疑人的权利保护与媒体对公众人物进行舆论监督之间的紧张

3 月 19 日李某某的律师薛振源号召网民尊重李某某作为未成年的权利，3 月 21 日，又发表了“谣言侵害未成年人权利”的声明。之后，该事件引发了更加巨大的争议，不少网民觉得保护了李某某的权利就等于保护着特权阶层，而在遏制特权之大任面前，只好将未成年人权益作为成大事不可或缺之牺牲品。

之后该案的律师请辞，新的辩护律师陈枢和王冉 7 月 10 日在博客上发布“媒体应当保护未成年人权益”的文章。文章中讲到自从 2013 年 2 月 22 日，北京市公安局某分局以真实姓名向全社会披露了李某某涉嫌强奸案后，各大门户网站、主流媒体通过公开披露姓名、图片、视频等对李某某及其家人进行了大量的侵权报道。个别媒体或社会人员还借机对李某某及其家人进行严重的侮辱、诽谤，严重损害了李某某及其家人的名誉。

（3）媒体对李某某案的强烈关注是否恰当

《未成年人保护法》规定对未成年人犯罪的案件，媒体不得披露出可能推断出该未成年人的资料。但来自各界媒体对于李某某事件的报道早已将其个人资料披露，这对李某某本人及其家人都造成了极大的影响。作为未成年人案件，媒体在报道时应该慎重使用未成年人的真实名字，应给予未成年人及其家人的名誉更多的保护，更多的尊重，避免对未成年人造成二次伤害。

（二）强制医疗程序

1. 法律规定变化

为了解决精神病人实施危害行为后的救治问题，新刑事诉讼法规定了精神病人的强制医疗程序。刑事诉讼法第 284 条规定，“实施暴力行为，危害公共安全或者严重危害公民人身安全，经法定程序鉴定依法不负刑事责任的精神病人，有继续危害社会可能的，可以予以强制医疗。”

2. 实施情况

（1）浙江省首例强制医疗案审结

浙江省绍兴市越城区人民法院近日审理了一起强制医疗申请案，对被申请人小雨（化名）作出强制医疗的决定。这是新刑事诉讼法实施以来，浙江省首例强制医疗案件。

（2）新刑事诉讼法实施后北京市审结的首例强制医疗案件

2012 年 11 月 30 日，患有精神分裂症的北京男子宋某无故将他人推下地铁站台，致人严重受伤，后经鉴定依法不负刑事责任。考虑到宋某对公共安全的危害性，北京市海淀区人民法院于 2013

年3月17日依法作出了准予对其强制医疗的决定，该案系新刑事诉讼法实施后北京市审结的首例强制医疗案件。

（3）江苏沭阳审查苏北首例强制医疗案件

2013年6月17日凌晨，患有精神分裂症的王某某因琐事与其母亲朱某某发生口角，持菜刀砍击其母亲朱某某头部数下，致朱某某当场死亡。6月25日，经淮安市第三人民医院司法鉴定所鉴定，认定王某某患有精神分裂症，作案时处于疾病发作期，无刑事责任能力。7月12日，沭阳县人民检察院审查对无刑事责任能力、涉嫌杀害自己母亲的精神病人王某某，向法院申请强制医疗。这是修改后的刑事诉讼法实施以来，苏北地区首例对精神病人申请强制医疗的案件。

3. 存在的问题

（1）强制医疗的法律规定不够完善

刑事诉讼法规定了强制医疗程序，但对具体的如何实施、由哪些强制医疗机构来承担强制医疗责任、适用对象的患病程度，尚缺乏明确的规定。在5月1日起实施的精神卫生法中，也未就司法机关决定的强制医疗的救治机构、经费人员等做出呼应。因此，立法应当明确精神卫生法与刑法、刑事诉讼法关于“强制医疗”规定的衔接问题。

（2）强制医疗的经费缺乏保障

我国尚未建立完备的精神病救助体系，在家庭和社会救助乏力的情况下，精神病患者的救治率仍处于低水平，承担治病救人神圣使命的精神病院，却因为缺钱也在等待着“救治”，就更加难以承担起强制医疗的费用。因此，法律法规应当进一步明确强制医疗的费用由谁来承担，应当由政府和被强制医疗人分担，并根据被强制医疗人的经济状况，适当调整二者的比例，政府应当承担较大的比例。

第二部分　刑事辩护与辩护律师的诉讼权利

一、辩护律师的诉讼权利

（一）辩护律的师会见权

1. 法律规定变化

新刑事诉讼法第 37 条规定，“辩护律师持律师执业证书、律师事务所证明和委托书或者法律援助公函要求会见在押的犯罪嫌疑人、被告人的，看守所应当及时安排会见，至迟不得超过四十八小时。”“辩护律师会见犯罪嫌疑人、被告人时不被监听。”

同时，新刑事诉讼法赋予了侦查阶段的律师辩护人身份，在一定程度上为侦查阶段的“会见”提供了基础。

此外，刑事诉讼法第 37 条也对侦查阶段的会见设置了一定的限制性规定：“危害国家安全犯罪、恐怖活动犯罪、特别重大贿赂犯罪案件，在侦查期间律师会见在押的犯罪嫌疑人，应当经侦查机关许可。上述案件，侦查机关应当事先通知看守所。”

2. 实施情况

（1）律师凭三证会见基本无阻碍

新刑事诉讼法开始实施之后，辩护律师到看守所会见大大便利，凭三证基本无障碍会见。律师们一致表示，进步最大的就是会见，效果立竿见影。“顺畅”“方便”是大多数律师的感受，不少律师都对各地看守所推出的一些便于律师会见的措施大加赞许。

例如：深圳市第二看守为解决会见律师数量大增的问题，同意在未扩建律师会见室之前，如遇讯问室空闲，可以提供讯问室供律师会见之用。因法律规定律师会见不被监听，而讯问室设置有录音监控设施，因此，如律师愿意使用讯问室会见犯罪嫌疑人、被告人的，应自愿按看守所要求在会见专用证明上注明“我同意在讯问室会见”并签名确认。

（2）看守所采取新规则、改善硬件措施

为落实新刑事诉讼法关于“看守所应当及时安排会见，至迟不得超过四十八小时”、“辩护律师会见犯罪嫌疑人、被告人时不被监听”的规定，全国很多看守所都推出了新举措。

例如：北京的监管场所推出“九明确、一热线、一评价”的举措，即明确接受委托告知、会见手续、告知律师特殊案件性质、预约会见途径、工作时间、投诉途径、答复口径、保障律师使用电子设备要求、向律师提供犯罪嫌疑人和被告人羁押场所的通信地址和邮政编码，在监管总队设立律师接待热线，将律师对看守所的评价作为对看守所工作的外部考核机制。

江苏省南京市看守所对会见室进行了改造，办案人员询问犯罪嫌疑人时，室内监听和监控同时开启，律师会见时，律师持专用磁卡即可关闭室内监听设备。

（3）开通律师会见网上预约

为保障辩护律师的会见权利，提高会见效率，北京市第一看守所接待室安装了律师会见服务系统，实现了律师预约、律师信息核实、等候叫号、安检、结束后销号等一体化功能。如果是律师先到，前来提审在押人员的预审民警需要在律师之后排队等待。

陕西省、济南市等地的看守所开通了网上预约管理平台，公布预约电话和网络联系方式。

3. 存在的问题

新刑事诉讼法实施以来，辩护律师会见在押犯罪嫌疑人、被告人的状况有了明显改善，看守所在贯彻、执行新刑事诉讼法上堪称表率，但仍然存在一些问题。

（1）看守所的限制

各地看守所对辩护律师会见权的行使存在不同程度和方式的限制。

在会见时间上，有的将会见限制在工作日的某个时间段内，有的明确表明一周之间的某一天不得会见；在会见人员上，有的表明必须两名律师才可以会见，男律师不能只身会见女犯罪嫌疑人；在会见手续上，有的需要提前预约，会见除持“三证”外，还必须持有委托人与犯罪嫌疑人、被告人身份关系的证明。

例如：山东省青州市看守所至今仍要求经济案件必须得经检察院批准并陪同才能会见，其他案件也必须得公安局批准并陪同才能会见。

(2)“三类案件”成了阻止律师会见的最好借口

新刑事诉讼法规定，“危害国家安全犯罪、恐怖活动犯罪、特别重大贿赂犯罪案件，在侦查期间辩护律师会见在押的犯罪嫌疑人，应当经侦查机关许可。上述案件，侦查机关应当事先通知看守所。”实施之初很多律师就担心，三类案件会成为一些地方阻止律师侦查阶段介入的挡箭牌，不想竟变成现实。有关律师表示，这一规定在实践层面上有被异化的倾向，办案机关只要不想让律师会见，就说属于这三类案件。

例如：成都市公安局侦办的于某某涉嫌“非法转让、倒卖土地使用权”案，批捕后律师持“三证”到成都市看守所会见，看守所拒绝安排律师会见，理由是“得到办案单位的通知，该案属于‘三类案件’”，但是，对于该案属于“三类案件”中的哪一类并无答复。

(3) 以秘密关押的方式阻止律师会见

2013年3月19日，广东省揭西县公安局对涉嫌聚众斗殴的吴某某刑事拘留，拘留通知书上标明犯罪嫌疑人羁押在揭西县看守所。三天后，律师到揭西县看守所会见，看守所经认真查对，告知辩护律师犯罪嫌疑人从来没有羁押于此。后律师得知办案单位是揭阳市公安局，但市公安局仍拒绝告知律师犯罪嫌疑人的实际羁押地点，致使律师无法会见。

(4) 履行告知义务，各地要求不一

新刑事诉讼法规定，辩护人接受犯罪嫌疑人、被告人委托后，应当及时告知办理案件的机关。但对于如何履行告知，没有进一步明确，辩护律师左右为难。

例如，北京市东城区公安分局办案警官以“会见不用我们批准，还交什么手续”为由，拒绝接受律师提交的委托手续。

（二）辩护律师阅卷权

1. 法律规定变化

刑事诉讼法第38条规定，“辩护律师自人民检察院对案件审查起诉之日起，可以查阅、摘抄、复制本案的案卷材料。”

新刑事诉讼法关于辩护律师阅卷权的修改，实现了刑事诉讼法与《律师法》的衔接，解决了审查起诉阶段阅卷难，不能全面阅卷的问题。

2. 实施情况

（1）推行阅卷预约方式，方便律师办案

为落实新刑事诉讼法关于辩护律师阅卷权的规定，各地检察机关、法院纷纷出台相应措施，方便律师办案。

例如：重庆市人民检察院第五分院依托本院互联网门户网站，开设律师阅卷预约平台，建立了律师阅卷预约制度。该制度明确了预约申请注意事项，即律师在网上预约需真实、完整填写申请表格，成功提交申请后三个工作日内可查询预约结果。

（2）推出电子阅卷，提高效率

为提高阅卷效率，北京、上海嘉定、成都武侯区、广州海珠区、宁夏银川、天津河北区、湖南株洲、江苏南京、海南省等地检察院都开始推行电子阅卷制度。

例如：银川市人民检察院从2013年2月起着手建立律师电子阅卷系统，案卷送至案卷管理中心后工作人员通过扫描建立电子卷宗，律师当天就可阅全卷，并通过电子卷宗选择性打印。

广州市海珠区人民检察院建立了律师阅卷局域网，律师通过该网便可查阅案件内容，对于需要摘录的部分，可以直接打印，也可以刻录成数字光盘，既规范又方便快捷。

3. 存在的问题

(1) 关于阅卷时间，各检察院规定不一

在北京，有律师反映各检察院在工作日对律师阅卷的时间有限制性规定。

例如，朝阳区人民检察院周五下午学习，不接待律师阅卷；丰台区人民检察院只在周二至周四安排律师阅卷，而且，因为该院安排阅卷，一般都要在律师递交手续后7日左右，远远超过规定的三个工作日。

(2) 能否使用通信工具拍照，各地规定不一

浙江的律师反映，某市级检察院就明文规定，“不能使用会泄密的拍照器材”，但对何为“会泄密的拍照器材”未作明确规定；杭州富阳市人民检察院只允许用相机拍照。

北京的律师反映，到北京市海淀区人民法院阅卷，法官要求律师带相机前往，可到了法院门口，法警要求必须先把相机存放在安检处的柜子里，再让承办法官给法警打电话才能取出。

(3) 复印案卷没有统一收费标准

浙江省律师协会的调查显示，浙江省内案卷复印的收费没有统一标准。例如：富阳法院按每案100元收取，富阳人民检察院按每卷50元收取；杭州临安市人民检察院复印案卷基本收费为100元，案卷多的200元；温州地区人民检察院的收费在0.5～1元一张不等；而临海法院复印案卷免费。

同样是收费，南京市鼓楼区人民检察院的做法有很大创新，由案管中心接待律师，卷宗全部扫描，律师阅卷只要刻录一张光盘即可，收费10元，大大提高了办案效率。

(4) 审讯录像不能复制

侦查期间讯问犯罪嫌疑人的录像，是控方证明取证合法的重要证据，但在控方向法院提交后，多数法院不允许律师复制。

例如，重庆市第一中级人民法院法官向律师明确表示不能复制。河北省高级人民法院也是如此。

(5) 申诉案件律师是否有阅卷权存争议

在聂树斌案申诉的过程中，聂树斌的母亲曾电话联系河北省高级人民法院，告知其自己委托的律师将于某日申请阅卷，而河北省高级人民法院答复说需要先请示领导才能决定是否同意阅卷申请。实际上，这几年聂树斌案的代理律师一直困扰于该案的阅卷问题，河北省高级人民法院总是拒绝其阅卷。

二、辩护律师的权利保障

(一) 法律规定变化

辩护律师权利救济条款的增设，是新刑事诉讼法修改的又一个亮点。它改变了律师权利遭到侵害后告状无门的尴尬局面，是对律师权利的一个保障，也是对执法机关的一个制约。

新刑事诉讼法第42条规定："辩护人或者其他任何人，不得帮助犯罪嫌疑人、被告人隐匿、毁灭、伪造证据或者串供，不得威胁、引诱证人作伪证以及进行其他干扰司法机关诉讼活动的行为。

违反前款规定的，应当依法追究法律责任，辩护人涉嫌犯罪的，应当由办理辩护人所承办案件的侦查机关以外的侦查机关办理。辩护人是律师的，应当及时通知其所在的律师事务所或者所属的律师协会。"

第47条规定："辩护人、诉讼代理人认为公安机关、人民检察院、人民法院及其工作人员阻碍其依法行使诉讼权利的，有权向同级或者上一级人民检察院申诉或者控告。人民检察院对申诉或者控告应当及时进行审查，情况属实的，通知有关机关予以纠正。"

(二) 通过检察监督成功维权的个案

2013年4月26日上午，彭东钫、许婷律师执三证前往邵阳县看守所会见犯罪嫌疑人秦某某。邵阳县看守所以本案系公安部督办、邵阳县公安局已作出不准律师会见的决定，必须待犯罪嫌疑人被批准逮捕后才能安排会见为由，拒绝了申请人的会见要求。邵阳县看守所为规避48小时内安排会见的规定，要求邵阳县公安局于

4月27日将犯罪嫌疑人秦某某转羁押至邵东县看守所。第二天下午3时许，两申请人在邵东县看守所再次要求会见犯罪嫌疑人秦某某，邵东县看守所以异地羁押需要办案单位同意为由拒绝了辩护人合法会见的要求。

两位辩护律师于5月4日依法向邵阳市人民检察院提起违法行为确认申请，并要求邵阳市人民检察院责令邵东县看守所立即安排会见。

5月8日下午，在邵阳市人民检察院及邵东县人民检察院的有力监督下，邵东县看守所安排了湖南东放明律师事务所彭东钫、许婷两位律师会见了尚未批捕、涉嫌贩卖毒品罪的在押犯罪嫌疑人秦某某，对10天前拒绝律师会见的行为进行了改正。

（三）存在的问题

1. 关于律师权利的保障尚未全面落实

例如，湖南株洲张时孟律师涉嫌伪证一案，并未按照新刑事诉讼法的规定，由办理辩护人所承办案件的侦查机关以外的侦查机关办理，而仍然是由张时孟所办理案件的检察机关对其提起公诉。当张时孟的辩护人提出回避要求时，法院也没有采纳，置法律规定于不顾。

2. 办案机关给犯罪嫌疑人、被告人或家属施压，强令其与律师解除委托关系

例如，广东省揭西县吴桂存涉嫌聚众斗殴案，因侦查机关不告知辩护律师犯罪嫌疑人被羁押的场所，致使律师无法会见，于是，辩护律师向检察机关控告办案机关的违法行为。办案机关竟然向家属施加压力，要求其解除与律师的委托关系。

江苏省靖江市人民法院审理的一起“法轮功”案件，辩护律师作无罪辩护，法院给被告人及其家属施加压力，让其解除与北京律师的委托，在当地聘请律师。

3. 检察监督不力，申诉渠道不畅

辩护律师权利受到办案机关侵害时，可以向检察机关申诉或控

告，但实际情况是，许多驻所检察室设在看守所的监区内，律师想现场申诉实属不易。即使向检察机关申诉，因监督力度不够，权利救济也难以实现。

例如，2013 年 1 月 8 日，律师在成都看守所会见当事人遇阻后，找驻所检察室反映。驻所检察官说不让见肯定是有原因的，但他们不了解案情，所以律师还得跟办案人员联系。又几经交涉，律师终于和办案人员联系上，最后被告知：办案机关确实给看守所出具了不能会见的手续，但至于理由成立不成立，驻所检察室因不了解案情，不能给律师答复。

三、辩审关系问题

（一）三个典型个案

1. 王兴律师被逐出法庭案

2013 年 3 月 18 日上午，吉林船营法院王刚涉黑案庭审第一天，北京市惠诚律师事务所王兴律师（担任第四被告人于涛的辩护人）无辜被审判长逐出法庭，并且被变相剥夺辩护权。在迟律师说审判人员的回避应当由法院院长决定而不能由审判长直接决定后，王兴律师举手要求发言，审判长说没经法庭准许不允许发言，王兴律师仍举手，此时公诉人直接发言要求遵守法庭指挥，王兴律师说公诉人也没有经过法庭允许为什么直接发言，然后继续举手要求就本案的程序问题进行发言。审判长继续厉声说没有经过法庭准许不得发言，王兴律师举手说那他请求发言，他现在请求法庭准许他发言。这时，审判长直接警告王兴律师，然后接着训诫王兴律师，然后，按照司法解释第 250 条的规定宣布将王兴律师驱逐出法庭。在王兴律师被法警架出法庭后，法庭拒绝王兴律师继续为被告人辩护的要求。后经王兴律师多方争取，最终才得以再次进入法庭，继续进行辩护。

2. 王全璋律师被拘留案

靖江市人民检察院于 2013 年 1 月 22 日指控被告人朱亚年犯利

用邪教组织破坏法律实施罪，靖江市人民法院于2013年4月3日上午9时30分在该院第三审判庭公开开庭审理此案。北京市振邦律师事务所王全璋律师出庭为被告人朱亚年辩护。

据靖江市人民法院介绍，当天的庭审过程如下：庭审中，辩护人王全璋多次打断合议庭成员以及公诉人的讯问，扰乱法庭正常的审判活动，经审判长多次警告制止并训诫。在法庭辩论中，辩护人王全璋用其手机拍摄，被审判长发现，审判长当即指令法警对王全璋的手机予以暂扣，待休庭后处置。法警当即通知本院网管员到场，发现该手机显示“云录音”状态，法警当即将此情况向审判长报告。审判长在庭审结束后要求辩护人王全璋留置谈话。谈话过程中，审判长要求辩护人王全璋提供手机开机密码，王自始至终都未能提供有效密码，致手机无法打开。

该法院决定，鉴于王全璋律师上述行为违反法庭秩序，情节严重，依据最高法司法解释第250条第一款第（三）、（四）项规定，对辩护人王全璋予以拘留。

3. 杨金柱、李金星律师被驱逐法庭案

2013年5月21日，广西北海市银海区人民法院在审理北海市银海区人民检察院提起公诉的被告人孟荣展、刘刚、王世远等11人涉嫌串通投标、行贿、受贿罪等一案中，被告人孟荣展的辩护律师李金星、杨金柱不服从法庭指挥，未经许可多次擅自发言，多次打断审判长发言。审判长多次警告制止无效后，依法指令法警将二位律师强行带出法庭。

两律师称，孟荣展在会见辩护人时，称其此前供述系被纪委办案人员逼供诱供所形成，于是21日上午的庭审中，律师当庭申请对孟荣展的供述进行非法证据排除。在下午的庭审发问时，李金星律师就逼供诱供进行提问，但在涉及纪委办案的提问时，即被审判长打断。李坚持要发问，仍被审判长制止。李表示抗议，被审判长令法警强行带离法庭。

李金星被逐后，杨金柱对审判长驱逐辩护律师表示抗议，审判长令法警强制带离法庭。另有旁听家属对此表示抗议，审判长也令法警强行将其带出。同时，审判长还对孟荣展称，为其辩护的李、杨两人辩护权被解除，要求孟荣展自行辩护或者另行聘请律师辩护，孟荣展不同意，法庭一度僵持，审判长宣布休庭。

（二）辩审冲突及其成因

1. 辩审关系紧张的原因

（1）法律的角度

按照诉讼结构理论，控辩审三方应该构成一个等腰三角形，现在出现的法官"歧视"律师的现象，与立法有一定的关联。现行刑事诉讼法更加偏重对公权力的保护。立法上的一个基本原则是公检法分工负责、互相配合、互相制约，实践中，相互配合的多，相互制约的少，而律师则被抛到一边去了。

而且现行法律中，没有辩审、控审之间对于庭审程序上处理的正当性进行上诉的程序，所以就极容易导致辩方对于审判一方程序性的决定不服时，在法庭上就相互对立。

（2）法官的角度

辩审关系紧张，与司法不独立有一定关系。如果法院是依法独立审判，不受任何干扰的话，可能审判方和辩方就不会因为程序上的问题而产生这些比较激烈的对抗。而现实中法官的立场并不中立，法官为了使庭审顺利进行，不希望辩护律师提出阻碍庭审进程的意见，一旦辩护律师提出了，法官可能会找理由不去处理，如果律师坚持要法官处理，辩审冲突就可能会发生。

（3）律师的角度

辩审关系紧张，律师也有一定的责任。辩护人在据理力争的时候应该更加温和一些，不与法官或合议庭发生正面冲突，如果律师被打断或者干脆不让说，那就简单说一两句，到下个问题时接着说。法官和律师都应该从自己做起，共同处理好辩审关系。身为律师，要尊重法官、尊重法庭、尊重法庭的安排和指挥，因为，毕竟是法官来主持庭审。法官和律师之间应互相尊重、互相理解，共同把庭审顺利地进行下去。

(4) 观念的角度

重实体轻程序的观念，也是辩审冲突的根源之一。辩审冲突比较激烈的，往往都是涉黑案件，这类案子往往在实体上争议是非常大的。由于取证时间较长，程序上难免出现问题。这时，对于辩护人而言，程序辩护的意义就很大。但是，这类案件在庭审前，基调基本已定。于是，律师提出的各种问题是没法解决的，所以只能压律师。从实践中看，庭审走过场情况越来越明显。法官提前阅了全部的卷宗，心中已经有了决断。而且长期以来，受重实体、轻程序的观念影响，一旦律师提出程序问题，法官往往感到很烦。烦的结果，往往加剧了辩审关系的紧张程度。

2. “死磕派”律师

最近，律师“死磕”成为法庭中的常见现象，从重庆、小河到靖江、北海，可谓“四处开花”。律师利用网络媒体抨击法院和法官成为常态。对此，有人力挺，认为“死磕”才能督促法院依法裁判，维护当事人的合法权益，一些律师还结成同盟，互相声援；也有人反对，认为“死磕”是对司法权威的蔑视，对法治的破坏。从细节上来看，“死磕”律师的一些举措确实有失当之处，但从总体上来看这也体现了律师一方对程序违法敢于抗争的勇气。

律师“死磕”案件一般有以下特点：第一，都是刑事案件，与律师对立的一方是检察院或公安机关；第二，大多是敏感案件，审判的基调已经确定，法院尽可能地缩小影响，避免“炒作”；第三，办案的律师都是外地律师。

那么，为什么在这样一些案件中，律师要死磕？主要的原因在于我们已经有了一套比较完备的法律制度，但是司法机关的很多领导和工作人员仍习惯于一些旧的观念和做法，不想真正地去实行它。在审判结论早就定好的情况下，庭审就是走过场，律师的辩护根本没用。律师也因此感到被法院欺骗和愚弄。本地的律师要长期和法院打交道，对此只能忍耐。但一些外地的律师看不下去了，他们举起“看上去很美”的法律，要求法院履行立法者作出的承诺，恢复法律的本来面目。于是，法院觉得这些律师气焰太嚣张了，一定要给点颜色瞧瞧，也就产生了辩护律师与法院的“死磕”。[①]

3. 律师违反法庭秩序的处罚与救济

辩审冲突、律师死磕，最终都会集中到一点——律师因违反法庭秩序而受到相应的处罚。由此，也引发以下三方面的问题：

第一，就辩护律师与法庭的关系而言，辩护律师在法庭上的行为界限与法庭礼仪问题。

第二，就律师违反法庭秩序的处罚而言，以下问题值得引起特别的关注：（1）对律师的处罚是否必须以“警告制止而拒不服从”为前置条件？（2）对律师的处罚是否应当以维持法庭秩序为限度？（3）违反法庭秩序是否只是暂停而非解除律师的辩护权？

第三，就受到处罚的律师而言，存在何种救济手段？根据刑事诉讼法规定，对于法院采取的不当的罚款、拘留等惩罚措施，辩护律师可以向上一级法院复议。同时，新刑事诉讼法还赋予了辩护律师对侵犯其辩护权的行为进行申诉或者控告的权利。

四、律师职业伦理问题

（一）问题的提出

1. 刘志军案中的律师职业伦理

2013年6月9日上午8点30分在北京市第二中级人民法院公开审理的原铁道部部长、党组书记刘志军涉嫌受贿、滥用职权案，庭审进行了三个半小时。此前该案进行了一天的庭前会议。检方指控刘志军涉嫌受贿罪、滥用职权罪，并认为其涉案金额为人民币6460.54万元。刘志军对两项罪名表示无异议，但对涉案金额中的人民币4900万元提出质疑，认为不属于受贿。2013年7月8日，

---

① 参见陈光武律师博客：《律师为什么要死磕》，2013年6月16日发布，http：//blog. sina. com. cn/s/blog_ 9c0db7f90101bo5g. html。

北京市第二中级人民法院对刘志军受贿、滥用职权案作出一审宣判，对刘志军以受贿罪判处死刑，缓期二年执行。

本案不仅引发了公众对于律师是否应当对刘志军这样的贪官说话、庭审是否是走过场等问题的讨论，在律师界也引发了对于刑辩律师的律师职业伦理问题的讨论，批评与支持的声音都有。

批评者的观点大致为：（1）刘志军案庭审是表演，钱列阳律师不应配合演戏，应当拒绝辩护；（2）钱列阳律师即使参加辩护，也应当在该案中穷尽一切手段，让办案机关的违法违规行为在法庭内外得到揭露和批判；（3）在为刘志军这样千夫所指的大贪官辩护时，钱律师不应将“当事人最大利益”置于“公平正义”之上，应当让刘志军接受最严厉的惩罚。

支持者的理由为：钱列阳律师是受法律援助中心指派的，其不能够拒绝指派，而且钱律师凭借其多年刑辩的经验，制定相应的辩护策略，为实现被告人合法权益的最大化进行辩护，并没有违背律师职业伦理。

2. 王书金案中的律师职业伦理

2013年6月25日，王书金上诉案由河北省高级人民法院在邯郸进行第二次庭审。此次的庭审，焦点在于以下两个问题：其一，庭审中检察官为王书金辩护，王书金的辩护律师则认可王书金的认罪，这种巨大逆袭，乾坤大挪移的荒唐在庭审中体现得淋漓尽致；其二，王书金的上诉就是要求法庭认定其杀害了康某，这属于漏罪的问题，不属于立功的问题，而辩护律师的辩护意见是王书金的认罪属于重大立功，应从轻处罚，辩护律师的这一意见是否合适存在质疑。

本案中对王书金的辩护律师是否违背律师职业伦理的讨论在于，辩护律师在上诉理由中以承认重大犯罪作为“对国家和社会的贡献”，一方面令人惊讶，另一方面令人质疑，辩护律师提出的这个“重大立功”的理由成功地延缓了死刑的执行，这对当事人来说是有利的，但是否违背律师职业伦理？

3. 李某某案中的律师职业伦理

陈枢律师接受被告人家属委托后担任被告人李某某的辩护律师，在对案情进行了解后，准备在庭审中对李某某作无罪辩护。陈枢律师的这番“准备在庭审中对李某某作无罪辩护”的言论，迅速在微博网友中引发热议。有些学者认为在已经构成明显强奸罪的前提下，律师此举不符合职业伦理。律师屈从当事人及其家属意志，故意曲解事实和法律是不允许的。当然也有学者认为，尽管李某某罪大恶极，但只要法院未对其定罪前，他都应该被看做是无罪的，现代法治的基础就是‘无罪推定’。李某某有权利聘请律师为自己辩护，谁都不能剥夺他应有的权利。

（二）值得关注的几个问题

1. 刑辩律师如何处理与委托人的关系

在刑事案件中，辩护律师虽然是委托方的辩护人，但他们处于不同的诉讼角色与诉讼地位。如何界定二者之间的关系，有着紧迫的现实意义。现行刑事诉讼法赋予了辩护律师独立的诉讼地位，律师的辩护应在法律框架内进行，并且符合律师职业伦理规范。

但某些情况下，委托人可能会对辩护律师提出一些硬性的要求，要求律师保证达到某种辩护结果，此时律师应当如何处理？当委托人对案件的意见和辩护律师存在很大差异，辩护律师如何协调？如何增进辩护律师和委托人之间的信任关系，以使辩护律师更好地发挥其辩护职能？

2. 当事人利益最大化与律师职业伦理

不言而喻，维护委托人的利益，并展开符合委托人意愿的辩护活动是律师应尽的职责。但在将当事人利益最大化的辩护过程中，并不意味着律师可以不顾法律与职业伦理的限制，而一味地追求有利于委托人的判决结果。

在刘志军案件中，委托人通过认罪换取较轻刑罚，如此重大的案件庭审只用了三个半小时，对于相关的证据出示，律师显示出一定的消极状态；在王书金案中，辩护律师以被告人认罪作为“重大立功”，要求从轻处罚；在李某某案中，辩护律师在案情比较明显的情况下作无罪辩护。这些都在某种程度上受到了质疑。辩护律师在为当事人利益最大化进行辩护的过程中是否违背了律师职业伦理呢？

3. 律师是否有推动司法制度、法治进步的职责

在我国，法律职业共同体尚未形成。从事法律职业的相关工作者在一定程度上都负有推动司法制度向前发展的职责。但是律师在办理案件时更应专注于对个案的办理，对自己的当事人负责。

第三部分　理论热点：冤假错案的形成与纠正

一、典型错案

案件	基本案情	转折点	纠错时间	纠错方式
湖北佘祥林案	被控杀妻。1994 年一审判死刑，二审发回重审，检方两次退查，降格审理，一审判 15 年，二审维持。	2005 年 3 月 28 日，妻子回家。	2005 年 4 月 13 日	一审法院重审，判无罪。
云南杜培武案	被控枪杀两名警察（包括其妻），1999 年一审判死刑，二审改判死缓。	半年后，真凶落网。	2000 年 7 月 11 日	云南省高院再审，判无罪。
河北李久明案	2003 年 11 月被控故意杀人、非法持枪，唐山中院一审判死缓。2004 年 8 月，河北省高院发回重审。	2004 年 7 月，一名抢劫杀人犯在被执行死刑前供认自己是真凶。	2004 年 11 月 26 日	一审重审，改判无罪。

续表

案件	基本案情	转折点	纠错时间	纠错方式
河南马廷新案	2002年因涉嫌灭门血案被抓。2004年鹤壁市中院一审判无罪，二审发回重审。2007年鹤壁市中院再判无罪，检方抗诉。		2008年4月17日	河南省高院裁定，准许检方撤诉。
河南赵作海案	1999年5月因涉嫌杀害同村村民被抓，后一审判死缓，河南省高院核准。	2010年4月30日，“死者”赵振晌回村。	2010年5月8日	河南省高院再审，判无罪。
浙江张氏叔侄案	2004年4月被控奸杀，杭州中院一审判张辉死刑、张高平无期。半年后，浙江省高院终审改判张辉死缓、张高平15年。	2011年11月，媒体曝光，DNA鉴定确定疑凶。	2013年3月26日	浙江省高院再审，判无罪。
河南李怀亮案	被控杀人奸尸，2003年叶县法院一审判15年，平顶山中院发回重审。此后，移交中院一审判死刑，河南省高院发回重审。	2012年，“死刑保证书”曝光。	2013年4月25日	一审重审，疑罪从无，改判无罪。
福建福清纪委爆炸案	2001年，吴昌龙、陈科云等5人先后涉福清纪委爆炸案被抓，此案经历一审、二审发回重审，一审再判，二审搁置。12年审而不决。	2013年，两“死缓”被告人改为监视居住。	2013年5月3日	福建省高院二审，宣判5名被告人无罪。

续表

案件	基本案情	转折点	纠错时间	纠错方式
萧山5青年劫杀出租车司机案	1995年3月20日和8月12日，在杭州萧山分别发生抢劫出租车司机并致其死亡案件。警方侦查认定系陈建阳、田伟冬等5青年所为。1997年7月，陈建阳等4人一审分别被判死刑、死缓，田孝平被判无期徒刑。陈建阳等4人上诉，后被判死缓。	2011年7月真凶出现。	2013年2月8日	浙江省高院再审宣判：撤销原审判决，认定5青年两起抢劫杀人罪不成立。

二、问题研讨

（一）什么是错案

错案的界定是研究错案问题的前提。界定错案，应当从法律的角度，而非情感的角度进行。如果说当事人和其他公众对案件结果不满意就是错案，那么错案将比比皆是。错案本身是司法制度的一种代价，是必然产生的，没有一种制度能够保证任何案件百分之百正确。从错案产生的不同情形来看，错案主要有以下几种：

第一种是无辜人被追究刑事责任，即无罪的人被追究为有罪。这是一种标准的错案，从案件结果上看，无论追究程序多么正当，这个案子都是一个错案。

第二种是司法机构恶意、故意放纵有罪的人不被追究。这种情况本身就是司法机关的渎职行为，错案本身是犯罪产生的一种后果。

第三种是重罪轻判或者轻罪重判。这种情况能否算是一个错案，应当根据具体案情区分对待。在事实认定方面，法律本身是一门科学，需要依赖证据对案件事实进行判断，因此在情节的认定上可能会和客观事实存在或大或小的出入；在量刑方面，不同的人对于同一个案件，在犯罪性质和情节严重性的判断上都有不同的看法。如果法官是依法作出裁判，即使存在一定畸轻畸重的情况，也不能成为错案；如果办案人员恶意为之，存在徇私舞弊、枉法裁判的行为，那应当是错案。

（二）错案产生的原因

1. 刑讯逼供

刑讯逼供是产生错案的最主要原因之一，在近年来被纠正的典型错案中，无一不存在刑讯逼供。侦查人员往往是通过刑讯获得犯罪嫌疑人的口供后，再找其他证据来确定被告人的口供。

很多案件是被告人有口供，在法庭上又翻供，但成功推翻在侦查阶段形成的口供是很难的。

新刑事诉讼法在遏制刑讯逼供方面采取了一定的措施，如非法证据排除规则、同步录音录像制度，但这些程序仍然存在一定的漏洞，实施中也存在一定的问题。

2. 辩护制度未发挥应有作用

辩护制度的作用没有发挥到位，导致犯罪嫌疑人、被告人受到错误追究的可能性增大。一方面我国的刑事辩护率比较低，很多犯罪嫌疑人、被告人是没有辩护律师的；另一方面，即使有辩护律师介入，在不同案件中律师发挥的作用也有大有小。最高人民法院院长周强召开座谈会也讲到，律师是法律共同体一支重要的力量，特别是很多的冤案、错案，要么是律师没有介入，要么律师介入以后没有充分行使权利和发挥作用。总体来说，现在律师介入的还不到位，并且对律师的权利保证不够。

3. 评优与考评机制

现行的评优、考评机制往往只是看谁能侦破大案、谁能把被告人送上法庭、谁能多判死刑，这种机制变相激励了司法人员追究犯罪。一旦一个案子出现，公、检、法各个部门的人员希望迅速侦破案件，并互相配合，尽量把案子办大，在这种情况下可能会故意忽视案件中的某些疑点，错案发生的几率也就相应变大。

4. 疑罪从无理念尚未充分贯彻

根据现行刑事诉讼法第195条规定，证据不足要作出指控犯罪不成立的无罪判决。但在实践中并没有充分落实疑罪从无，一个案子只要不是百分之百的冤案，一般都疑罪从轻。因而法院的无罪判决率是极低的。可见，在疑案上在能否落实疑罪从无，是能否造成冤案以及造成冤案多少的分水岭，只有坚决贯彻这一证明标准，才能尽可能减少冤案。

（三）错案的纠正

在我国司法实践中，错案的纠正是比较困难的。通过以上典型错案，错案被纠正具有极大的偶然性，多是“真凶再现”、“亡者归来”，而且都是经历了很多年才被纠正。错案的纠正，存在多方面的阻力，具体表现如下：

第一，缺乏有效的错案追究机制。纠正冤错案件往往直接关系到本机关、本机关司法人员的切身利益，在刑事错案面前，公检法机关已经成了“利害关系主体”。一旦认定为错案，公检法机关和具体的承办人都会受到种种切肤之痛的追责和不利影响。因此，公检法机关往往既没有动力也没有勇气去纠正，反而会有意无意地阻挠冤错案件的纠正。

第二，在特定类型案件中，纠错往往会遇到来自政治、舆论等方面的阻力，来自被害人家属方面的压力也会让司法机关心存顾虑。在种种利益缠绕之下，我国冤错案件的纠正往往依赖于某个开明的领导或者是像“亡者归来”一样的铁证如山。

第三，再审程序启动十分困难，在申诉人没有十分确切的证据证明为错案时，再审程序很难被启动。司法实践中通过当事人申诉发现的错案寥寥无几，多数情况下是司法机关主动发现办了错案后才启动再审程序。因此，要更好地纠正错案，需要强化再审程序的作用，在由谁来启动、启动的条件、由谁负责错案调查程序方面进行改进。可以学习英国的做法，就特定的冤错案件成立专门的调查委员会，以保证调查机构有多方参与、具有中立性。

一个错案的纠正，关系到的不仅是被判刑人的利益，同时也关系到被告人的家属、被害人及其家属的利益，更重要的是，通过每个个案的纠正，不断推动观念的进步和纠错制度的不断完善。只有将纠正个案的冤错判决与刑事司法制度的改进、发展完善联系起来，纠正个案才能换来一种更大的制度利益。

三、热点案件：聂树斌案、王书金案

（一）案件介绍

1994年，河北石家庄发生一起奸杀案，当时年仅19岁的聂树斌被当成凶手枪毙。2005年，河南警方在荥阳抓捕犯下多起奸杀命案的河北广平籍农民王书金。王书金共交待4起奸杀案，其中之一即1994年发生在石家庄的那起奸杀案。自此，一案两凶成为法学界多年无法解开的疑问。该案具体案情如下表：

阶段	时间	事件进程
聂树斌	1994 年 9 月 23 日	聂树斌因被石家庄市公安局郊区分局民警怀疑为犯罪嫌疑人而被抓。
	1994 年 10 月 1 日	聂树斌被刑事拘留。
	1994 年 10 月 9 日	因涉嫌故意杀人、强奸妇女被逮捕。
	1995 年 3 月 3 日	石家庄市人民检察院以聂树斌犯故意杀人罪、强奸妇女罪，向石家庄市中级人民法院提起公诉。
	1995 年 3 月 15 日	石家庄市中级人民法院作出（1995）石刑初字第 53 号刑事附带民事判决：聂树斌犯故意杀人罪，判处死刑，剥夺政治权利终身；犯强奸妇女罪，判处死刑，剥夺政治权利终身。决定执行死刑，剥夺政治权利终身。
	1995 年 4 月 25 日	聂树斌不服，向河北省高级人民法院提出上诉。河北省高级人民法院判决上诉人聂树斌犯强奸妇女罪，判处有期徒刑 15 年。与故意杀人罪并罚，决定执行死刑，剥夺政治权利终身。
王书金一审	2005 年 1 月 18 日	河南省荥阳市公安局索河路派出所民警抓获河北省公安厅网上通缉逃犯王书金。王书金供述其曾经多次强奸、杀人，其中一起是 1994 年 8 月，在其打工的石家庄市液压件厂旁边的一块玉米地里，奸杀了一名 30 多岁的妇女。
	2007 年 3 月	河北省邯郸市中级人民法院对王书金案作出一审判决：被告人王书金犯故意杀人罪，判处死刑，剥夺政治权利终身；犯强奸罪，判处有期徒刑 14 年，剥夺政治权利 5 年。决定执行死刑，剥夺政治权利终身。

续表

阶段	时间	事件进程
王书金二审	2007 年 4 月	一审宣判后，王书金以未起诉他在石家庄西郊玉米地的奸杀案为理由之一，向河北省高级人民法院提出上诉。
	2007 年 7 月 31 日	河北省高级人民法院二审不公开开庭审理了王书金案。
	2013 年 6 月 25 日	河北省邯郸市中级人民法院开庭审理上诉人王书金强奸、故意杀人一案
	2013 年 7 月 10 日	河北省高级人民法院在邯郸市中院第三次开庭审理王书金案后，审判长宣布休庭，本案将择期宣判。
	2013 年 9 月 27 日	河北省高级人民法院依法裁定驳回上诉人王书金上诉，维持一审判处王书金死刑、剥夺政治权利终身的判决。

（二）庭审情况

2013 年 6 月 25 日上午 9 点，河北省高级人民法院在邯郸市中级人民法院依法再次开庭审理王书金故意杀人、强奸上诉一案。此次开庭只对上诉人王书金提出的供述石家庄西郊强奸、杀人案（以下简称西郊案）构成重大立功的上诉理由进行审理，聂树斌（1995 年因犯故意杀人罪、强奸妇女罪被依法判处死刑）的母亲张某某和聂树斌的姐夫被准许旁听庭审。另外参加旁听的有人大代表、学者、律师、新闻媒体记者及当地各界群众 200 余人。上午 11 时，法庭宣布休庭。

在法庭上，上诉人王书金的上诉理由是：原判认定的三起故意杀人、强奸犯罪事实属自首，应从轻处罚；所供述的西郊案，是对国家和社会的贡献，属重大立功，应从轻处罚。

检方认为，西郊案并非王书金所为，王书金的供述与该案的实际情况在关键情节上存在重大差异。理由有以下四点：

第一，王书金关于被害人尸体特征的供述与西郊案实际情况不符。该案中被害人尸体身穿白色背心，足穿尼龙袜，颈部压有玉米秸，拿开玉米秸后，可见一件花衬衣缠绕在颈部。王书金仅供述其强奸杀害被害人，没有供述被害人颈部缠绕花衬衣的情节。

第二，王书金关于杀人手段的供述与西郊案的实际情况不符。该案中被害人尸体除颈部有花衬衣缠绕外，全身未发现骨折，被害人系窒息死亡。王书金供述的是先掐被害人脖子，后跺胸致被害人当场死亡。

第三，王书金关于作案具体时间的供述与西郊案实际情况不符。

第四，王书金关于被害人的身高供述与被害人实际身高不符。

王书金的辩护律师朱爱民就检方提出的四个理由一一进行了质疑，并对检方提供的部分聂案卷宗复印件提出质疑，要求调阅原件。6 月 27 日下午，朱爱民前往河北省高级人民法院查阅聂树斌案的卷宗。朱爱民见到了有关卷宗的原件，但聂树斌口供等证据仍未被允许查阅。朱爱民强调，通过本次阅卷，能够看到聂树斌案的相关材料和相关复印件，意味着王书金案又往前推了一步，每往前走一步就离真相更近一步。不管谁是真凶，这个案子真相大白的日子不会太遥远。

（三）本案重点问题

对于王书金案和聂树斌案，我国著名法学家贺卫方表示应注意四点：一是 7 年前首次审理王书金案时，法院为何对涉及聂树斌案的犯罪置之不理；二是法院为何对王书金的二审拖延 8 年之久，这一违反程序的责任如何追究；三是检察机关如不起诉王书金杀害康某一事，则必须用充分证据来证明王书金的主动供认是伪证；四是除非司法机关再次用确凿无疑之证据证明聂树斌系强奸杀人犯，否则必须为聂树斌平反。

当初聂树斌被判处死刑时，该案证据方面就存在重大疑问，聂树斌的母亲在聂树斌被执行死刑之后一直坚持申诉。后来出现王书金承认自己是真凶，社会各界为聂树斌平反的声音就更加强烈。但是，聂树斌案的再审程序始终没有被启动，王书金案中检察院还一直以王书金的供述中存在瑕疵而否认该案为王书金所为。

聂树斌案的纠正为何如此艰难呢？是因为聂树斌已经被执行死刑，还是时间过于久远导致证据无法核实呢？是法律上的原因，还是制度上的原因呢？值得反思。

史 海 钩 沉

商鞅案评析

杨宇冠*

商鞅（约公元前395年—前338年），卫国人，姓公孙，名鞅，所以又称公孙鞅、卫鞅。商鞅是战国时期法家代表人物，年轻时喜欢“刑名之学”。“刑名之学”是法家的学说。商鞅迎合秦孝公建立对内集权、对外霸权的愿望，制定了非常严苛的法律制度，史称“商鞅变法”。变法使秦国迅速成为当时的军事强国，但也使无数百姓受到残酷统治。商鞅本人最后也成为变法的牺牲品，其被杀死之后又遭受了车裂的刑罚，他的家族人员全部被杀害。商鞅变法的过程及其被杀的案件成为中国历史上最有影响的案例，给后人留下了深刻的教训。

1. 怀才不遇

商鞅早年是魏国相国公叔座的家臣。公叔座很赏识商鞅的才干，还没来得及提拔他时，公叔座就生了重病。魏惠王去看公叔座，对他说：“如果您有什么不测，将来国家大事可以托付给谁?”公叔座对魏惠王说：“公孙鞅年少有奇才，希望您将国家大事托付给他。”惠王不以为然。公叔座见魏惠王没有用商鞅的意思，就又对惠王说：“大王如果不用公孙鞅，必须把他杀了，一定不能让他出境。”惠王答应了，但他离开公叔座以后就对左右的人说：“公叔座病得太重了，真可悲啊。他居然建议我将国家大事托付给公孙鞅，岂不荒唐!”

---

* 中国政法大学诉讼法学研究院教授、副院长。

惠王离开后，公叔座觉得很对不起商鞅，心中不安，他对商鞅道歉说："今天魏王问我谁可以为相国，我推荐了你。但我看魏王似乎不同意我的意见。我应当先考虑国君，然后才能考虑臣下，所以我对魏王说，如果不用你，就应当杀死你。魏王已经答应了。你可以赶紧逃走，否则就要被抓捕了。"

商鞅回答说："国王既然不能听您的话重用我，又怎能听您的话杀我？"所以也没有马上逃走。公叔座死后，正如商鞅所预料的一样，魏王没有任用或杀死商鞅，也没有阻止商鞅出境。

2. 投奔秦国

公元前362年，秦孝公继位。当时有六个比较强大的国家，即齐国、楚国、魏国、燕国、韩国、赵国，另外还有一些小国。秦国地处偏僻，贫困积弱，国势多艰，被天下诸侯视为落后国家。秦孝公即位后，颁布"求贤令"，征求富国强兵之策，允诺宾客和群臣中有谁能献出高明的计策，使秦国强盛起来，就可以做高官，分封土地。

商鞅听到秦孝公的"求贤令"后投奔了秦国。他通过秦孝公的宠臣景监见到孝公。商鞅共四次见秦孝公。前三次商鞅向秦孝公介绍古代传说中贤明的君主尧、舜、禹成就帝王之道，想劝说秦孝公建立传说中很人性化、理想化的国家制度，但是，秦孝公昏昏欲睡，说商鞅是个妄人，因为这样做太难了，需要数代帝王的努力，他等不及了。于是商鞅一再退而求其次，最后，第四次会见时，商鞅完全迎合秦孝公的想法，为秦国设计了一套法律制度，主要作用是对内加强专制集权，采取严酷统治，迅速扩大君主的力量，对外侵略扩张，称霸各国，对战争中斩获首级的人重赏，对退却逃跑者重罚，鼓励秦国军队在与其他国家的战争中，大规模地屠杀俘虏。

3. 变法立威

商鞅制定的法律非常严厉、刻薄，增加了肉刑、大辟，有凿顶、抽肋、镬烹等刑罚，还规定了举报制度和连坐之法，鼓励民间相互告密，告密者可获得官府奖赏，而知情不报者则连坐。他下令把十家编成一什，五家编成一伍，互相监视检举，一人犯法，十家连带治罪。不告发犯罪的处以拦腰斩断的刑罚，告发犯罪的与斩敌首级的同样受赏，隐藏犯罪的人与投降敌人同样惩罚。

新法准备就绪后，商鞅恐怕百姓不相信，让人在国都市场的南门竖起一根木头，宣布“能把木头搬到北门的人将会获得十金的奖赏”。百姓觉得这件事很奇怪，没人敢动。他又宣布“能把木头搬到北门的人赏五十金”。这时有一个人把木头搬走了，商鞅当下就给了他五十金，借此表明令出必行，绝不欺骗。事后就颁布了新法。新法在民间施行了一年，秦国很多老百姓说新法不好。这时，太子触犯了新法。商鞅说：“新法不能顺利推行，是因为上层人触犯它。”依法应当处罚太子。但因为太子是国君的继承人，不能施以刑罚，于是就处罚了太子的师傅公子虔和公孙贾。经过这番引诱和威逼，秦国人就都遵守新法了。

新法推行了十年，取得了预期的效果，秦国成为一个君主高度集权统治、法律严酷的国家，路上无人敢拾取别人丢的东西据为己有，山林里也没了盗贼，人民勇于为国家打仗，不敢为私利争斗，乡村、城镇社会秩序安定。当初说新法不好的一些人又说新法好。但商鞅并不领情，反而说：“这都是扰乱教化的人”，于是把他们全部迁到边疆去。此后，百姓再没人敢议论新法了。

商鞅在处理对外国关系方面也表现出急功近利、不讲信义的特点。公元前340年，商鞅带兵攻打魏国。魏国派公子卬领军迎战。公子卬原是商鞅在魏国时的朋友。两军相拒对峙，商鞅派人给公子卬送信说：“我当初与公子相处得很快乐，如今你我成了敌对两国的将领，我不忍心相互攻击，可以与公子当面相见，订立盟约，痛痛快快地喝几杯然后各自撤兵，让秦魏两国相安无事。”公子卬对友情毫不怀疑，欣然前来和商鞅见面喝酒。商鞅埋伏的士兵突然袭击，扣押了公子卬，并趁机大破魏军。商鞅为秦国立下大功，受封于商（今陕西省商洛市丹凤县商镇）15 个邑，从此他又被人称为商君。

4. 作法自毙

商鞅在秦国执政 21 年，深得秦孝公赏识，他得到了高官厚禄，不仅有了封地，而且担任了秦国的国相。但他不为百姓造福而大规模地营建宫阙，他惩治太子的师傅，用严刑酷法残害百姓，秦国很多贵族宗室和百姓都怨恨他。为了保证自己的安全，商鞅一出门，后边就跟着数以十计的战车，车上都是顶盔贯甲、身强力壮、持矛操戟的贴身警卫，离开这些警卫他自己不敢出门。

公元前 338 年，秦孝公去世。太子继承了王位。当初因太子犯法而被商鞅判处刑罚的太子的师傅公子虔等人告发商鞅谋反，派人来抓捕商鞅。商鞅为了逃避打击，打算逃亡国外。当他走到秦国的边境时，想找一间旅店住宿。旅店老板不知他是谁，要他出示身份证件。根据商鞅制定的法律，旅店不得留宿无证件的客人，否则要从重治罪。商鞅因为是私自出逃，没有官府出具的身份证明，店家害怕“连坐”不敢留宿。商鞅自己也尝到了严厉法律的后果。他说：没想到法律的影响这么大啊！后人称之为“作法自毙”。

后来商鞅还是设法逃到魏国，但魏国人恨他当年不讲信义扣押魏国的大将公子卬，不肯收留他。商鞅只好打算逃到别的国家。魏国人说：“商鞅是秦国的逃犯，秦国强大，逃犯跑到魏国来，必须遣送回秦国。”于是把商鞅送回秦国。商鞅再回到秦国后潜逃到他的封地商邑，发动邑中的士兵和他的部属起兵谋求生路。秦国出兵攻打商鞅，将他杀死在逃跑的路上。商鞅死后又被秦王处“车裂之刑”。所谓车裂，就是把人的头和四肢分别绑在五辆车上，套上马匹，分别向不同的方向拉，这样把人的身体撕裂为五块。有时，执行这种刑罚时不用车，而直接用五条牛或马来拉，所以车裂俗称“五牛分尸”或“五马分尸”，是非常严厉的刑罚。不仅如此，商鞅还被灭族，即他的家族人员全部被杀。

5. **本案评析**

商鞅死后，新法并没有废除，继续在秦国建设高度中央集权制国家的进程中发挥作用，为秦始皇建立大一统帝国奠定了基础。但秦国的法律极为残暴，秦始皇统一中国之后仅十几年，秦王朝就在民众起义的浪潮中被推翻。

后人对商鞅及其变法评价不一。司马迁在《史记·商君列传》中评价商鞅说：商鞅是个天性刻薄的人。他用帝王之术游说孝公，凭借的是虚浮的言论，并非他有真才实学。而且他是通过走品行不好的人的门路而被推荐任用的。在掌权之后，用刑罚惩治公子虔，欺骗魏国的将领，不听别人的劝告，足以证明商鞅是一个刻薄而没有人情的人。

商鞅的变法极端加强国家最高统治者的权力，剥夺个人的自由和权利，实行高压恐怖的刑事政策。这些做法可以在一段时期内使政府权力（实际上是当政者个人权力）变得很强大，能够高度控制全国的人力和物力资源。变法的后果可以满足统治者的任何意愿，但牺牲的是全国每个人的意愿、财产、自由乃至生命。君主掌握全国所有人的生杀大权，必将带来人人自危的后果。秦始皇统一中国后，皇帝的权力达到顶峰，无限制地使用民力、用严刑峻法压迫和屠杀百姓。这也是秦末大动乱的根源。秦始皇死后，其小儿子即位，为秦二世。他在宦官赵高的操纵下，杀死了秦始皇的大儿子公子扶苏和秦始皇的其他子女，杀死了蒙恬等一大批国家优秀将领，还杀死了无数的百姓，结果不到三年，秦王朝就在农民起义的浪潮中灭亡，秦二世也被赵高所杀。

商鞅变法没有随着秦朝的迅速灭亡而消失，而是对秦朝之后中国两千多年的历史有着不可磨灭的影响。商鞅变法及秦始皇统一中国对于中国版图和国家政治法律制度的形成有重要作用。历代封建王朝基本沿袭了秦朝专制主义的中央集权制度，个人独裁，严刑峻法，压迫人民，个人的生命、自由、财产得不到保障，历朝历代屡屡暴发农民起义。然而，当旧朝代结束，新朝代开始后，统治者终将走上独裁老路，总也跳不出历史的周期率，这在人类发展史上也是最为沉重的篇章。

商鞅自己，以及历代统治者在实行严刑峻法时，虽然满足了自己一时的欲望，但最后他们自己或其子孙也成为独裁统治的牺牲品，被自己人杀害或被人民推翻。历史上对商鞅变法及其个人的评价很多，有赞扬也有谴责。他迎合君主的个人意愿，强化君主的独裁统治，使君主权力无限制地扩大。变法虽然使秦国成为军事大国，但这是以牺牲人民的利益为代价的，人民受到更严酷的统治。如果从人民的意愿、人民的权利的角度看，商鞅无疑是历史的罪人，他作法自毙的下场非但不可同情，而且应当引为千古教训。

建立强大的国家和保障个人的利益并不矛盾，唯一的道路是建立法治社会。建立法治和商鞅变法的最大区别是：前者倡导人人平等，保护的是每一个人；后者强化个人独裁，建立的是个人绝对统治。由于历史条件的限制，商鞅生活的年代不可能具有现代法治意识，这是他个人的悲剧，也是人类历史发展中难以回避的问题。

商鞅死后两千多年，公元 1948 年，联合国制定了《世界人权宣言》，其中指出："对人类家庭所有成员的固有尊严及其平等的和不移的权利的承认乃是世界自由、正义与和平的基础，对人权的无视和侮蔑已发展为野蛮暴行玷污了人类的良心，而一个人人享有言论和信仰自由并免予恐惧和匮乏的世界的来临，已被宣布为普通人民的最高愿望，鉴于为使人类不致迫不得已铤而走险对暴政和压迫进行反叛，有必要使人权受法治的保护。"

论中国古代刑事诉讼的特征

——以典型判例为视角

周三妹[*] 范媛媛[**]

中国自古以来重视制定法，历代君主开国之初都积极制定成文法典，制定法因其稳定性和体系性等优势成为中国古代法律体系中最基本的法律渊源。但成文法也因其自身难以克服的模糊性、滞后性和僵化性等缺陷，难以做到及时有效地打击犯罪。因此，古代司法实践也大量引用典型判例作为断案止讼的依据。判例虽然根植于律，但却起着补充、变通、发展制定法的作用，制定法和判例法相结合是中华法系的特点之一。本文通过古代典型的刑事判例，来浅析中国古代刑事诉讼的几个具有代表性的特征。

一、审讯过程注重犯罪人的心理考察

《折狱龟鉴》中记载了这样一个案例：郑子产闻妇人哭，便执而问之，果手刃其夫者。或问："何以知之?"子产曰："夫人之于所亲也，有病则忧，临死则惧，既死则哀。今其夫已死，不哀而惧，是以知其有奸也。"① 大致意思是，郑子产听到妇人哭声，便停车听一会儿，后派官吏将她抓来审讯，果然是一个谋杀亲夫的罪犯。后有人问他为何知道，他便回答说，该妇人表现出来的哭声是基于恐惧心理而并不是悲哀之情。这是较早时期运用"五听"方

---

* 中国政法大学诉讼法学专业硕士研究生。
** 中国政法大学刑法学专业硕士研究生。

① 《折狱龟鉴》卷五。

法中闻声断案的典型。

“五听”断狱的方法是中国古代刑事审判的一个重要特色，其基本内涵是指通过运用察言观色的方法，着重对当事人心理活动的考察，从而查明案件真相、平反冤屈的审讯方式。在中国古代刑事审判历史长河中，不断得到发展，并为各个朝代所用。

“五听”之说最早见于《尚书·吕刑》：“两造具备，师听五辞。”其中的“五辞”即为“五听”。后来《周礼·秋官·小司寇》对“五听”的具体含义作出了解释，“以五声听诉讼，求民情，一曰辞听，二曰色听，三曰气听，四曰耳听，五曰目听。”郑玄又进一步对“辞色气耳目”作了解释，“辞听”就是察其言词是否不直，不直则理曲，直则理正；“色听”就是察其颜色，理直则色不变，理曲则色变；“气听”就是察其呼吸，理曲心虚则呼吸急促，理直则呼吸正常；“耳听”即察其听觉，理曲则惑，理直则不惑；“目听”就是察其眼神，理曲则失神，理直则坦然。这种断案方法的立足点在于，人的心理活动往往会带来辞、色、气、耳、目五方面的生理变化，而审判官会通过把握这些生理上的变化来判断当事人的陈述是否属实，从而断案。“五听”断案的审讯方式逐步被历朝历代所沿用，并且不断得到发展，成为封建时代刑事案件审判中最为主要的审讯方式。

唐朝在《狱官令》中规定：“察狱之官，先备五听，又验诸证信，事状疑似，犹不首实者，然后拷掠。”此时“五听”被确定为法定的审讯方式，并且成为是否采取刑讯手段的必经步骤。宋承唐制，根据《宋刑统》规定：凡审理案件，应先以情审察辞理，反复参验；如果事状疑似，而当事人又不肯实供者，则采取拷掠以取得口供。而后明清时期的法律也对该制度作了明确的规定。例如《大明会典》中规定：在审讯时，必须先“观看颜色，察听情词，其词语抗厉，颜色不动者，享理必真；若转换友吞，则必理亏，略见真伪，然后用笞决勘。”《大清律例》则规定：“凡狱囚徒流死罪，各唤囚及其家属，具告所断罪名，仍取囚服辩文状。若不服者，听其自理，更为详审。”

具体的历史环境决定了一项制度的产生和发展，在中国古代社会，生产力不够发达，科学发展停留在较低的水平，人类的认知能力确实有限。但是不断产生的社会纠纷，又决定了必须存在一个制度来及时有效地解决这些矛盾，刑事审判中的“五听”制度便应运而生。随着“五听”的断案方法在实践中积累起来的经验越来越多，逐渐成为古代刑事审判艺术之一。

同时，由于这一方法带有很大的主观臆断性，在某些情况下极易被滥用，为司法官吏任意出入人罪大开方便之门，产生了一些极为不良的影响。基于此，现今的大多数法律史、证据学方法的论著中，对“五听”的方法大多持否定态度。这种观点，虽有一定的道理，但从中国古代有关“五听”的理论及实践的整个发展过程看，又未免失之偏颇。就现存的可以查证的古代运用“五听”察言观色的方法破案的案例看，依然是合理占多数。我们并不否认这种主观臆断性强的方法也造成了不少的冤案、错案，但也不能因此而全盘否认“五听”方法中的合理因素。苏力先生指出：“任何对历史上的或外国的法律制度或规则的考查往往都伴随了当下的关怀，历史的正当性往往与当下的正当性以某种方式相关。”

从古代关于“五听”制度的理论及运用“五听”方法破案的大量实例来看，很多对我们现在的审判活动依然有一定的参考价值。如在审理判断案情的过程中，要更加注重发挥侦查人员的主观能动性，以中立第三方的地位居中裁判，更多采用的是自由心证，不受外界的影响，可以根据具体案情，依据自己内心的确信，灵活地决断证据的取舍、运用和证明力的大小。因此，对中国古代的“五听”理论进行全面的研究，去其糟粕，取其精华，应该成为我们对“五听”这一极具特色的法律文化的遗产所应采取的态度。

二、重视伦理：证人证言受到“亲亲相隐”原则的限制

《通典》卷六十九记载了一个案例：甲无子，拾道旁弃儿乙养

之，以为子。及乙长，有罪杀人，以状语甲，甲藏匿乙，甲当何论？仲舒断曰："甲无子，振活养乙，虽非所生，谁与易之。《诗》云：螟蛉有子，蜾蠃负之。《春秋》之义：父为子隐。甲宜匿乙而不当坐。"① 这是反映我国古代重视伦理道德而采取"亲亲相隐制度"的一个典型案例。

亲亲相隐的观念最早出现在《论语·子路》篇中，孔子主张"子为父隐，父为子隐，直在其中"是"孝"的精神内涵之一，在伦理上有绝对的适当性，违背了亲亲相隐理应受到道义上的谴责，严重情形下甚至是刑罚的责难。亲亲相隐的观念萌芽于春秋时期，但此时的亲亲相隐仅仅是一种观念，观念上升到制度需要时间的积淀和立法者的重视。

亲亲相隐作为一项法律制度被以规范的形式确立，是在儒学发展成为封建社会正统思想的汉代。具体可以追溯至汉宣帝地节四年，汉宣帝发布诏书规定："父子之亲，夫妇之道，天性也。虽有祸患，犹蒙死而存之。诚受结于心，仁厚之至也，岂能违之哉！自今子首匿父母，妻匿夫，孙匿大父母，皆勿坐其父母匿子，夫匿妻，大父母匿孙，罪殊融会贯通，皆上请廷尉以闻。"此后，唐朝继承了该制度，《唐律·名例律》明确规定："诸同居，若大功以上亲及外祖父母外孙，若孙之妇，夫之兄弟及兄弟妻，有罪相为隐。部曲奴婢为主隐，皆勿论；即漏露其事及擿语消息，亦不坐。其小功以下相隐，减凡人三等。若谋叛以上，不用此律。"显然，《唐律》规定了亲亲相隐制度的总则。而后唐至明清时期，该制度一直被保留下来且相关具体内容不再有大的变化。

亲亲相隐之所以被各朝各代所重视，很重要的原因在于血缘家庭是国家维护社会秩序的基础，尤其是在我国古代这样一个"家国同构"的社会，允许亲属之间容隐犯罪，在一定程度上限制和

① 王立民主编：《中国法制史资料参考》，北京大学出版社 2006 年版，第 87 ~ 88 页。

减少了那些有可能引起家庭矛盾激化、造成家庭关系紧张的事由发生，从而有利于维持家庭关系的和睦。

亲亲相隐最开始表现在禁止亲属之间相互告发，而后在发展的过程中，该原则促成了中国近亲属拒绝作证制度的产生。东晋元帝时未展上书对于"考子证父刑，鞭父母问子所在"的方法大不以为然。[①] 宋文帝时侍中蔡廓建议，"鞫狱不宜令子孙下辞明言父祖之罪，亏教伤情，末此为大。自今但令家人与囚详见，无乞鞫之诉，使民以明伏罪，不须责家人下辞"。朝议赞同他的说法，于是法律不再要求子孙作证。[②] 唐朝以后的法律都明文规定于律得相容隐的亲属皆不得令其为证，违者官吏是有罪的，唐、宋杖八十，明、清杖五十。明时更规定原告不得指使被告的子孙、弟、妻及奴婢为证，违者治罪。[③]

亲属拒绝作证制度的存在，有极其重要的价值。一方面符合证据本身可采性的要求，证人的可信度应该随着他与罪犯之间存在的仇恨、友谊和其他亲密关系而降低。对一个没有期待可能性的法律规定，在现实生活中也难以得到很好的实行，由此也极易造成诉讼效率的降低和诉讼资源的浪费。另一方面，通过赋予近亲属"两害相权取其轻，两利相权取其重"的选择权，反映法律对亲情伦理注重，也促进刑事诉讼过程更加人性化。诚如贝卡里亚在《犯罪与刑罚》中说："一切违背人的自然感情的法律的命运，就如同一座直接横断河流的堤坝一样，或者被立即冲垮和淹没，或者被自己造成的漩涡所侵蚀，并逐渐地溃灭。""亲亲相隐"的合理性就在于：既没有直接损害社会公共利益，又尊重了人们自己的家庭利益。这不仅仅体现了对中国最传统的亲伦精神的继承和尊重，也符合现代法治理念中处理法律与道德关系所倡导的精神。正因如此，

① 《晋书》三〇，《刑法志》。

②《宋书》五七，《蔡廓传》。

③ 瞿同祖著：《中国法律与中国社会》，中华书局2008年版，第64页。

2012 年刑事诉讼法修改的一个重要亮点就在于赋予了被告人近亲属出庭作证的豁免权，法律明文规定对这类人不得使用强制到庭措施。

三、死刑案件积极贯彻慎刑恤杀思想

《旧唐书·刑法志》记载了这样一个案例：初，太宗以古者断狱，必讯于三槐九棘之官，乃诏大辟罪，中书、门下五品以上及尚书等议之。其后河内人李好德，风疾瞀乱，有妖妄之言，诏按其事。大理丞张蕴古奏，好德癫病有征，法不当坐。治书侍御史权万纪，刻蕴古贯相州，好德之兄厚德，为其刺史，情在阿纵，奏事不实。太宗曰："吾常禁囚于狱内，蕴古与之弈棋，今复阿纵好德，是乱吾法也。"遂斩于东市。既而悔之。又交州都督卢祖尚，以忤旨斩于朝堂，帝亦追悔。下制，凡决死刑，虽令即杀，仍三复奏。大致意思是河内人张好德有妖妄之言，太宗将其下狱治罪。大理丞张蕴古声称李好德有疯癫病，按照法律不应当治罪。治书侍御史权万纪称张蕴古所说的话不真实。太宗最终下令将张蕴古斩杀于市。事后太宗非常后悔。后来，又有交州都督卢祖尚，以忤旨罪名被斩，太宗又很后悔，于是定制，凡判处死刑的，即使立即执行的，也要三复奏。[①] 该案虽然不是我国古代最早关于死刑复奏制度的案例，却是引发唐朝复奏制度的一个直接原因，下文将对该制度进行具体阐述。

我国古代的死刑复核制度主要有两种表现形式，即死刑复核和死刑复奏。有学者认为，这两种制度本质上应有所区别，原因在于前者为审判程序之一，后者为执行程序之一，笔者并不同意这种观点。众所周知，中国自秦开始，历代皆为君主专制中央集权的国家，而死刑复奏通常是向皇帝复奏，皇帝实际上享有最高审判权，

---

① 赵晓耕主编：《中国法制史教学案例》，北京大学出版社 2006 年版，第 134 ~135 页。

因此死刑复奏本身就不可避免地产生皇帝最终确定是否执行死刑的结果。故笔者认为，在研究死刑复核制度的历史时，并不需要将死刑复核和死刑复奏严格区分开来，而是同一制度在不同历史阶段的表现形态不同。

关于死刑复核制度的起源，众说纷纭，主要有汉代起源说，魏晋南北朝起源说和隋唐起源说。笔者在搜集历史资料的基础上，支持魏晋南北朝起源说。《三国志·魏书·明帝记》有记载，魏明帝青龙四年（公元236年）诏："廷尉以及天下狱官，诸有死罪具狱以定，非谋反及手杀人，亟语其亲治，有乞恩者，使与奏。"南朝曾规定："其罪甚重辟者，皆如旧先上"。北魏律规定："诸州国之大辟，皆先谳报乃施行"，"当死者，部案奏闻"。又"狱成皆呈，帝亲临问，无异辞怨言乃绝之"，① 从而使死刑决定权只归皇帝，死刑复核制度形成。

死刑复核制度在隋唐时期得到了很大的发展并且对后来各个朝代的死刑复核制度影响深远，此时死刑复核制度出现了前文中提到的另外一个表现形式，即死刑复奏。唐代的死刑案件，通常先由中央有关部门复查，然后，报请皇帝裁定。但有规定死刑执行之前必须进行复奏。贞观初年，唐太宗以"人命至重，一死不可再生"为由，改在京死刑三复奏为五复奏，各州的案件仍实行三复奏。但犯"谋反"等重罪及部曲、奴婢犯杀主罪的，一复奏即可，到《永徽疏律》制定时，又法定为三复奏。唐代死刑复核制度的完善，表现出唐代皇帝对死刑权的控制又有明显的加强，唐朝确立的死刑复核制度一直为唐后的封建朝代所沿用，只是稍有变革而已，宋、明两朝只有"三复奏"，取消了"五复奏"。

明朝关于死刑复核制度的规定，表现为明代对于秋后处决的案件，建立朝审制度加以审核。明英宗天顺三年（公元1459年），

---

① 曾宪义主编：《中国法制史》，北京大学出版社2000年版，第138页。

"令每岁霜降后，三法司同公、侯、伯会审重囚，谓之朝审"。自此后，朝审制度正式确立，且"永不为例"。

清代在明代朝审制度的基础上，进一步将其发展为秋审制度。秋审在清代号称国家大典，每年一度，是对在押死刑犯进行特别复核的制度，因复核例于每年秋八月中下旬举行，故曰秋审。秋审大典之后，由刑部领衔具题奏报皇帝，皇帝作出最后裁决。若是奉旨入于情实者，还要由刑科给事中向皇帝"复奏"，初为三复奏，乾隆改为一复奏。复奏后还要有各道御史奏请"勾到"，奉旨勾决者才下令处决。

死刑是剥夺一个人生命的刑罚，是刑法所规定的最为严厉的一个刑种，又称为极刑。生命权是人们固有的权利，与生俱来，是最基本的人权。古代死刑复核制度在我国存在了近 1600 年，每个时期的规定都蕴含着我们祖先智慧的结晶，虽然促进该制度产生的最原始动力是为封建专制皇权政治统治服务，但无可否认的是，该制度体现出儒家的"明德慎罚、德主刑辅"的思想，为防止错杀无辜而采取的许多具体有效的制度、程序和方法都有极大的借鉴意义，尤其有利于完善我国现存的死刑复核制度。

与制定法相比，案例体现了法律规则与法律精神在实践中的统一。通过具体分析中国古代的典型案例，有助于我们更好地理解一项法律制度的具体内涵，在此基础上适度借鉴该项制度的价值，从而完善我国现行的相关法律制度，这是我们研究古代案例的根本目的。

征稿启事

《中国诉讼法判解》（以下简称《判解》）是中国政法大学诉讼法学研究院主编的系列出版物。本系列图书现由中国法学会刑事诉讼法学会会长、中国政法大学诉讼法学研究院院长、博士生导师卞建林教授担任主编，每半年出版一本，每本约 30 万字，由中国人民公安大学出版社公开出版。本书以蕴含诉讼法、证据法问题的真实判例为研究对象，兼及刑事诉讼、民事诉讼、行政诉讼三大诉讼法领域。《判解》的宗旨是：通过当前司法实践中遇到的真实案例，推动诉讼法学理论对实践问题的关注和认识；同时，也希望通过对诉讼判例的学理研讨，促进我国诉讼法学理论的传播与交流。

作为诉讼法学领域兼具理论与实务特色的图书，本书自出版以来深受法官、检察官、律师、学者、博士、硕士等的好评。本书始终坚持关注法治热点。第 6 卷关注“律师法修订”、“被害人正义”等法治热点问题，选取了主要由博士撰写的数篇文章对相关问题进行了全方位、多角度的剖析，受到读者的关注。第 7 卷以诉讼证据规则为关注焦点，约请了 20 余位诉讼法博士（生）和数位司法实务一线的司法部门负责人、业务骨干进行了深入探讨，旨在推动诉讼法、证据法等相关领域的判例研究。

欢迎理论与实务界同仁继续向本刊投稿。本卷将继续发表国内外诉讼法理论前沿和实务一线的力作，所设置的栏目包括聚焦、专案会诊、以案论法、司法官论法、法学教室、博士论坛、域外法制、法苑精粹、实证研究、学术随笔等。本书发表有创见、高水平的理论与实务研讨论文，采稿以理论意义、应用价值以及专栏风格等为衡量标准。

投稿请注意如下事项：

一、投稿要求：文章视角不限，但字数应在10000字以内。注释采用页下连续脚注，依次注明：著（译）者、著作或文章名、出版社或报刊名、出版时间、版次或刊数及页数。引用外文文献的，请按该语种通行注释体例设注。来稿一律采用电子邮件方式。来稿不得一稿多投，请注明“专投判解”。2个月内如未接到稿件采用通知，可另行处理。

二、版权问题：作者应保证文稿的原创性。来稿视为同意将该文著作权中的汇编权、发行权、印刷权以及电子版的复制权、翻译权、信息网络传播权转让给本刊。翻译稿件原文版权事宜，由译者自行处理并自行负责，译者投稿时需附原文。

三、作者信息：请务必注明作者姓名、地址、工作单位、学衔、职称、联系方式（含固定电话、手机号码、Email等）以及居民身份证号码。

四、联系方式：

通信地址：（100088）中国政法大学诉讼法学研究院《中国诉讼法判解》编辑部